T0131825

Objektive Hermeneutik in Wissenschaft und Praxis

Reihe herausgegeben von

Thomas Loer, independent, Bergkamen-Overberge, Deutschland

Objektive Hermeneutik in Wissenschaft und Praxis
— in memoriam Ulrich Oevermann (1940–2021) —

Die **Reihe Objektive Hermeneutik in Wissenschaft und Praxis** will Forschern, Studenten und Praktikern anhand von auf je spezifische Datentypen und unterschiedliche Gegenstände bezogenen Einführungen Gelegenheit bieten, sich mit der Objektiven Hermeneutik vertraut zu machen – und zwar auf eine Weise, die neben der Veranschaulichung des konkreten forschungspraktischen Verfahrens auch die methodologische Begründung und ihre Verankerung in einer Theorie der Konstitution ihres Gegenstandes verdeutlicht.

Die materiale Fragestellung ist für das methodische Vorgehen in der Objektiven Hermeneutik zentral, weshalb in die verschiedenen Felder und Facetten ihrer Anwendung mit einer Reihe kompakter, jeweils spezifisch zugeschnittener Lehrbücher eingeführt wird. In ihnen werden materiale Forschungsergebnisse bei gleichzeitiger expliziter Darstellung des Vorgehens dargelegt; zugleich wird durch Klärungen der konstitutionstheoretischen und methodologischen Einbettung ein tiefgreifendes Verständnis der Begründung des methodischen Vorgehens ermöglicht.

Jeder Band enthält ein Glossar, in dem die Begriffe der Objektiven Hermeneutik knapp und prägnant erläutert werden; außerdem finden sich jeweils an entsprechender Stelle eingebaut Exkurse, die objekttheoretische Begriffe und Zusammenhänge ebenso erläutern wie für das jeweilige Ausdrucksmaterial spezifische technische Begrifflichkeiten. Da die Objektive Hermeneutik sich – etwa im Sinne methodischer Supervision aber auch zu Zwecken der Sensibilisierung – auch für die Selbstaufklärung von Praxis der pädagogischen, sozialpädagogischen, therapeutischen bis hin zu beraterischen Professionen bewährt hat, wird, je nach Datentypus und Gegenstandsbezug auch der Aspekt der praktischen Anwendung der Methode in den Bänden der Reihe eine Rolle spielen.

Insgesamt geht es der Reihe darum, den Interessenten an der Objektiven Hermeneutik im wissenschaftlichen Diskurs, in Forschung und Lehre in den Wissenschaften von der sinnstrukturierten Welt sowie in den genannten praktischen Zusammenhängen die Erschließungsmöglichkeiten der Methode zugänglich zu machen und deren Diskussion und Weiterentwicklung zu befördern.

Ulrich Oevermann, der die Objektive Hermeneutik begründete und über mehr als ein halbes Jahrhundert durch ihre Anwendung permanent weiterentwickelte und konsolidierte, ist diese Reihe gewidmet.

Reihenherausgeber: Dr. phil. Thomas Loer, habilitierter Soziologe, ist Lehrbeauftragter an der International Psychoanalytic University Berlin sowie freiberuflich tätig.

More information about this series at https://link.springer.com/bookseries/16738

Thomas Loer

Interviews analysieren

Eine Einführung am Beispiel von
Forschungsgesprächen mit
Hundehaltern

 Springer VS

Thomas Loer
independent
Bergkamen-Overberge, Deutschland

ISSN 2731-0345   ISSN 2731-0353   (electronic)
Objektive Hermeneutik in Wissenschaft und Praxis
ISBN 978-3-658-35432-9   ISBN 978-3-658-35433-6   (eBook)
https://doi.org/10.1007/978-3-658-35433-6

Die Deutsche Nationalbibliothek verzeichnet diese Publikation in der Deutschen Nationalbiblio-
grafie; detaillierte bibliografische Daten sind im Internet über http://dnb.d-nb.de abrufbar.

Lektorat/Planung: Cori A. Mackrodt
Springer VS ist ein Imprint der eingetragenen Gesellschaft Springer Fachmedien Wiesbaden GmbH
und ist ein Teil von Springer Nature.
Die Anschrift der Gesellschaft ist: Abraham-Lincoln-Str. 46, 65189 Wiesbaden, Germany

Für Elisabeth Flitner (1951–2017)

Vorwort

Die Buchreihe *Objektive Hermeneutik in Wissenschaft und Praxis,* die mit diesem Band eröffnet wird, will anhand von unterschiedlichem Datenmaterial und anhand unterschiedlicher Gegenstände den Lesern Gelegenheit bieten, sich mit der Objektiven Hermeneutik vertraut zu machen – und zwar auf eine Weise, die neben der Veranschaulichung des konkreten forschungspraktischen Verfahrens auch die methodologische Begründung und ihre Verankerung in einer Theorie der Konstitution ihres Gegenstandes verdeutlicht. Dieses mit dieser Buchreihe nun begonnene Unterfangen ist schon mehrfach von verschiedenen Kollegen und auch von mir visiert, auch schon mit verschiedenen Verlagen verhandelt und angekündigt worden. Dass es immer wieder scheiterte, ist nicht zufällig; dass nunmehr versucht wird, es auf diese Weise, als Buchreihe, zu realisieren, ebenso wenig; beides wird auf den ersten Seiten dieses Bandes begründet. Ob es nunmehr und auf diese Weise gelingen wird, muss sich im Laufe der nächsten Jahre zeigen; ob der erste, hier vorliegende Band in dieser Hinsicht gelungen ist, müssen die Leser entscheiden. Dass ich dieses Wagnis unternehmen konnte, liegt nicht zuletzt daran, dass ich immer wieder Gelegenheit hatte, mit der Objektiven Hermeneutik zu forschen und diese Forschungen in unterschiedlichen Kollegenkreisen zu diskutieren. Dass ich dieses Wagnis unternommen habe, habe ich Elisabeth Flitner zu danken, die immer wieder auf die Notwendigkeit einer solchen Einführung hingewiesen und gedrängt hat, eine solche zu erarbeiten. Der verehrten Kollegin, die viel zu früh verstarb, aber allen, die sie kannten, lebendig im Gedächtnis bleibt, sei die Eröffnung dieser Reihe von Einführungen gewidmet.

Die Objektive Hermeneutik darf zwar mittlerweile als eingeführte und bewährte Methode gelten, keineswegs aber hat sie die Form eines standardisierten Verfahrens angenommen – und kann dies auch ihrer eigenen Logik nach nicht, ist doch die Sachangemessenheit des methodischen Vorgehens ein zentrales Prinzip,

das schon bei ihrer Entstehung eine entscheidende Rolle spielte. Die einzelnen
Bände dieser Reihe sind diesem zentralen Prinzip verpflichtet und werden von
daher eher als Variationen des Themas der Methode der Objektiven Hermeneutik erscheinen, als dass sie den jeweils behandelten Datentypus oder den jeweils
behandelten Gegenstand einem Methodenschema subsumieren. Gleichwohl soll
eine Explikation der Terminologie und eine Exemplifikation des jeweiligen Vorgehens das den Variationen zugrundeliegende Thema kenntlich machen und den
Anforderungen an begriffliche Klarheit und Deutlichkeit gerecht werden. Und so
ist auch das Wort ‚Beispiel' im Untertitel nicht im Sinne von beliebiger Illustra-
tion sondern als typischer Fall des Darzustellenden zu verstehen – in dem Sinne,
dass dieses aus jenem entfaltet wird.

   Die Entwicklung und Entfaltung einer Methode, in der ein forschendes Vorgehen systematisiert wird, ist ein fortschreitender Prozess, im Laufe dessen die
Methode auch zunehmend in einer Methodologie begründet und zugleich die
Konstitution ihres Gegenstandes theoretisch aufgeklärt wird – und so ist es
nicht verwunderlich, dass im Laufe dieses Prozesses unterschiedliche Termini
ausprobiert werden, um die Momente und Aspekte von Methode, Methodologie und Konstitutionstheorie auf den Begriff zu bringen.[1] Wem es dabei v. a.
um die materiale Forschung geht, dem ist die Prägnanz der objekttheoreti-
schen Begriffe wichtiger als die Benennung des Inhalts seines methodischen
Werkzeugkastens, zumal die einmal geprägten Termini für ihn selbst eher den
Charakter von Symbolen im Wortsinne haben, deren sachlichen Widerpart sie für
ihn aufgrund seiner Erfahrung des Entstehungskontextes unmittelbar aufrufen.
Im Verlauf der Weiterentwicklung und Weiterverbreitung der Methode aber tritt
dann dieser Symbolcharakter zurück und die Termini müssen für die Begriffe,
die sie bezeichnen, einstehen. Deshalb ist es im Versuch einer systematischen
Darstellung opportun, die Terminologie zu bedenken, eingedenk der Erkenntnis, die Adorno bezüglich der philosophischen Terminologie formulierte: dass
„in Wirklichkeit die philosophischen Worte nicht nur miteinander, sondern auch
mit der Sache zusammenhängen." (1973/1982, S. 7) Dies gilt unseres Erachtens

---

[1] Dies führte teilweise gar dazu, dass die Bezeichnung der Methode selbst zeitweilig in
„strukturale Hermeneutik" abgeändert wurde; so ist teils von „der objektiven oder auch strukturalen Hermeneutik" (Oevermann und Simm 1985 [Perseveranz]: 136, s. auch 280), „der
objektiven und strukturalen Hermeneutik" (a. a. O.: 186), „einer objektiven strukturalen Hermeneutik" (a. a. O.: 300), der „strukturalen objektiven Hermeneutik" (a. a. O.: 303) oder auch
nur „der strukturalen Hermeneutik" (a. a. O.: 221 u. passim) die Rede. Dass dies ein vorüber-
gehendes Zugeständnis an unverständige Kritiker der Bezeichnung ‚Objektive Hermeneutik'
war, wird auch daran deutlich, dass die in einem Vortrag verwendete Bezeichnung ‚strukturale Hermeneutik' (Oevermann 1990 [strukturale]) in der veröffentlichten Fassung (1993
[Subjektivität]) dann wieder zurückgenommen wurde.

für jedweden wissenschaftlichen Terminus, wenn anders mit Recht beansprucht wird, dass der Begriff, den er bezeichnet, an der Sache etwas aufschließt, dass er also die Erkenntnis eines Gegenstands ermöglicht. Insofern finden sich in diesem Buch einige terminologische Unterschiede zu den Bezugstexten aus Geschichte und Gegenwart der Objektiven Hermeneutik; diese Unterschiede werden an den entsprechenden Stellen benannt, nicht aber jedesmal thematisiert, wenn Texte, die andere Termini verwenden, zitiert werden.

Aus dem gleichen Grund bezeichne ich dasjenige Erhebungsinstrument, um dessen Auswertung es hier gehen soll: das unstrukturierte, lebendige zu Forschungszwecken geführte Gespräch, nicht mit dem gängigen Terminus ‚Interview‘, sondern als *Forschungsgespräch;* der Terminus ‚Interview‘ ist nämlich eine Bezeichnung, worunter eher mehr als weniger standardisierte Gesprächsformen begriffen werden. Allerdings musste ich mich im Austausch mit mit der Objektiven Hermeneutik arbeitenden Kolleginnen und Kollegen belehren lassen, dass auch dort, wo nicht-standardisierte Gespräche zu Erhebungszwecken oder zur Eruierung von Möglichkeiten der Klärung einer praktischen Frage geführt werden, diese unbefangen als Interviews bezeichnet werden; zudem wären, so ein triftiger Einwand, wegen der Verbreitung dieses Terminus potenzielle Gesprächspartner bei Anfragen vermutlich irritiert, wenn sie dabei mit einem nicht-eingeführten Terminus konfrontiert würden. Da also der Terminus ‚Interview‘ in Forschungszusammenhängen weit verbreitet ist, habe ich mich dazu durchgerungen, ihn doch für den Titel zu verwenden. Dies fällt etwas leichter, wenn man sich vergegenwärtigt, dass, auch wenn die Form der Erhebung von Daten durchaus relevant ist, für die methodische Forschung – zumal für eine rekonstruktive Methode wie die Objektive Hermeneutik – allemal die Auswertung des erhobenen Materials entscheidend bleibt.[2]

Overberge
den 2. Aug. 2021

Thomas Loer

---

[2] Cori Antonia Mackrodt, die Lektorin des Verlags, der ich an dieser Stelle für die angenehme und in jeder Hinsicht förderliche Zusammenarbeit danken möchte, empfahl mir, eine Anmerkung zur sogenannten gendergerechten Schreibweise zu machen. Grundsätzlich ist es so, dass derjenige, der von einer geltenden Regel abweicht, seine Abweichung begründen muss, nicht derjenige, der sich an die Regel hält. Die Regel ist hier gut, lautet: Wissenschaftliches Schreiben ist zu sprachlicher und begrifflicher Prägnanz verpflichtet. Diese Regel ist in der Logik der Sache begründet, geht es in der Wissenschaft doch darum, Erkenntnis zu gewinnen, indem Gegenstände methodisch aufgeschlossen und auf den Begriff gebracht werden. Wenn nun aus Gründen praktischer Wertung, die, da ist Max Weber voll

und ganz zuzustimmen, als praktisch eingenommene Wertposition in der Wissenschaft nichts zu suchen hat (vgl. 1919/1985, S. 600 f.), von dieser Regel abgewichen werden soll – etwa indem dort, wo es, wie beim „essentiellen Gebrauch oder bei indefinit-unspezifischer Bezugnahme", darum geht, „potentielle Referenzentitäten begrifflich [zu] charakterisieren", und wenn dabei „Geschlechtsidentität nicht zu den begrifflichen Merkmalen [zählt], auf die es ankommt" (Zifonun 2018, S. 50), diese Geschlechtsidentität dennoch benannt (oder durch falsche Partizipialkonstruktionen oder zu Unleserlichkeit führende Asterisken repräsentiert) werden soll –, dann müssen diejenigen, die dies tun oder verlangen, es begründen.

Nachwort zu Vorwort

Am 11. Oktober 2021 verstarb Ulrich Oevermann; aufgrund des bereits fortgeschrittenen Herstellungsprozesses dieses Buches konnten an den Stellen, an denen auf ihn persönlich bezug genommen wird, keine Änderung mehr vorgenommen werden. Dass ohne Ulrich Oevermann die Objektive Hermeneutik kaum, jedenfalls nicht in der Gestalt, wie wir sie heute kennen, in das Licht der Wissenschaft getreten wäre, liegt auf der Hand; dass sie nach seinem Tode eine andere sein wird, da sie auf den entflammenden Lehrer, der die Methode, die theoretischen Implikationen und vor allem die Haltung des wissenschaftlichen Geistes, unabhängig, voller permanenter Neugier, freimütiger Offenheit und unerschöpflicher Entdeckerfreude, an seine Studenten, Diplomanden, Doktoranden und an weitere unzählige Teilnehmer seiner Vorlesungen, Seminare und Forschungspraktika weitergab, verzichten muss, ist zu beklagen und zu bedauern. Einzig in seinem Geiste weiter mit der Objektiven Hermeneutik zu arbeiten und ihre Fortenwicklung und Verbreitung zu betreiben, kann sachhaltigen Trost geben.

Wangerooge   Thomas Loer
den 15. Nov. 2021

Vorbemerkung

Die Objektive Hermeneutik ist die Schöpfung Ulrich Oevermanns, der sie zunächst während einer Zusammenarbeit mit Tilman Allert, Helga Gripp, Elisabeth Konau, Lothar Krappmann, Kurt Kreppner, Erna Schröder-Caesar und Yvonne Schütze entwickelte, dann aber durch Jahre hindurch nahezu der einzige war, der sie ausarbeitete, ihre Anwendungsmöglichkeiten amplifizierte und sie stringent entfaltete, und alles Missvergnügen, welches die Methode, die sie begründende Methodologie und die die Sozialwissenschaften auf neue Weise grundlegende Konstitutionstheorie bei den sozial- und kulturwissenschaftlichen Zeitgenossen hervorrief, hat sich als Kritik auf sein Haupt entladen. Auch heute noch, wo Oevermann längst nicht mehr der einzige Objektive Hermeneut ist, kann keiner besser als er wissen, was die Objektive Hermeneutik ist, wodurch sie sich von anderen Weisen die menschliche Praxis zu erforschen unterscheidet und was mit ihrem Namen belegt werden sollte oder besser anders zu benennen wäre. Insofern ist allen Lesern dringlich empfohlen, sich mit den Schriften Oevermanns vertraut zu machen, auch wenn sie ihnen ein gerüttelt Maß an geistiger Anstrengung abverlangen. Bei bequemen Abkürzungen, die auf Leserfreundlichkeit ausgerichtete Einführungen bieten, sollte der Leser sich zumindest exemplarisch der Schwierigkeiten des Geländes vergewissern, durch das die umständlicheren ersten Wege führten. Die vorliegende Einführung bemüht sich, der Maxime „Was man später wegläßt, muß man vorher wenigstens gewußt haben." (Brückner 1994/o. J., S. 252) zu folgen, und stellt keineswegs den Versuch dar, durch „kühne Usurpation"[3] sich an die Stelle der unverzichtbaren materialen und theoretischen Arbeiten zu setzen, in denen die Objektive Hermeneutik elaboriert wurde und in denen sie sich weiter entfaltet.

---

[3] Freud 1914/1981: 44; dort finden sich auch weitere Formulierungen, die hier in den ersten Sätzen verwendet wurden.

Die Lage stellt sich allerdings wie folgt dar: Die Objektive Hermeneutik ist mittlerweile eine verbreitete Methode in der Soziologie und anderen Sozialwissenschaften. Zudem werden Verfahrensweisen der Methode, wie etwa die Sequenzanalyse, in andere Forschungsverfahren eingebaut. Gleichwohl aber gibt es bisher nur eine systematische Einführung in die Forschungstechnik (Wernet 2000/2009) sowie ein „Studienbuch für den Einstieg" (Wernet 2021); eine eingängige Gesamteinführung, die auch die systematische Einbettung in Konstitutionstheorie und Methodologie darstellt, so dass die Arbeit mit der Forschungsmethode Objektive Hermeneutik und ihr Erlernen fundiert und fasslich möglich ist, fehlt hingegen.[4] Die Bedeutung der materialen Fragestellung[5] für das methodische Vorgehen in der Objektiven Hermeneutik macht ein solches Unterfangen auch schwierig, wenn nicht gar undurchführbar. Eine reine Methodeneinführung ist nämlich der Objektiven Hermeneutik nicht angemessen; will man den gleichwohl berechtigten vorhandenen Wünschen nach einer entsprechenden Einführung nachkommen und der Besonderheit der Objektiven Hermeneutik gerecht werden – also die Sachangemessenheit der Methode integral in ihre Darstellung aufnehmen – so muss man einen anderen Weg gehen. Die Erarbeitung einer Einführung in die Objektive Hermeneutik hat jeweils an einem Beispiel, das aus materialen Forschungen hervorgegangen ist, zu erfolgen. Einem solchen Ansinnen wird eine Folge von Einzelbänden, die jeweils solche Beispiele vorstellen und mit dem Rahmen einer expliziten methodologischen Begründung versehen, eher gerecht als ein kompaktes, alle Datentypen abdeckendes Kompendium.[6] In ihnen soll es darum gehen, materiale Forschungsergebnisse bei gleichzeitiger expliziter Darstellung des Vorgehens darzulegen und so in die Grundlagen und Verfahren der Objektiven Hermeneutik einzuführen. Es ist klar, dass dabei jeder Band auch Klärungen der konstitutionstheoretischen und methodologischen Einbettung bieten und so ein tiefgreifendes Verständnis der Begründung des methodischen Vorgehens ermöglichen muss. Das setzt

---

[4] Die „Einführung in das Werk Ulrich Oevermanns" von Detlef Garz und Uwe Raven (2015) weist an zentralen Stellen der Theoriearchitektonik begriffliche Unklarheiten auf, auf die hier nicht eingegangen werden kann. Zum Theorie- und Forschungsprogramm Oevermanns s. Sutter 1997.

[5] Andreas Wernet verweist zwar zu Recht darauf, dass „die Methode der Objektiven Hermeneutik [...] ‚Fingerübungen' ermöglicht", die „an x-beliebigen Sequenzen, die man irgendwo aufschnappt [...][,] versuchs- und ‚spaßeshalber' kontextfrei" durchgeführt werden können (2021: 53), aber er hält zu Recht eben auch fest: „Allerdings lösen solche Fingerübungen nicht das Problem eines sinnvollen Gebrauchs der Methode." (A. a. O.: 54).

[6] In dem Handbuch zur Methode der Objektiven Hermeneutik (Franzmann et al. i. Vorber.) wird man demnächst einen Überblick in Beiträgen zu einzelnen Datentypen bzw. Forschungsgegenständen finden können.

bereits bei der Planung einer Forschung an, betrifft die Frage der Fallauswahl, der Selektion der Datentypen und der Erhebung, der spezifischen Fragen der Analyse der jeweiligen Datentypen der hermeneutischen Forschung und führt bis zur besonderen Form der Ergebnisdarstellung und – bei praktischen Fragestellungen wie etwa Beratung – des Transfers der gewonnenen Erkenntnisse in die Praxis. Exemplarische Analysen sollen dabei dem Leser das jeweilige hermeneutische Vorgehen konkret deutlich und nachvollziehbar machen. Die aus den in den systematischen Eingangskapiteln jeweils knapp dargestellten konstitutionstheoretischen und methodologischen Grundlagen der Objektiven Hermeneutik sich ergebenden forschungs- und erkenntnislogischen Besonderheiten, die mit den unterschiedlichen Ausdrucksmaterialitäten und Protokolltypen verbunden sind, werden in den einzelnen Bänden dann entsprechend konkretisiert. Als Moment der Erkenntnisgewinnung durch Strukturgeneralisierung, die als der Zielpunkt der hermeneutischen Analysen zu verstehen ist, wird auch die Ergebnisdarstellung begriffen und entsprechend dargelegt.

Da die Objektive Hermeneutik ein Verfahren darstellt, das nicht nur für die wissenschaftliche Forschung sondern auch für Beratungsaufgaben in besonderer Weise geeignet ist, werden auch diesem – zunehmend relevant werdenden – Aspekt der Methode, der besondere Herausforderungen an Ökonomie in der Analyse und Suggestivität in der auf Transfer angelegten Ergebnisdarstellung stellt, eigene Bände gewidmet werden.

Inhaltsverzeichnis

Einleitung

Schlüsselwörter

Entstehung der Objektiven Hermeneutik • Konstitutionstheorie • Methodologie

Zur Bezeichnung ‚Objektive Hermeneutik'

Die Bezeichnung ‚Objektive Hermeneutik' stellt eine Nominalgruppe dar, so dass man darunter zunächst, ausgehend von ihrem Kern,[1] schließen würde, dass hier eine Hermeneutik als objektiv ausgezeichnet wird. Da es sich bei der Hermeneutik um ein wissenschaftliches Verfahren der Deutung und Auslegung[2] handelt, fragt sich, was daran objektiv sein könne, das andernfalls, also bei einer anderen Hermeneutik, subjektiv wäre. Wenn wir etwa von einem objektiven Beobachter oder einem objektiven Sachverständigen sprechen, so meinen wir damit, dass er beim Beobachten bzw. beim Begutachten seine subjektive Einschätzung zurückhält und sich auf das beschränkt, was jeder Beobachter und jeder Sachverständige

---

[1] „Die semantische Leistung des Substantivs als Kern einer NGr [sc.: Nominalgruppe] erfaßt Stetter (1989; 1990) mithilfe des Begriffs Kennzeichnung. Eine Kennzeichnung hat die Form **Dies ist ein x**, z. B. **Dies ist ein Baum** oder **Dies ist eine Teekanne**. Mit der Kennzeichnung wird ein Objekt von allem unterschieden, was nicht ein x, also ein Baum, eine Teekanne usw. ist. Kennt jemand die Bedeutung eines Substantivs, dann weiß er, wie es verwendet wird. Er ist in der Lage, ein beliebiges Objekt mit dem Substantiv zu kennzeichnen oder nicht zu kennzeichnen. Er weiß, ob etwas ein Baum, eine Teekanne usw. ist." (Eisenberg 1998, S. 330; Hvhbg. i. Orig.)

[2] Dies entspricht der Wortbedeutung von ἑρμηνεύειν, also erklären, auslegen, verdolmetschen, übersetzen (Gemoll 1954/1997, S. 329).

© Der/die Autor(en), exklusiv lizenziert durch Springer Fachmedien Wiesbaden GmbH, ein Teil von Springer Nature 2021
T. Loer, *Interviews analysieren*, Objektive Hermeneutik in Wissenschaft und Praxis, https://doi.org/10.1007/978-3-658-35433-6_1

1

beobachten bzw. feststellen würde. Auch wenn sich später zeigen wird, dass die Subjektivität des Forschers eine entscheidende Rolle bei jeder Forschung spielt, so wird doch genau dies auch mit der Bezeichnung ‚Objektive Hermeneutik' zum Ausdruck gebracht: ‚ein *wissenschaftliches* Verfahren der Deutung und Auslegung, dessen Ergebnisse jeder Forscher, unabhängig von seiner subjektiven Einschätzung, erzielen würde'. Wenn allerdings zutrifft, dass Hermeneutik ein wissenschaftliches Verfahren ist, so haben wir es hier mit einem Pleonasmus zu tun, da ja wissenschaftliche Verfahren *qua* wissenschaftliche den Anspruch erheben, von der subjektiven Einschätzung des Forschers unabhängige Ergebnisse zu liefern. Insofern muss das Epitheton ‚objektiv' sich auf etwas anderes beziehen.

Wenn es sich bei der Hermeneutik um ein wissenschaftliches Verfahren der Deutung und Auslegung handelt, so stellt sich die Frage, was denn gedeutet und ausgelegt wird, also worauf das Verfahren sich als sein Gegenstand bezieht. Ziehen wir Max Webers notorische Definition der Soziologie heran:

> „Soziologie (im hier verstandenen Sinn dieses sehr vieldeutig gebrauchten Wortes) soll heißen: eine Wissenschaft, welche soziales Handeln deutend verstehen und dadurch in seinem Ablauf und seinen Wirkungen ursächlich erklären will. ‚Handeln' soll dabei ein menschliches Verhalten (einerlei ob äußeres oder innerliches Tun, Unterlassen oder Dulden) heißen, wenn und insofern als der oder die Handelnden mit ihm einen *subjektiven Sinn* verbinden. ‚Soziales' Handeln aber soll ein solches Handeln heißen, welches seinem von dem oder den Handelnden *gemeinten Sinn* nach auf das Verhalten anderer bezogen wird und daran in seinem Ablauf orientiert ist." (1922/1985, S. 1; gesperrt i. Orig.; kursiv von mir, TL)

Hier geht es uns um die Bestimmung Webers, *Handeln* sei *mit subjektivem Sinn verbundenes menschliches Verhalten*. Wenn ausgehend von dieser Bestimmung Handeln gedeutet und ausgelegt werden soll, so ist klar, dass der von den Handelnden gemeinte Sinn, eben der subjektive Sinn, Gegenstand dieses Deutens und Auslegens ist, also dass eine entsprechende Hermeneutik sich darauf bezieht. Die Objektive Hermeneutik geht – in ihrer Konstitutionstheorie – demgegenüber davon aus, dass Handeln regelgeleitet ist und der mit ihm verbundene *Sinn* entsprechend *objektiv durch Regeln konstituiert* ist – und zwar durch „die interaktionsstrukturinhärenten Regeln verschiedenen Typs (syntaktische Regeln, pragmatische Regeln, Regeln der Sequenzierung von Interaktionen, Regeln der Verteilung von Redebeiträgen, usf.)" (Oevermann et al. 1979 [Methodologie]:

370);[3] dieser objektive Sinn ist Gegenstand des Deutens und Auslegens. Offensichtlich meint die Bezeichnung ‚Objektive Hermeneutik' also: ‚Methode zur
Analyse des objektiven Sinns' – insofern ist ‚Objektive Hermeneutik' der Eigenname dieser Methode.[4] In Anlehnung an eine Bestimmung Peter Eisenbergs[5]
kann man es dann so sagen: ‚Objektive Hermeneutik' ist ein Eigenname, der
eine spezifische Methode innerhalb der Teilmenge der Hermeneutiken innerhalb
der Menge der Methoden benennt. D. h.: Diese Hermeneutik resp. diese Methode
heißt Objektive Hermeneutik.[6] – Entsprechend heißt es zum „Taufakt":

> „Wir nennen" das „Interpretationsverfahren […], das zur Aufschlüsselung dieser Rea-
> lität [objektiver Bedeutungsmöglichkeiten] benötigt wird", „‚objektive Hermeneu-
> tik', weil wir damit verdeutlichen wollen, daß es ausschließlich um die sorgfältige,
> extensive Auslegung der objektiven Bedeutung von Interaktionstexten […] geht, und
> dieses Verfahren des rekonstruierenden Textverstehens mit einem verstehenden Nach-
> vollzug innerpsychischer Prozesse bei der Interpretation von Befragungsergebnissen
> oder von durch projektive Tests erzeugten Antworten nichts zu tun hat." (Oever-
> mann et al. 1979 [Methodologie], S. 381)[7] „Das für viele in diesem Zusammenhang

---

[3] Wir müssen hier – und nicht nur hier, sondern immer wieder, wie sich zeigen wird – einen
Vorgriff machen auf Begriffe, die erst im Laufe der weiteren Ausführungen explizit werden; das Glossar, in dem die für die Objektive Hermeneutik spezifischen Begriffe erläutert
werden, dient der abkürzenden Erinnerung an diese Explikationen.

[4] Wie gesagt: dass sie als Methode mit Anspruch auf objektive Gültigkeit der Analyseergeb-
nisse antritt, unterscheidet die Objektive Hermeneutik nicht von anderen Methoden.

[5] „Bei einem Eigennahmen handelt es sich […] um einen ‚Ausdruck, der ein Individuum in
einer gekennzeichneten Menge benennt.' (Stetter 1990, S. 207). Die Kennzeichnung einer
Menge erfolgt wie bei den Substantiven, die Benennung des Individuums innerhalb der
Menge geht auf eine Namensgebung zurück, auf einen Taufakt, nach dessen Vollzug man
sagen kann ‚**Dieser Man[n]** *heißt* **Fritz[']** oder [,]Dieses Meer *heißt* **Schwarzes Meer[']**.
Im *heißen* steckt die rein extensionale Zuordnung zu einem Individuum, allerdings innerhalb der gekennzeichneten Klasse. Ein Ausdruck ist genau dann ein Eigenname, wenn er als
solcher verstanden wird." (Eisenberg 1998, S. 334; Hvhbg. i. Orig.)

[6] „Die Großschreibung [des Adjektivs] hat hier […] die Aufgabe, den Eigennamen als solchen kenntlich zu machen." (Eisenberg 1998, S. 334) Andreas Wernet sagt ebenfalls: „‚Objektive Hermeneutik' verstehe ich als Eigennamen[n]. Ich schreibe deshalb das Adjektiv,
entgegen den Gepflogenheiten, groß." (2000/2006, S. 9, Fn. 1) – Eine Schreibweise mit
Minuskel hingegen pflegt – obwohl er die Korrektheit der Schreibung mit Majuskel zuge-
steht – Ulrich Oevermann, und zwar aus einer Ideosynkrasie gegen das, was er „Selbster-
nennungsorthographie" nennt (mündliche Mitteilung).

[7] An der zweiten Stelle der Auslassungspunkte in diesem Zitat haben wir den problematischen Terminus des „latenten Sinns von Interaktionen" weggelassen – s. hierzu im Glossar
zum Begriff des latenten Sinns bzw. der latenten Sinnstruktur. – S. auch: „Gegenstand dieser
Methode, die man vorläufig deshalb als ‚objektive Hermeneutik' bezeichnen könnte, ist die
Explikation und Rekonstruktion der objektiven Bedeutung protokollierbarer Symbolketten,

befremdliche Beiwort ‚objektiv' soll besagen, daß sowohl der Gegenstand, auf den
sich die Methode richtet, als auch das Verfahren der Geltungsüberprüfung denselben
Objektivitätsanspruch stellen, wie er erkenntnistheoretisch in den Naturwissenschaf-
ten üblich ist." (Leber und Oevermann 1994, S. 384)

Zum Entstehungskontext der Objektiven Hermeneutik

Zum Entstehungskontext der Objektiven Hermeneutik führt Ulrich Oevermann
Folgendes aus:[8]

„Die objektive Hermeneutik ist eine Methodologie, deren Notwendigkeit aus der spezifischen Sachlage der Sozialisationsforschung sich ursprünglich ergeben hat. Sie ent-
stand als zunächst forschungspraktisches Verfahren in dem Moment, in dem bei intensiven Einzelfallstudien von Familien, die als Interpretationshilfe im üblichen quan-
tifizierenden Vorgehen gedacht waren, der Entschluß gefaßt wurde, dem primären
Eindruck von den Fällen mehr zu trauen als der Wertekonfiguration einer standardisierten Auswertung und alles daran zu setzen, eine möglichst genaue Erschließung der
Fallstruktur und der Fallspezifität des Sozialisationsgeschehens zu bewerkstelligen.

Dann erst ergab sich als das diese Methodologie erzwingende Phänomen ein im
Grunde ganz einfacher aber bis dahin in der Sozialisationsforschung so gut wie unbe-
achtet gebliebener Sachverhalt: Im kindlichen Handeln werden beständig Sinn- und
Bedeutungszusammenhänge erzeugt, die weit über die entwicklungspsychologisch
unterstellbare allgemeine Sinninterpretationskapazität des kindlichen Subjekts bzw.
Bewußtseins hinausgehen. Beispielsweise sagt ein knapp vierjähriges Kind im Streit
mit seinem älteren Bruder über ein Spielzeug: ‚Kann man auch Rädchen zu sagen' –
ein Sprechakt, der zweifellos die Differenz von Meta- und Objektsprache beinhaltet
und unstrittig einen metasprachlichen Status hat. Es wäre aber gegen alle Erkenntnisse der Entwicklungspsychologie anzunehmen, dieser knapp vierjährige Sprecher
beherrschte qua kognitiver Kompetenz schon die Differenz von Meta- und Objektsprache. Es gibt nur eine Möglichkeit, diesen Widerspruch aufzulösen: Man erkennt
auf der einen Seite an, daß ein vierjähriges Kind von sich aus qua kognitiver Kompetenz die Unterscheidung zwischen Meta- und Objektsprache noch nicht beherrscht,
leugnet aber auf der anderen nicht, daß objektiv in der sprachlichen Äußerung des
Kindes eine solche Differenz fraglos vorliegt.

---

nicht der Nachvollzug der psychischen Prozesse ihrer Produktion" (Oevermann et al. 1976
[Beobachtungen], S. 287).

[8] Zu der Terminologie, die Oevermann hier verwendet, werden wir noch klärende Ausführungen machen müssen. – Zum Entstehungskontext s. auch Franzmann 2016.

Also muß diese auf der Ebene der latenten Sinnstruktur der Äußerung liegende Differenz durch etwas anderes erzeugt worden sein als durch die kognitive Kompetenz des Sprechers. Wodurch dann? Durch die Praxis der sozialisatorischen Interaktion, in die das Kind eingebunden ist und an deren Erzeugung es mit der Sinninterpretationskapazität beteiligt ist, über die es jeweils verfügt. Es beherrscht zu dieser Zeit schon genügend Syntax, Semantik und Pragmatik, um sprachliche Gebilde als Träger einer Sinnstruktur, die z. B. die Differenz zwischen Meta- und Objektsprache beinhaltet, produzieren zu können in einem pragmatischen Kontext, in dem es intentional irgendein Gegenargument benötigt und plant, um seine Haut zu retten.

Die objektive Hermeneutik begann also mit der Annahme einer eigenlogischen Realitätsebene von objektiven Bedeutungen, die wir bezogen auf die Bedeutung von Äußerungs- oder Handlungsketten bzw. -sequenzen dann ‚latente Sinnstrukturen' genannt haben, um sie von den manifesten, weil bewußtseinsfähigen Bedeutungen im Sinne jenes ja manifesten subjektiven Sinns der Akteure zu unterscheiden. Hat man erst einmal sich von Protokollen kindlichen Handelns veranlaßt auf diese notwendige Unterscheidung eingelassen, sieht man sehr bald, daß sie ganz allgemein, auch für das Handeln von Erwachsenen, zutrifft und daß der Grenzfall der vollständigen subjektiv-intentionalen Realisierung der objektiven Bedeutungsstruktur einer einzelnen Äußerung bzw. der latenten Sinnstruktur eines komplexeren Handlungsablaufs empirisch so gut wie nie eintritt. Damit ist dann eine fundamentale Differenz zwischen das Bedeutungsverständnis in der Lebenspraxis selbst und dasjenige in der methodischen Untersuchung der Protokolle von ihr gelegt: In der unter Zeitdruck stehenden Praxis ist das Verstehen immer eine äußerst effiziente – in sich gestaltrichtige oder gestaltverzerrte – Abkürzung bezüglich der expliziten methodischen Operation der detaillierten Rekonstruktion der latenten Sinnstruktur.

[…] die Untersuchung sozialisatorischer Phänomene erzwang […] die Methodologie der objektiven Hermeneutik." (Oevermann 1995 [Vorwort], S. IX f.)

Hier wird deutlich, dass die Methode der Objektiven Hermeneutik ihren *Ursprung in einem Forschungsproblem* hatte und aus dem *Prinzip der Sachhaltigkeit* geboren wurde. Darin, dass der subjektiv gemeinte Sinn hier nicht die Quelle für die Bedeutung der protokollierten und zu analysierenden Äußerungen sein *kann,* ist zugleich ein entscheidendes Charakteristikum der Methode bgründet, das oben bereits eine Rolle spielte: der Ausgang vom objektiven Sinn.

Ulrich Oevermann, der hier die Konstellation beschrieb, die zur Entstehung der Objektiven Hermenutik führte, und auf den, wie eingangs erwähnt, diese Methode zurückgeht, leitete zum Zeitpunkt der Entwicklung der Objektiven Hermeneutik das Projekt ‚Elternhaus und Schule' am Max-Planck-Institut für Bildungsforschung in Berlin und war seit 1972 bis zu seiner Emiritierung 2008 Professor für Soziologie am Fachbereich Gesellschaftswissenschaften der Johann Wolfgang

Goethe-Universität in Frankfurt/M. (zunächst Honorarprofessor, ab 1977 dann Lehrstuhlinhaber).[9]

Zu einigen konstitutionstheoretischen und methodologischen Grundlagen

Vorbemerkung

Auch wenn die „Erfahrung zeigt, daß es […] für die Verständigung wenig förderlich ist, die zentralen Konzepte der ‚objektiven Hermeneutik' auf der Stufe der Allgemeinheit, der sie am Ende zuzurechnen sind, einzuführen" (Oevermann et al. 1979 [Methodologie], S. 354), so scheint es doch sinnvoll, die konstitutionstheoretischen und methodologischen Grundlagen der Objektiven Hermeneutik in einem *Vorgriff* kurz einzuführen – auch weil seit der Entstehungszeit der Methode nahezu ein halbes Jahrhundert ins Land gegangen und damit sowohl die Begrifflichkeit elaboriert wurde als auch die Methode mit ihrer Begrifflichkeit als im sozialwissenschaftlichen Diskussionszusammenhang etabliert gelten kann.[10]

Im Vorwort wurde darauf hingewiesen, dass sich in diesem Buch einige terminologische Unterschiede zu den Bezugstexten aus Geschichte und Gegenwart der Objektiven Hermeneutik finden, die gegründet sind in dem Versuch, der von Adorno bezüglich der philosophischen Terminologie geäußerten Erkenntnis gerecht zu werden: dass „in Wirklichkeit die philosophischen Worte nicht nur miteinander, sondern auch mit der Sache zusammenhängen." (1973/1982, S. 7); die Unterschiede zu Texten, die andere Termini verwenden, werden an den entsprechenden Stellen benannt, aber sie werden nicht jedesmal thematisiert, wenn in Zitaten andere Termini auftauchen.

---

[9] Oevermann wurde 1940 geboren und verstarb im Oktober 2021; ein detaillierter akademischer Lebenslauf findet sich in Garz et al. 2019, S. 98 ff.

[10] Ob die Objektive Hermeneutik bereits die letzte der fünf Phasen der Entwicklung einer Methodenschule erreicht hat, die Andreas Franzmann herausstellt, ob sie also bereits „Eingang in den Kanon einer Disziplin" gefunden hat „und zum Bestandteil der Normal Science" geworden ist, sei dahingestellt, dass sie allerdings in der vierten Phase sich befindet, also eine „erste Konsolidierung des Methodenansatzes" festzustellen ist, sie „sich vom ursprünglichen Entstehungszusammenhang" gelöst hat und ihr „Ansatz in andere fachliche und berufliche Zusammenhänge hinein[getragen]" worden ist (2016, S. 9), ist unbestritten.

Zum Problem des Verstehens

Wie im vorigen Abschnitt deutlich wurde, geht es bei objektiv-hermeneutischen Analysen um das Verstehen von Handeln. Hier kann und soll nicht die lange Geschichte des Verstehens als wissenschaftlicher Begriff, beginnend mit seiner Etablierung als „Grundbegriff einer Erkenntnistheorie der sog. Geisteswissenschaften" durch Johann Gustav Droysen und Wilhelm Dilthey (Apel 2001, S. 918), dargelegt werden (s. a. a. O.).[11] Im Laufe unserer Analysen wird das Problem des Verstehens als forschungspraktisches Problem auftauchen und zu lösen sein. Hier sollen deshalb nur einige allgemeine Aspekte thematisiert werden, die für die Verstehensprozesse im Rahmen der Objektiven Hermeneutik zentral sind. Häufig handelt es sich bei dem Handeln der von uns zu untersuchenden Praxis um Sprechhandeln. Dass Sprechen als Handeln zu verstehen ist, ist entscheidend für den objektiv-hermeneutischen Zugang zu sprachlichen Ausdrucksgestalten. Bei der Konstitution des Gegenstands der Untersuchung beziehen wir uns dabei auf einen wesentlichen Fortschritt, der durch John Austin (1955/1962) und John R. Searle (1969/1983 u. 1979/1999) in der Philosophie der Sprache erreicht wurde. Durch die von ihnen entwickelte Sprechakttheorie wurde die pragmatische Dimension des Sprechens in den Vordergrund gerückt. Etwa ein Versprechen zu verstehen – also zu verstehen, dass mittels einer Äußerung ein Versprechen vollzogen wird, und zugleich zu verstehen, was damit versprochen wird –, bedeutet zunächst einmal, das implizite Urteil zu fällen, dass die entsprechende Äußerung den pragmatischen Erfüllungsbedingungen[12] für Versprechen genügt, dass also der Sprecher glaubhaft versichert eine in seiner Macht stehende künftige Handlung zu einem bestimmten Zeitpunkt auszuführen und sich daran bindet. – Wenn A zu

---

[11] Auch auf die notorische Erklären/Verstehen-Debatte gehen wir hier nicht ein – s. dazu: von Wright 1971, Apel 1978, 1979, Jarvie 1970/1978 – dazu Winch 1970/1978, Greshoff et al. 2008. Max Weber hat, wie oben zu lesen war, hier keinen Gegensatz gesehen. Auch hat vor zwei Jahrzehnten Manfred Bierwisch aus dieser Debatte die Luft herausgelassen, indem er auf die schlichte sprachliche Beziehung zwischen ‚erklären' und ‚verstehen' hinwies und nüchtern feststellte, dass gemäß der üblichen Redeweise „*erklären* einfach das kausative Verb zu *verstehen*" sei (2002, S. 153; kursiv i. Orig.) – eben gemäß der Redewendung: „Versteh' ich nicht; erklär' ‘mal!" – Wir werden später sehen, dass der Bezug auf die bedeutungserzeugenden Regeln das gedeutete Protokoll als Text *verstehen*, und die uno actu erfolgende Rekonstruktion der Fallstruktur es zugleich erlaubt, zu *erklären,*wie die in der Ausdrucksgestalt objektivierten Handlungen zustande kommen konnten. „Sinnverstehen und kausales Erklären erscheinen so aufs Engste miteinander verknüpft." (Schneider 2008: 335; Schneider setzt dort allerdings den Bezug auf die bedeutungserzeugenden Regeln und die Rekonstruktion der Fallstruktur irreführenderweise ineins.)

[12] Zu diesem Terminus s. zuerst Oevermann 1981 [Strukturgen], S. 12–17.

B sagt: „Ich werde Dir in dieser Woche das Fahrrad reparieren, versprochen.", so bindet er sich damit und nimmt allfällige Sanktionen für den Fall in Kauf, dass er die Handlung des Fahrrad Reparierens für B nicht in der laufenden Woche vornimmt. Wenn wir die genannte Äußerung so deuten – sei es intuitiv und implizit, sei es methodisch und explizit –, haben wir sie als Versprechen verstanden – und zwar entweder praktisch oder wissenschaftlich. Damit sehen wir schon, dass zwischen dem (meist intuitiv erfolgenden) praktischen und dem (in expliziten Schlüssen erfolgenden) wissenschaftlichen Verstehen keine erkenntnislogische Differenz besteht: beide beziehen sich auf diejenigen Regeln – hier neben den sprachlichen auf die pragmatischen Regeln des Versprechens –, die auch in der Hervorbringung der zu verstehenden Handlung wirken. Allerdings besteht zwischen dem praktischen und dem wissenschaftlichen Verstehen eine handlungslogische Differenz: In der Praxis reagieren wir direkt auf die zu verstehende Handlung – hier etwa, indem wir das Versprechen annehmen – und stehen dabei in der Regel auch unter Handlungsdruck, müssen uns entscheiden; in der Wissenschaft hingegen können wir uns die Handlung müßig vor Augen führen und festhalten, müssen nicht entscheiden, sondern können handlungsentlastet Schritt für Schritt ihre Bedeutung explizieren.

Es sei hier noch darauf hingewiesen, dass, wenn die objektive, regelkonstituierte Bedeutung der Gegenstand des Verstehens ist, dies von Webers Vorgabe, es ginge beim Verstehen des Handelns um den „subjektiven Sinn" (s. o.) abweicht. Webers Verständnis des Verstehens kommt allerdings unserem Alltagsverständnis entgegen:

> „Die Umgangssprache und das umgangssprachlich eingekleidete Denken enthalten [...] ein ‚intentionalistisches' Vorurteil, unterschieben Intentionen, wo zunächst nur Bedeutungen vorliegen, und verführen auf diese Weise zu einem Denken, das Handlungsabläufe als Schuld und Verantwortung Personen zurechnet." (Oevermann et al. 1979 [Methodologie], S. 358)

Das methodische Verstehen zielt demgegenüber, wie gesagt, darauf ab, die objektive Bedeutung einer Handlung zu rekonstruieren, unabhängig davon, ob der Handelnde diese Bedeutung subjektiv gemeint hat;[13] oftmals finden wir hier

---

[13] Es sei angemerkt, dass die hier thematische Diskrepanz in Zusammenhängen der Erforschung von Selbstdeutungen auf eine lange Denktradition zurückblicken kann. So unterscheidet bereits Hegel bzgl. der „öffentliche[n] Meinung" zwischen „ihrem konkreten Bewußtsein und Äußerung" und „ihrer wesentlichen Grundlage, die, mehr oder weniger getrübt, in jenes Konkrete nur scheint." (1821/1970, S. 485 [§ 318]) Darauf bezieht sich auch Adorno im Hinblick auf „Meinungsforschung" und Ideologie (1957/1979, S. 215).

eine explizierbare Diskrepanz vor: Dass wir häufig Beispiele „des für die soziologisch Analyse immer interessanten Falles der Diskrepanz zwischen Intention und Wirkungen oder Bedeutung, eines Falles von ‚unanticipated consequences of action'" vorfinden (Oevermann et al. 1979 [Methodologie], S. 360; vgl. Merton 1936; Loer 2017 [Latenz]), heißt allerdings nicht, dass die Objektive Hermeneutik nur systematisch verzerrte Kommunikationen[14] untersuchen könnte oder, wie etwa Andreas Wernet meint, dass „[e]ine Fallrekonstruktion […] die Beobachtung eines solchen Passungsproblems voraus[setzt]" (2021, S. 45) und dass, wenn „eine solche Differenz nicht vor[liegt], […] sich auch keine Fallbesonderung rekonstruieren" lässt (ebd.).[15] Zwar gilt: „Generell wird man annehmen können, daß Menschen nur in Ausnahmefällen in der Lage sind, auf der Ebene von latenten Sinnstrukturen Bedeutungszusammenhänge zu entschlüsseln, die erst nach langwierigen und recht komplizierten praktischen Schlüsse[..]n und unter der Bedingung der Handlungsentlastetheit und Nicht-Betroffenheit expliziert werden können." (Oevermann et al. 1979 [Methodologie], S. 366) „Die vollständige Koinzidenz der intentionalen Repräsentanz mit der latenten Sinnstruktur[16] der Interaktion ist prinzipiell möglich, aber sie stellt den idealen Grenzfall der vollständig aufgeklärten Kommunikation in der Einstellung der Selbstreflexion dar" (a. a. O.: 380). Aber auch wenn eine Passung, ein Ausbleiben der genannten Diskrepanz empirisch selten vorkommt und schon aufgrund des Handlungsdrucks in der Praxis strukturell unwahrscheinlich ist, so wäre doch auch ein solcher Fall rekonstruierbar und auch seine Besonderheit bestimmbar – und bestünde sie darin, dass sie mit dem Allgemeinen zur vollständigen Deckung käme.

---

[14] Dabei ist zu beachten, dass bei systematisch verzerrter Kommunikation nicht, wie Jürgen Habermas behauptet, „die Geltungsbasis der Rede versehrt ist" (1973/1984, S. 253); vielmehr ist „die Verzerrtheit einer Kommunikation eine Funktion des Verhältnisses der subjektiv intentionalen Repräsentation eines Sprechers zur objektiven Bedeutung seines Interaktionstextes" (Oevermann et al. 1979 [Methodologie], S. 372).

[15] Eine solche Auffassung leistet dem – vor allem von Jo Reichertz verbreiteten – Missverständnis Vorschub, dass die Objektive Hermeneutik „die interaktiven Leistungen der handelnden Subjekte bei den Analysen vernachlässige" (Reichertz 1981/1995, S. 228) und grundsätzlich davon ausgehe, dass „die Menschen [sich] über ihr Handeln […] täuschen" (Reichertz 1988: 219).

[16] Hier ist eine terminologische Klärung erforderlich, die wir noch vornehmen werden (s. u., *Exkurs zur Unterscheidung von objektiver Bedeutung und objektivem Sinn* – vgl. Loer 2016 [objektiv/latent] u. 2017 [Latenz].

Ausdrucksgestalt – Protokoll und Text

Wenn wissenschaftliches Verstehen einer Handlung voraussetzt, dass wir uns die Handlung müßig vor Augen führen und festhalten, bedarf es zur Analyse dieser Handlung deren Objektivierung in einer Ausdrucksgestalt. Handeln per se ist flüchtig, und was flüchtig ist, können wir uns eben nicht müßig vor Augen führen. Auf ein Versprechen können wir nur unmittelbar praktisch reagieren – etwa indem wir es annehmen oder ablehnen –, aber wir können es nicht methodisch analysieren, wenn wir keine Objektivierung davon haben; und sei es minimal ein Erinnerungsprotokoll.

„Das Gesamt an Daten, in denen sich die erfahrbare Welt der Sozial-, Geistes- und Kulturwissenschaften präsentiert und streng methodisch – im Unterschied zu: praktisch – zugänglich wird, in denen also die sinnstrukturierte menschliche Praxis in allen ihren Ausprägungen erforschbar wird, fällt in die *Kategorie der Ausdrucksgestalt.*

Unter dem Gesichtspunkt der Strukturierung von Sinn und Bedeutung, also dessen, was sie symbolisieren, werden Ausdrucksgestalten als *Texte* behandelt. Für Texte gilt entsprechend, daß sie – wie die Bedeutungs- und Sinnstrukturen, deren Zusammenhang sie herstellen – als solche der sinnlichen Wahrnehmung verschlossen sind und nur ‚gelesen‘ werden können. Unter diesen methodologisch erweiterten Textbegriff fallen selbstverständlich nicht nur die schriftsprachlichen Texte der Literaturwissenschaften, sondern alle Ausdrucksgestalten menschlicher Praxis bis hin zu Landschaften, Erinnerungen und Dingen der materialen Alltagskultur.

Unter dem Gesichtspunkt ihrer ausdrucksmaterialen, überdauernden Objektivierung werden diese Texte als *Protokolle* behandelt. Dabei kann es sich um gegenständliche Objektivierungen in Produkten, um hinterlassene Spuren, um Aufzeichnungen vermittels technischer Vorrichtungen, um intendierte Beschreibungen, um institutionelle Protokolle oder um künstlerische oder sonstige bewußte Gestaltungen handeln, und die Ausdrucksmaterialität kann sprachlich oder in irgendeinem anderen Medium der Spurenfixierung oder der Gestaltung vorliegen. Protokolle, als die ausdrucksmateriale Seite von Ausdrucksgestalten, lassen sich selbstverständlich sinnlich wahrnehmen.“ (Oevermann 2002 [Manifest], S. 3; Hervorhbg. i. Orig. unterstr.)

Die Objektivierungen von Handeln – wie etwa die Aufzeichnungen von Forschungsgesprächen – werden also deshalb als Ausdrucksgestalt bezeichnet, weil in ihnen mit der Bedeutung des Handelns die Lebenspraxis des Handelnden zum Ausdruck kommt. Diese Bedeutung ist der Aspekt des Textes, den wir in der methodischen Analyse anhand der sinnlich als Protokoll vorliegenden Ausdrucksgestalt rekonstruieren.[17]

---

[17] Einige Autoren engen den Begriff der Ausdrucksgestalt auf solche Objektivationen des Handelns ein, in denen die Praxis *sich zum Ausdruck bringt* (etwa Zehentreiter 2008, s. dazu

Die Reihe von Einzelbänden zur Objektiven Hermeneutik, die zunächst einzelnen Datentypen, dann aber auch verschiedenen Typen von Forschungsgegenständen sich widmen,[18] geht davon aus und berücksichtigt,

> „daß keine Ausdrucksmaterialität, welcher Art auch immer, den Verfahren der objektiven Hermeneutik eine Grenze setzt, weil sie sich ja nicht primär auf die Ausdrucksmaterialität als Ausdrucksmaterialität richtet, sondern auf die von dieser realisierte, abstrakte, grundsätzlich versprachlichbare latente Sinnstruktur. Die konkreten Rekonstruktionstechniken müssen sich nur der jeweiligen Ausdrucksmaterialität in ihrer spezifischen Charakteristik anpassen, sie bleiben sich dabei jedoch dem Geiste nach gleich." (Oevermann 2000 [Fallrek], S. 107)

Erzeugungs- bzw. Eröffnungsparameter: Regeln

Wir haben erwähnt, dass die Objektive Hermeneutik in ihrer Konstitutionstheorie davon ausgeht, dass Handeln regelgeleitet ist und der mit ihm verbundene, sich in Ausdrucksgestalten niederschlagende Sinn entsprechend objektiv durch Regeln konstituiert ist. *Regeln eröffnen Handlungsmöglichkeiten.*[19] – Der Gegenstand der Sozialwissenschaften im Allgemeinen und der Soziologie im Besonderen ist Handeln. *Handeln* ist, anders als Verhalten,[20] das durch genetische Programme gesteuert und damit letztlich – bei aller Komplexität – naturgesetzlich determiniert ist, *regelgeleitet.* Das bedeutet zunächst einmal, dass den Handelnden von den ihr Handeln bestimmenden – nicht determinierenden – Regeln *Handlungsmöglichkeiten eröffnet* werden. Regeln im Allgemeinen verknüpfen Handlungssequenzen miteinander, indem sie zum einen Anschlussoptionen eröffnen und zum anderen die Konsequenzen festlegen, die eine jeweilige Auswahl

---

Loer 2015 [AG]) und schließen solche aus, in denen die Praxis (lediglich) *zum Ausdruck kommt* (etwa Wenzl und Wernet 2015, auch Wernet 2021, S. 18, s. dazu Loer 2015 [Diskurs]).

[18] Diese beiden Ordnungsprinzipien überschneiden sich zum Teil; dem wird in der Anlage der Buchreihe Rechnung getragen.

[19] Wir ziehen hier Ausführungen einer früheren Veröffentlichung heran (Loer 2008 [Norm], S. 165–168).

[20] Die Äquivokation im Wort ‚Verhalten' nötigt zu einer Klarstellung: Hier ist *Verhalten im engeren Sinne* gemeint, wie eben durch genetische Programmierung und erlernte „patterns of […] behavior" (Count 1970/1973, S. 4) hervorgebracht wird; dieses unterscheidet sich von *Handeln. Beide* sind aber *Verhalten im weiteren Sinne,* worunter generell das (Re-) Agieren eines Lebewesens überhaupt in einer Situation gemeint ist. Insofern ist Handeln regelgeleitetes Verhalten (i. w. S.).

aus diesen Optionen bedeutet. Dies lässt sich am einfachsten am Beispiel der Begrüßung[21] zeigen. Ein Reisender in einem Zugabteil etwa, der von einem zugestiegenen Passagier begrüßt wird, hat nur zwei Möglichkeiten: entweder (a) zurückzugrüßen oder (b) die Grußerwiderung zu unterlassen. Bevor der Begrüßte noch seine Wahl trifft, also bevor er noch im handelnden Vollzug eine der Optionen praktisch realisiert, liegt bereits deren Konsequenz fest – insofern kann er diese Konsequenz in seiner Entscheidung für eine der Optionen berücksichtigen; ob er sie sich aber bewusst macht oder nicht: sie liegt fest.

Wenn also nun etwa der Reisende, der von dem neuen Passagier begrüßt wird, zurückgrüßt, so nimmt er damit unweigerlich, ob er will oder nicht, das Angebot an, den Handlungsraum der Reise als gemeinsamen zu betrachten. Damit muss er, wenn er zum Beispiel gerade ein Buch liest, gewärtig sein, von dem Mitreisenden, durch ein Gespräch etwa, an der weiteren Lektüre gehindert zu werden, und es ist an ihm, dem ersten Reisenden, sich diesem Ansinnen aktiv zu entziehen, wenn er in Ruhe weiter lesen will. Sollte er aber nicht zurückgrüßen, so weist er damit das Angebot, den Handlungsraum der Reise praktisch als gemeinsamen zu realisieren, zurück. In diesem Falle müsste der Zugestiegenen, sollte er ein Interesse an einem gemeinsamen Gespräch haben, seinerseits aktiv werden und einen neuen Versuch starten, um doch noch die Reise beider zu einer gemeinsamen werden zu lassen.

Man sieht an diesem Beispiel, wie Regeln Optionen eröffnen und zugleich festlegen, was diese Optionen *bedeuten,* indem sie verbindlich Folgen mit diesen Optionen verknüpfen.[22] Darüber hinaus können wir uns hier noch einmal die Bedeutung des Epithetons ‚objektiv' im Namen der Methode deutlich machen, da man sieht, dass die eröffneten Optionen und ihre Bedeutungen von der Absicht der Handelnden, also von ihren subjektiven Intentionen unabhängig sind und vielmehr *objektiv* durch die Regeln konstituiert werden. So verhält es sich mit allem Handeln.

Auswahl- bzw. Entscheidungsparameter: Fallstruktur

Zugleich sieht man an dem Beispiel, dass der

---

[21] Zur ausführlichen Analyse der Begrüßung als solcher s. Oevermann 1983 [Sache] u. Loer 2021 [Reziprozität], S. 6–31.

[22] Ulrich Oevermann spricht diesbezüglich von dem „Parameter I von Erzeugungsregeln" (2000 [Fallrek], S. 90, Fn. 18) oder auch vom ‚algorithmischen Erzeugungsparameter' (2003 [Normativität], S. 192).

„tatsächliche Ablauf der Praxis-Sequenz [...] durch einen weiteren Parameter bestimmt [ist], der die tatsächliche *Auswahl aus den durch Sequenzregeln eröffneten Möglichkeiten, also die ‚Entscheidung' trifft.* Dieser Parameter besteht aus dem Ensemble von Dispositionsfaktoren, die die Entscheidung einer konkreten Lebenspraxis, sei es einer Person, Gemeinschaft, Gruppe, Organisation, Regierung oder was auch immer beeinflussen: also aus den Faktoren, die die traditionelle handlungs- oder systemtheoretisch argumentierende Sozialwissenschaft als Motivationen, Wertorientierungen, Einstellungen, Weltbilder, Habitusformationen, Normen, Mentalitäten, Charakterstrukturen, Bewußtseinsstrukturen, unbewußte Wünsche u. a. schon immer thematisiert hat. Ich fasse das Ensemble dieser Faktoren, das in einer bestimmten Valenz die Entscheidungen einer konkreten Lebenspraxis auf wiedererkennbare, prägnante Weise systematisch strukturiert, als *Fallstruktur* zusammen." (Oevermann 2000 [Fallrek], S. 65; kursiv i. Orig.)

In diesen Auswahlparameter[23] gehen in unserem Beispiel der Begrüßung etwa Höflichkeitsnormen ein, denen der Begrüßte folgt, aber auch vielleicht eine habituelle Zugewandtheit zu anderen oder eine habituelle Neugier auf andere Personen u. ä. Wir werden in der Materialanalyse darauf zurückkommen.

Um nun die Fallstruktur, die „die Entscheidungen einer konkreten Lebenspraxis auf wiedererkennbare, prägnante Weise systematisch strukturiert", methodisch rekonstruieren zu können, müssen, wie oben bereits erwähnt, diese Entscheidungen, also das Handeln der Lebenspraxis sich objektivieren; wir bedürfen der Protokolle des Handelns:

„Die Grenze der methodisch kontrollierten Erkenntnis in der sinnstrukturierten Welt ist prinzipiell abgesteckt durch das Kriterium der Protokollierung. Ausschließlich über Protokolle ist uns *methodisch* die soziale Wirklichkeit zugänglich." (Oevermann 1991 [GenetStrukturalism], S. 302; kursiv i. Orig.)

In Protokollen drückt sich das Handeln der Lebenspraxis, also der reale Prozess des Entscheidens der Lebenspraxis angesicht der ihr eröffneten Handlungsoptionen aus. Angesichts eröffneter Optiononen – und solche liegen stets vor – können wir nicht umhin, uns zu entscheiden; mit Paul Watzlawick[24] können wir formulieren:wir können nicht *nicht* handeln.

---

[23] Ulrich Oevermann spricht diesbezüglich von dem „Parameter II von Auswahlprinzipien" (Oevermann 2000 [Fallrek], S. 90, Fn. 18) oder auch vom „Auswahlparameter" (2003 [Normativität], S. 193).

[24] Etwa das „metacommunicational axiom of the pragmatics of communication [...]: *one cannot* not *communicate.*" (Watzlawick et al. 1967, S. 51; kursiv i. Orig.)

Sequenzanalyse

Die Sequenzanalyse[25] stellt nun die methodische Inanspruchnahme der konstitutionstheoretisch entfalteten Begriffe des Erzeugungsparameters und des Auswahlparameters dar. Die Sequenzanalyse hat die – durch in der zu untersuchenden Praxis geltende Regeln konstituierten – Optionen zu entwerfen und die realisierte Option zu diesen in Relation zu setzen, um die Bedeutung dieser Auswahl bestimmen zu können. Die Sequenzanalyse ist also konstitutionstheoretisch und methodologisch begründet, und zwar in der Explikation des Gegenstandskonstitutivums der durch das Zusammenspiel von Erzeugungsparameter und Auswahlparameter gestifteten Sequentialität. Die Sequenzanalyse bildet das in der Sequentialität konstituierte Aufeinanderfolgen ab, indem sie auf der Folie der eröffneten Handlungsoptionen die *Systematik der von der untersuchten Praxis getroffenen Auswahlen* von Optionen: die *Fallstrukturgesetzlichkeit*, rekonstruiert. Hierzu werden an der im Fokus der Analyse stehenden Sequenzstelle, unter in Anspruchnahme der für die untersuchte Praxis geltenden Regeln, gedankenexperimentell die möglichen Anschlüsse – retrospektiv: auf welche mögliche vorhergehende Handlung kann die in Rede stehende Handlung antworten? – und prospektiv: welche Handlungsoptionen werden durch die in Rede stehende Handlung eröffnet? – entworfen. Auf der Folie der möglichen Anschlüsse werden die vom Fall gewählten Anschlüsse abgebildet und in ihrer Bedeutung festgehalten. Ebenso wird mit den anschließenden Sequenzstellen verfahren. In der Systematik der aufeinanderfolgenden Auswahlen tritt eine bestimmbare Systematik der Auswahlen hervor: die Fallstrukturgesetzlichkeit. In der unten dargestellten Analyse wird dieses abstrakte Modell konkretisiert werden.

Eine Handlungssituation ist, wie angedeutet, für eine bestimmte Lebenspraxis immer auch ein Handlungsproblem, für das eine Lösung, eine Frage auf die eine Antwort gefunden werden muss – minimal muss eine Antwort auf die Frage gefunden werden, welche der eröffneten Optionen ergriffen werden soll. Methodisch bedeutet dies, dass jede Handlung die Lösung eines Handlungsproblems darstellt und man folglich in der Analyse einer Handlung das Handlungsproblem rekonstruieren muss, zu dem sie als eine Lösung entworfen wurde. Im amerikanischen ‚Bible Belt‘, also in den vom evangelikalen Protestantismus geprägten südöstlichen Staaten der U.S.A., findet man häufig große Plakate, die den Slogan propagieren: „Jesus is the Answer!" Die Frage, die Scherzbolde des öfteren zu

---

[25] Vgl. Oevermann 2000 [Fallrek], S. 64–79, 89–97, Loer 2018 [Sqa] – In der interpretativen Sozialforschung ist der Terminus mittlerweile weit verbreitet (vgl. Maiwald 2005); er meint dort allerdings häufig schlicht ein Nacheinander in der Betrachtung von Protokollsegmenten, ohne dass diese in eine entsprechend methodologisch begründete Analyse mündete.

diesem Slogan hinzufügten: „What was the Question?" stellt in diesem Sinne die Grundfrage allen soziologischen Forschens dar. Wenn der Forscher sich diese Frage stellt – „If Jesus is the answer – what was the question?" – darf er sich dabei nicht mit den manifesten Antworten begnügen: „Temporarily ignoring the [..] explicit purposes, […] directs attention toward another range of consequences" (Merton 1948/1968, S. 118) und erlaubt es zu erkennen, dass die untersuchte Handlung u. U. die Antwort auf eine latente Frage darstellt.

Genauso stellt jede Handlung ihrerseits eine Frage dar, auf die eine Antwort gefunden werden muss, weshalb der Entwurf der möglichen Antworten im Sinne der regeleröffneten Anschlussoptionen ein entscheidender sequenzanalytischer Schritt ist für die Rekonstruktion des objektiven Sinns der untersuchten Handlungskette.

Entscheidung und Selbstrechtfertigung

Wie ist nun der Gegenstand soziologischer Forschung: Handeln, das oben als Auswahl aus durch Regeln eröffneten Handlungsoptionen konzipiert wurde, konstituiert? Handeln ist menschliches Verhalten und unterscheidet sich von nicht-menschlichem Verhalten dadurch, dass Letzteres durch genetische Programmierung einerseits, Parameterbelegung durch Umwelteinflüsse andererseits determiniert ist – auch wenn es in dieser Determination bei eingen Tieren – etwa bei Rabenvögeln oder bei Menschenaffen – ein hohes Maß an Flexibilität gibt. Menschliches Verhalten hingegen ist von dieser biologischen Determination weitgehend befreit. Menschliches Verhalten ist Handeln einer Lebenspraxis. Der Begriff der Lebenspraxis als Handlungsinstanz mit Entscheidungsmitte, die in dem oben dargelegten Sinne aus regeleröffneten Optionen wählt (vgl. Oevermann 2000 [Fallrek], S. 68–83), ist Grundlage für ein angemessenes Verständnis des Handelns und der Emergenz sozialer Strukturen und ist somit zugleich methodologische Grundlage für die rekonstruktive Methode der Sequenzanalyse. Oevermann hat nun als ein entscheidendes Kennzeichen dieser Lebenspraxis die Dialektik von *Entscheidungszwang und Begründungsverpflichtung* hervorgehoben (Oevermann 1993 [Subjektivität], S. 178 ff.; 2000, S. 130 ff.). Diese Dialektik muss der Sache nach angenommen werden, wenn anders Handeln angemessen verstanden und erklärt werden soll. Die Termini, in denen Oevermann diese

Dialektik fasst, erscheinen allerdings als unzureichend, zumindest missverständ-
lich.[26] Mit der Instinktreduktion (Gehlen 1940/1986, S. 26, passim) als einer
evolutionsbiologischen Ursache der Menschwerdung[27] und der damit verbundenen abstrakten *Notwendigkeit* der Konstruktion hypothetischer Welten einerseits
(vgl. Loer 2021 [Reziprozität], S. 152–159), mit der Evolution der Sprache und
der damit in die Natur eintretenden *Möglichkeit* der Konstruktion hypothetischer
Welten als positivem Komplement hierzu andererseits (vgl. Oevermann 1986
[Kontroversen], S. 46 f. u. 2000 [TheoriePraxis], S. 411 f.), ist eine kulturbildende
Kraft in der Welt, eben jene, die in der Objektiven Hermeneutik meist[28] als die
Dialektik von Entscheidungszwang und Begründungsverpflichtung (Oevermann
2000 [Fallrek], S. 131 ff.) diskutiert wurde. Die Notwendigkeit der Entscheidung
stellt nun aber nur aus der Perspektive der Praxis – und zwar nur dann, wenn sie
sich ihrer selbst krisenhaft bewusst wird – einen Zwang dar; analytisch betrachtet entscheidet der Handelnde schlicht. Oevermann selbst begründet seine Rede
vom Zwang damit, dass es keine Möglichkeit gebe, sich nicht zu entscheiden.
Zu einem erzwungenen wird aber ein Handeln ja erst dadurch, dass man sich im
Prinzip für eine Alternative entscheiden könnte, die man wegen des Zwangs dann
nicht wählt. Das Wasser ist nicht gezwungen, bergab zu fließen; es folgt gemäß
naturgesetzlichen Zusammenhängen schlicht dem Gefälle. Das in die Welt Treten
der Entscheidungsmöglichkeit per se geht mit dem in die Welt Treten der Unmög-
lichkeit, sich nicht zu entscheiden, mit der Unumgänglichkeit der Entscheidung
einher. Die Rede von ‚Entscheidungszwang' suggeriert aber die Alternative einer

---

[26] In einer jüngeren Publikation zur Objektiven Hermeneutik haben sie auch zu einem
erwartbaren Missverständnis geführt: Detlef Garz und Uwe Raven stellen es in ihrer Einführung (2015) so dar, als sei der Entscheidungszwang etwas äußerlich zum Handeln Hinzutretendes – so in ihrem Beispiel einer ungewollten Schwangerschaft, wo sie davon ausgehen,
dass diese nicht per se einen Entscheidungszwang ausübt; dieser tritt für sie vielmehr erst
durch die äußeren Bedingungen der Fristenregelung hinzu (a. a. O.: 29). Obwohl sie von
einer Entscheidungskrise sprechen, in der man nun klarerweise bereits nicht umhin kann,
sich zu entscheiden, da auch ein Nicht-Entscheiden eine Entscheidung darstellt, verorten
sie die Unumgänglichkeit der Entscheidung (in Oevermanns Terminologie: den Entscheidungszwang) nicht bereits hier. Daran zeigt sich, dass sie den konstitutiven Charakter der
Unumgänglichkeit der Entscheidung verkennen und sie als etwas kulturell Hinzutretendes
konzipieren – dies wird, wie gesagt, von Oevermanns Terminus ‚Entscheidungszwang' nahe-
gelegt.

[27] Nietzsche führte dies zu der Bestimmung, der Mensch sei „das noch nicht festgestellte
Tier" (Nietzsche 1886/1981, S. 69; vgl. 1887/1981, S. 308).

[28] Meinem bereits vor Jahren gemachten (s. Loer 2007 [Region], S. 32–35), hier wiederhol-
ten Vorschlag ist, soweit ich sehe, bisher niemand gefolgt; die Dringlichkeit, die Terminologie zu präzisieren zeigt sich nun aber offen an solchen naheliegenden Missverständnissen
wie dem von Garz und Raven (s. Fn. 26).

glücklicheren Welt, in der man sich nicht entscheiden muss.[29] Da wir diese Welt aber *nicht wählen können,* stellt sie eine Utopie im Wortsinn dar, wie das Paradies, in das zurückzukehren bedeuten würde, die Freiheit aufzugeben. Da Entscheidung konstitutiv ist für die Gattung Homo, hatte ich vorgeschlagen, sie in dem Begriff ‚animal decernens' zu fassen. Der Terminus eignet sich für diesen Begriff deswegen so gut, weil ‚decerno' sowohl die Seite des Entscheidens[30] trifft als auch in gewissem Maße die Seite des Begründens[31] mit umfasst.

Als ‚Begründungsverpflichtung' wird nun das Komplement des ‚Entscheidungszwangs' von Oevermann bezeichnet. Was hat es damit auf sich? Keineswegs kann damit eine normative Verpflichtung gemeint sein; falls eine solche auftritt, ist sie immer die normative Kodifizierung von etwas ihr Zugrundeliegendem. Oben wurde angedeutet, dass der Charakter des Menschen als animal decernens mit der durch die Sprache gegebenen Möglichkeit, hypothetische Welten zu konstruieren, verbunden ist. Erst wenn ich im Prinzip für mein Handeln hypothetische Alternativen entwerfen kann, bin ich in der Lage, mich zu entscheiden. Dies ist nur eine andere Formulierung dafür, dass ich im Prinzip bei jeder Entscheidung mich hätte auch anders entscheiden können – auch wenn die Entscheidung nicht eine freie war, sondern ich in ihr einem Zwang, ja vielleicht roher Gewalt mich beugte.[32] Was bedeutet das für das grundlegend in Reziprozität fundierte (vgl. Loer 2021 [Reziprozität], S. 141–159), immer schon soziale Handeln? Wenn – sprachlich konstituiert – hypothetische Welten konstruierbar sind, stellt sich sofort die Frage: Warum hat der Handelnde so und nicht anders gehandelt? Und damit in einem für sich selbst: Wer bin ich, der ich ja auch hätte ein Anderer sein können? – Diese Fragen stellen sich mit jeder Handlung, mit jeder Entscheidung. Damit kann ich nicht umhin, mir Rechenschaft abzugeben

---

[29] In Garz und Ravens Beispiel (s. Fn. 26) hieße dies: Gäbe es keine Fristenlösung, müsste man sich nicht entscheiden…

[30] Decerno: „1.a) entscheiden", „2.a) als Schiedsrichter entscheiden; b) (v. öffentlichen Körperschaften u. Magistraten) bestimmen; ordnen, beschließen, stimmen für; zuerkennen, bewilligen", „3. sich entscheiden für, sich entschließen" (Menge 1978, S. 152); „I) 1) gütlich entscheiden, ausmachen, entscheidend bestimmen, beschließen, für etw. stimmen" (Georges 1913–18/2002, S. 16.243).

[31] „1.b) der Meinung sein" (Menge 1978, S. 152), „sich dafür entscheiden od. erklären, dafür stimmen, die feste Ansicht gewinnen od. aussprechen, als Grundsatz aufstellen, daß usw., Perf. decrevi oft = ich habe die feste Ansicht gewonnen, ich bin od. lebe der festen Meinung" (Georges 1913–18/2002, S. 16.243); „4.b) mit Worten kämpfen" (Menge 1978, S. 152; vgl. Georges 1913–18/2002, S. 16.248 ff.).

[32] Die Bedingung der Möglichkeit von Zwang ist, das wurde oben ausgeführt, das prinzipielle Vorliegen einer Alternative. Zwang setzt also das bereits konstituierte animal decernens voraus, ist eben von daher ungeeignet, dieses konstitutive Moment zu bezeichnen.

über mein Tun – unabhängig davon, wie diese Rechenschaft inhaltlich gefüllt
ist[33] –, wenn nämlich hypothetisch entworfen werden kann, dass ich auch anders
hätte entscheiden können, so ist, was mir durch die Antworten der anderen ent-
gegentritt: dass ich mich so und nicht anders entschieden habe, Ausdruck meiner
selbst. In diesem Ausdruck werde ich als dieser bestimmte Handelnde praktisch
begriffen und in diesem Ausdruck begreife ich mich dann ebenfalls als dieser
bestimmte Handelnde und ich erweise mich darin als bewährt – oder eben nicht. –
Max Weber erfasst dieses Moment, wenn er von dem „allgemeinen Tabestand
des Bedürfnisses [...] jeder Lebenschance überhaupt[..] nach Selbstrechtfertigung" spricht (1922/1985, S. 549). Allerdings ist ‚Bedürfnis' der psychologisch
beschriebene Ausdruck des konstitutiven Moments der Begründung. „Selbstrechtfertigung" hingegen trifft dieses Moment sehr genau, da es zum einen (qua
genitivus subiectivus) deutlich werden lässt, dass derjenige, dessen Entscheidung
zu rechtfertigen ist, selbst diese Rechtfertigung vollzieht; zum anderen, ist (qua
genitivus obiectivus) zum Ausdruck gebracht, dass mit der Rechtfertigung der
Entscheidung die Entscheidungsinstanz als ganze selbst gerechtfertigt wird: jede
Entscheidung begründet letztlich die Identität des Handelnden und gründet in ihr.

Dieses Moment der *Selbstrechtfertigung* alles Tuns ist ebenso *konstitutiv für
die Gattung* Homo wie das Moment des *Entscheidens*. Der Terminus ‚*Begründungsverpflichtung*' ist aber erst dann angemessen und unmissverständlich, wenn
dieses konstitutive Moment in einer *spezifischen Kultur* eine *spezifische normative
Form* angenommen hat. Dabei ist natürlich dieses „erst" nicht zeitlich, sondern
im Sinne eines Konstitutionsverhätnisses zu verstehen. Das Moment der Begründung als Konstituens des animal decernens tritt empirisch nur auf in einer je
spezifischen Form einer je spezifischen Kultur. Analytisch sind diese beiden
Ebenen aber zu trennen. Terminologisch kann dem Rechnung getragen werden,
indem auf die Termini ‚Entscheidungszwang' und ‚Begründungsverpflichtung'
verzichtet und stattdessen von *Entscheidung* (oder auch: *Unumgänglichkeit der
Entscheidung*) und *Selbstrechtfertigung* als Konstituentien des animal decernens
gesprochen wird.

In dem weiter unten analysierten Material findet sich eine unscheinbare, aber
aussagekräftige Stelle, an der wir einen Einblick in diese Konstitution von Praxis
erlangen. Die Gesprächspartnerin wird durch ihre Ausführungen darauf aufmerksam, dass sie eine Position als normal reklamiert, an deren Normalität

---

[33] Im Grenzfall – der historisch zumindest in nicht wenigen Gesellschaften den Normalfall
bildete – kann ich mich begreifen als jemanden, der nicht entscheidet, sondern Stimmen
folgt, Verkörperung eines Totems oder Griffel Gottes ist; strukturell bleibt dies eine Begründung für mein Tun.

ihr im Aussprechen Zweifel kommen. Ungefragt erläutert sie die eingenommene Position. Es zeigt sich dort einerseits, dass man nicht umhin kann, eine Selbstrechtfertigung seines Handelns öffentlich zu machen. Zugleich übernimmt die Gesprächspartnerin eine Begründungsverpflichtung, weil sie vermutet, eine andere Position zu vertreten, als man, wie sie annimmt, erwarten würde. Wir sehen dort das Zugleich von *konstitutiver struktureller Selbstrechtfertigung* und sich in *bestimmten inhaltlichen* Erwartungen ausdrückender *kulturspezifischer Begründungsverpflichtung.*

Gültigkeit (Validität), Zuverlässigkeit (Reliabilität), Objektivität

Gültigkeit (Validität), Zuverlässigkeit (Reliabilität) und Objektivität gelten als die entscheidenden Gütekriterien wissenschaftlicher Forschung. Sie spielen vor allem in den standardisierten Methoden eine große Rolle, können aber cum grano salis durchaus als allgemeine wissenschaftliche Gütekriterien gelten.[34] Allerdings bedarf es im Rahmen einer fallrekonstruktiven Forschung, die als sachangemessene Methode von ihrem Gegenstand ihren Ausgang nimmt, eines besonderen Verständnis' dieser Kriterien.

„G[ültigkeit] (engl. validity) ist das Ausmaß, in dem die Schlussfolgerungen aus einer wissenschaftlichen Beobachtung zutreffend (gültig) sind." (Leutner 2002 [G], S. 209) – Was bedeutet das für ein fallrekonstruktives Verfahren wie die Objektive Hermeneutik? Ulrich Oevermann hält hierzu fest, dass das „Problem der objektiven Gültigkeit der Interpretation von Sequenzstellen mit Bezug auf das gegebene Protokoll" „in Wirklichkeit entgegen verbreiteten Auffassungen immer ganz einfach zu lösen[..]" ist (Oevermann 2013 [Erfahrungswiss], S. 78). Dies werden wir im Laufe unserer konkreten Erforschung von Datenmaterial sehen. Warum ist das so? Wir beziehen uns bei der Bedeutungsrekonstruktion auf die geltenden Regeln, die die Bedeutung des Handelns, das wir untersuchen, konstituieren. Diese Regeln werden in einfachen Operationen in Anschlag gebracht, die etwaige Abweichungen von ihnen unmittelbar deutlich werden lassen. Ziehen wir unser Beispiel des Versprechens heran: „Ich werde Dir in dieser Woche das

---

[34] Unlängst haben einige ethnomethodologisch argumentierende Forscher versucht, übergreifende „Gütekriterien qualitativer Sozialforschung" zu formulieren (Strübing et al. 2018); dieser Versuch hat, worauf Frank Schröder und Oliver Schmidtke (2021) hingewiesen haben, eine überwiegend strategische Ausrichtung und ist argumentativ unterkomplex, wenig explizit und begrifflich nicht tragfähig. Sich stattdessen auf allgemeine wissenschaftliche Gütekriterien zu beziehen und des Weiteren das spezifische methodische Vorgehen explizit und transparent zu kommunizieren, erscheint uns angemessener.

Fahrrad reparieren, versprochen." und überlegen nun einmal, in welchen Kontext die Äußerung nicht passen würde. Wenn z. B. der Sprecher unmittelbar nach der Äußerung zu einer mehrwöchigen Fernreise aufbrechen würde, so wäre das Verspechen von vornherein unecht. Es zeigt sich also, dass zu einem Versprechen die Erfüllungsbedingung gehört, dass derjenige, der das Versprechen abgibt, die entsprechende Handlung auch ausführen kann. – Geht es bei den „Schlussfolgerungen" (Leutner) nicht lediglich um die Rekonstruktion der Bedeutung einer Handlung, sondern um die Rekonstruktion einer Fallstruktur, so haben wir drei Dimensionen der Gültigkeit zu berücksichtigen. (a) Einerseits stellt sich die Frage, *ob in dem Datenmaterial,* dass wir heranziehen, tatsächlich ein Fall von X, also *ein Fall unseres Gegenstandes zum Ausdruck kommt.* Wenn unser Gegenstand etwa die Praxis der Mensch/Hund-Beziehung ist, so stellt sich die Frage, ob in einem Forschungsgespräch mit einem Hundehalter diese Praxis überhaupt zum Ausdruck kommt. Insofern muss im Vorfeld des Heranziehens von Datenmaterieal diese Frage möglichst sorgfältig erwogen werden – auch wenn sie endgültig erst im Laufe der Analyse beantwortet werden kann.[35] – (b) Sodann stellt sich die Frage, *ob der Fall in der untersuchten Ausdrucksgestalt gültig zum Ausdruck kommt.* Hierzu lässt sich mit Oevermann festhalten:

> „Jede Ausdrucksgestalt, d. h. auch: jedes Protokoll weist eine objektive Gültigkeitsrelation bzw. eine objektive Relation der Authentizität zur protokollierten Wirklichkeit in mindestes einer Hinsicht notwendig auf. Wäre es in jeder Hinsicht ungültig, dann stünden wir vor der Aporie, über eine Kontrastfolie der Gültigkeit nicht mehr verfügen zu können und mithin das Ungültigkeitsurteil nicht mehr fundieren zu können. Zwar kann [es sein, dass] eine Ausdrucksgestalt in formaler Hinsicht nicht wohlgeformt […] [ist], wie eine falsche Gleichung, aber selbst dann stellt sich noch die Frage, was sich gültig in der Motiviertheit dieser Nicht-Wohlgeformtheit ausdrückt. Eine Ausdrucksgestalt drückt also zumindest objektiv gültig das Scheitern oder Misslingen aus. Anders wären wir ja nicht in der Lage, das Scheitern als Scheitern zu erkennen" (Oevermann 2004 [Objektivität], S. 332 f.).

Schließlich (c) stellt sich die Frage, *ob eine durchgeführte Rekonstruktion die Fallstruktur gültig auf den Begriff gebracht* hat. In diesem Sinne bemisst sich die Gültigkeit der Rekonstruktion der Fallstruktur an der Möglichkeit der Falsifikation und am Scheitern der gezielten Falsifikationsversuche. Als ein Aspekt dieser Dimension der Gültigkeit stellt sich die Frage, *ob in diesem besonderen Fall* unseres Gegenstandes, der also die Gültigkeit im Sinne von (a) erfüllt,

---

[35] Kai-Olaf Maiwald hat etwa die Frage behandelt, ob der Gegenstand beruflichen Handelns gültig in Forschungsgesprächen zum Ausdruck kommt (2003; vgl. auch Wernet 2000/2009, S. 58).

die Totalität unseres Gegenstandes zum Ausdruck kommt. Da „jede rekonstruierte Fallstruktur eine je konkrete Variante einer einbettenden, übergeordneten Fallstrukturgesetzlichkeit dar[stellt] und [...] über sie eine allgemeine Erkenntnis" liefert (Oevermann 1996/2002 [Manifest], S. 16), bringt eine genügend genaue und explizite Analyse des besonderen Falles den Gegenstand in seiner Allgemeinheit auf den Begriff. Da es kein standardisiertes Kriterium dafür gibt, ob die Analyse genügend genau und explizit ist, ist hier, um eine größere Sicherheit zu erlangen, eine Auswahl von Fällen, die in gegenstandsrelevanten Dimensionen kontrastieren, sehr hilfreich (s. u. zur kontrastiven Fallauswahl).

„Die Z[uverlässigkeit] (engl. reliability) ist das Ausmaß, in dem ein wissenschaftliches Ergebnis reproduzierbar ist, und zwar unter Konstanthaltung theoretisch relevanter und unter Variation theoretisch irrelevanter Bedingungen" (Leutner 2002 [Z], S. 720) Zuverlässig ist ein Ergebnis in der rekonstruktiven Forschung dann, wenn es unabhängig von dem konkreten Forscher reproduzierbar ist – also wenn etwa verschiedene Forscher, die denselben Gegenstand erforschen, in ihren Analysen zu denselben Ergebnissen gelangen; man könnte auch sagen: in ihren Interpretationen zu denselben Ergebnissen gelangen. Hier ist aber bezüglich des Begriffs der Interpretation eine wichtige Kärung angebracht. In der Objektiven Hermeneutik spielt dieser ja, wie wir in Zitaten schon sehen konnten, durchaus eine Rolle. U. E. wäre es aber durchaus sinnvoll, den Terminus ‚Interpretation' zu vermeiden.[36]

Exkurs zu Begriff und Terminus der Interpretation

Mit dem Terminus ‚Interpretation' würde der Begriff einer wissenschaftlichen Untersuchung verfehlt, wenn jener etwa im Sinne einer praktischen Rezeption von Kunst und Literatur oder gar im Sinne einer musikalischen Interpretation verstanden würde. In der Musik ist mit dem Begriff der Interpretation gefasst, was aufgrund des spezifischen Ausdruckmaterials dieser Kunst für diese ebenso erforderlich ist, wie es aufgrund ihres jeweils spezifischen Ausdrucksmaterials für andere darstellende Künste (Drama; Tanz; Film bei verschiedenen filmischen Realisierungen desselben Stoffes; Lyrik dort, wo sie als mündliche Rezitationskunst antritt) konstitutiv ist. Die Werke dieser Künste können nur angemessen rezipiert werden, wenn sie in der Zeit sich entfalten, wozu es eben der Darstellung bedarf. Jede Aufführung stellt eine spezifische Interpretation dar, die durch ihre je spezifische Sichtweise je spezifische objektive Möglichkeiten des Werks realisiert und so das Werk in je spezifischer Weise erfahrbar macht. Verschiedene Interpretationen können einander ausschließen und gleichwohl jeweils dem Werk

---

[36] Dessen ungeachtet werden wir den Terminus in Zitaten beibehalten und nicht jedesmal auf die nötige Vorsicht hinweisen.

auf angemessene Weise zu seiner Realisierung verhelfen. Man könnte mit einer For-mulierung Ferdinand Zehentreiters sagen: Das „Werk existiert" in den darstellenden Künsten erst „in der unendlichen Totalität seiner interpretatorischen Durchquerungen" (2019, S. 250). – Auch bei der praktischen Rezeption von Kunst und Literatur mag der jeweilige Rezipient praktisch unterschiedliche Lektüren vollziehen; dies ist allerdings nicht vom Werk sondern von der Auffassung des Lesers abhängig: *Pro captu lectoris habent sua fata libelli* (Terentianus Maurus). Insofern sollte man u. E. den Terminus ‚In-terpretation' für den erstgenannten Begriff der „interpretatorischen Durchquerungen" mittels verschiedener Aufführungen in den darstellenden Künsten reservieren.[37]

Wissenschaftliche Untersuchungen sind qua Wissenschaft zukunftsoffen, da stets falsifizierbar. Die Falsifikation des Ergebnisses einer wissenschaftlichen Untersuchung aber ist nicht eine weitere ‚interpretatorische Durchquerung' des Datenmaterials, die der ersten Untersuchung hinzugefügt wird und der alle weiteren wissenschaftlichen Untersuchungen sich anfügen, um so die „unendliche Totalität" des Gegenstands in einem unabschließbaren Prozess zu realisieren. Wissenschaft hat vielmehr zur Auf-gabe, den Gegenstand auf den Begriff zu bringen, und Falsifikationen müssen das Falsifizierte als Falsches um in seiner Falschheit Erklärbares aufnehmen – man könnte sagen, die falsifizierende Untersuchung muss die falszifizierte in sich hineinholen und überholen.[38] Die eine Interpretation (i. S. v. Aufführung) von Beethovens Appas-sionata jedoch muss die andere keineswegs in sich aufnehmen, geschweige denn, sie gar überholen – zugleich ist Interpretation hier aber eben unabdingbar für die Werkerfahrung.[39] Dass wir vorschlagen, beim methodischen Verstehen nicht von Inter-pretation, sondern von wissenschaftlicher Untersuchung oder auch von Analyse zu sprechen, heißt nicht, dass wir die Subjektivität des Forschers ausblenden. Für den Zugang zum Gegenstand und für das Entdecken und Aufschließen von Lesarten ist diese ebenso unabdingbar (vgl. Franzmann 2008, Loer 2008 [Urszenen]) wie im Pro-zess der Überprüfung der Untersuchungsergebnisse, wo sie die „kühnen Hypothesen […], die neue Beobachtungsgebiete aufschließen" (Popper 1972/1984, S. 369), her-vorbringt. Es ist aber festzuhalten, dass diese neuen kühnen Hypothesen, an die Stelle der bisherigen Ergebnisse zu treten haben. Es geht eben nicht darum, den Gegen-stand in einem unendlichen Prozess durch eine Vielzahl einander gleichrangiger im jeweiligen Forschersubjekt gründender Interpretationen zu entfalten, sondern darum, – notwendig in der Subjektivität gründende – „Erfahrungen zur Theorie zu sublimieren" (Adorno/von Haselberg 1965, S. 495), also den Gegenstand auf den Begriff zu bringen.

---

[37] Die Wortbestandteile „inter" und „pretation", welch Letzteres möglicherweise von der proto-indoeuropäischen Wurzel „*per" abstammt (s. https://www.etymonline.com/search? q=*per-, N° 5; zuletzt angesehen am 11. Apr. 2021), sprechen dafür: Es tritt jemand dazwi-schen (inter), der das Werk überreicht (*per). – Vgl. hierzu des näheren Loer 2021 [Zehen-treiter]: 439–444.

[38] Vgl. das kumulative Momemt in dem gemäß Karl Raimund Popper für den wissenschaft-lichen Fortschritt zentralen Prozess der „error-elimination" (1972/1989, S. 168, passim). Hierfür ist auch das Moment der *Desinteressiertheit* – das mit dem des subjektiv fundierten

Der Anspruch ist also in der Objektiven Hermeneutik, in dem Sinne zuverlässig zu sein, dass unterschiedliche Forscher, die dasselbe Material analysieren, zu demselben Begriff ihres Gegenstands gelangen.

„Objektiv' bedeutet in *ontologischer* Hinsicht: zum Gegenstand, Sachverhalt oder Objekt (lat. Obiectum, Gegenstand) gehörig, vom Objekt herrührend; in *gnoseologischer* Hinsicht: das Objekt frei von subjektiven Vorurteilen und Wertungen darstellen (in diesem Sinne O[bjektivität] als *Gütekriterium*); in *wissenschaftsethischer* Hinsicht: eine Einstellung des Forschers, welche dazu führen soll, bloß subjektive auf einen Gegenstand bezogene Vorstellungen als solche zu erkennen, um diesen in allgemeingültigen Urteilen darstellen zu können." (Acham 2002, S. 390; kursiv i. Orig.) Oben haben wir gesehen, dass die Objektive Hermeneutik aus der hier ‚ontologisch' genannten, besser aber als konstitutionstheoretisch zu bezeichnenden Hinsicht ihren Namen bezog: Es sind die durch Regeln konstituierten objektiven Bedeutungen, auf die ihre Analysen sich richten. In welchem Sinne aber wird in der Methode der Objektiven Hermeneutik das Gütekriterium der Objektivität erfüllt? Wir sehen dabei gleich, dass die gnoseologische, also erkenntnistheoretische Hinsicht mit der von Karl Acham ‚wissenschaftsethisch' genannten Hinsicht, die man besser als die des wissenschaftlichen Habitus bezeichnet, eng zusammenhängt. Denn da es sich bei der Annahme, man könne sich einem Gegenstand „frei von subjektiven Vorurteilen und Wertungen" nähern, selbst um ein Vorurteil handelt, bedarf es einer Haltung der Desinteressiertheit[40] die den Wissenschaftler dazu bringt, seine Vorurteile zu reflektieren und methodisch explizit am Datenmaterial zu kontrollieren. Andreas Wernet hat darauf hingewiesen, dass hiermit die forschungspsychologische Schwierigkeit einhergeht, der untersuchten Praxis gegenüber eine gewisse „Unverschämtheit" (2021, S. 36) aufzubringen. Wie dies zu realisieren ist, werden wir noch sehen; die Kunstlehre der Objektiven Hermeneutik hilft dabei.

Forschungsinteresses zusammenzudenken ist – wichtig: „The demand for disinterestedness has a firm basis in the public and testable character of science" (Merton 1942/1973, S. 276); „scientific research is under the exacting scrutiny of fellow experts." (ebd.) – S. auch Fn. 40).

[39] Dies hob Gustav Mahler emphatisch hervor und schrieb der „Interpretensubjektivität" (Danuser 1997, S. 35) eine entscheidenden Rolle zu: „Das Werk bleibt ein Buch mit sieben Siegeln, wenn nicht, alle heiligen Zeiten einmal, ein Schaffender kommt, der es auftut." (Bauer-Lechner 1923/1984, S. 146; zit. n. ebd.) „Er beschwor damit eine nachschöpferische Potenz des Interpreten als Voraussetzung für ein ‚Leben' der Werke, das durch auktoriale Maßnahmen des Komponisten, wie sehr sich auch bemühten, nicht zu gewährleisten sei." (ebd.)

[40] Das hat etwa Robert King Merton deutlich herausgearbeitet: „Science [...] includes disinterestedness as a basic institutional element." (Merton 1942/1973, S. 275; s. a. Fn. 38).

Konstitutionstheorie und Methodologie, Methode, Kunstlehre

Wir haben bereits mehrfach davon gesprochen, dass objektiv-hermeneutisches Forschen sich auf die regelkonstituierte objektive Bedeutung richtet. Dies weiter zu klären und zu klären, wie der jeweilige Gegenstand der Forschung konstituiert ist, ist Aufgabe der *Konstitutionstheorie*. Dem Prinzip der Sachangemessenheit folgend werden wir diese hier nicht vorab abstrakt erläutern, sondern dann, wenn wir uns einem konkreten Gegenstand zuwenden. Im allgemeinen Sinne aber lässt sich eben festhalten, dass der Gegenstand der Sozialwissenschaften: menschliche Praxis, durch Regeln konstituiert ist und dass diese Regeln, wie oben bereits dargelegt, Handlungsoptionen eröffnen, zwischen denen sich zu entscheiden die Handelnden nicht umhin können, womit sie zugleich die nicht gewählten Optionen ausschließen, also eine Offenheit beschließen, und womit zugleich neue Handlungsoptionen regelgemäß eröffnet werden. Mit dem Zurückgrüßen in dem obigen Beispiel des Grüßens im Zug, wird die Option des Nicht-Zurückgrüßens ausgeschlossen, wird also die Offenheit zwischen Zurückgrüßen und Nicht-Zurückgrüßen geschlossen, und werden neue Handlungsoptionen, wie etwa ein Gespräch über das Wetter oder andere Aktualitäten, ein Schweigen, ein sich Gebäck Anbieten u. ä., eröffnet.

In einer Karikatur hat Steven Appleby dieses Verhältnis von Schließung und Öffnung sehr anschaulich dargestellt, siehe Abb. 1.

Zu seiner Erforschung bedarf der Gegenstand ‚menschliche Praxis' nun einer Methode, die dieser Konstitution als Abfolge der Eröffnung und Beschließung von Handlungsoptionen Rechnung trägt. Diese Methode zu begründen, dient die *Methodologie*. Die Methodologie der Objektiven Hermeneutik arbeitet heraus, dass der Sequentialität, die in der genannten Abfolge gegeben ist, Rechnung getragen werden muss, und begründet von daher ein zentrales Moment der *Methode* der Objektiven Hermeneutik: die Sequenzanalyse. In dieser nämlich folgt man der realen Abfolge der Eröffnung und Beschließung von Handlungsoptionen und greift nicht etwa ans Ende eines Handlungsablaufs um seinen Beginn zu verstehen. Was dies genauer bedeutet, werden wir ebenfalls noch sehen.

Um der Methode nun in der konkreten Forschung forschungspraktisch zu folgen, bedarf es einer Forscherhaltung, zu der es, wie oben erwähnt, etwa gehört, die eigene Erfahrung für die Analyse fruchtbar zu machen, ohne jedoch die eigenen Vorurteile zu reproduzieren, und zu der es auch gehört, bei der Analyse eines Textes nur Lesarten gelten zu lassen, die vom Text indiziert sind (s. nächster

Abb. 1 STEVEN
APPLEBYS „NORMALES
LEBEN" (© Steven
Appleby/Ruth Keen, zuerst
erschienen in: F.A.Z.,
[2001])

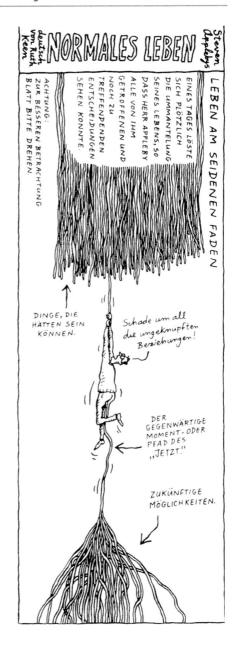

Abschnitt) und nicht Zusatzannahmen, an ihn heranzutragen.[41] Hierzu versammelt die *Kunstlehre* der Objektiven Hermeneutik[42] verschiedene Prinzipien, deren Befolgung die forschungspraktische Realisierung des methodischen Vorgehens erleichtert, indem sie forschungspsychologische Hemmnisse zu überwinden und forschungsökonomische Herausforderungen zu meistern erlaubt. Die Kunstlehre dient also der forschungspraktischen Realisierung des methodischen Vorgehens. Auch hierfür werden wir in den konkreten Analysen weitere Ausführungen machen.

Lesart

Wenn wir eine Ausdrucksgestalt analysieren, beispielsweise eine sprachliche Äußerung, so fragen wir uns, in welche verschiedenen Kontexte sie regelgemäß passen könnte. Die verschiedenen Kontextbedingungen für die Äußerung, die wir den verschiedenen passenden Kontexten entnehmen, konstituieren verschiedene Lesarten.[43] Ziehen wir ein notorisches Beispiel aus der Literatur der Objektiven Hermeneutik heran (Oevermann 1981 [Strukturgen], S. 9); jemand sagt:

„Mutti, wann krieg ich denn endlich mal was zu essen. Ich hab so Hunger."

Oevermann bestimmt drei zu dieser Äußerung passende Kontexte:

---

[41] Dies zu vermeiden, dient etwa das (Kunstlehre-) Prinzip der Sparsamkeit; vgl.: Leber/Oevermann 1994: 228 f. (vgl. Glossar).

[42] Anschließend an das Verständnis „der vorkritischen Hermeneutik" als „ars interpretandi" (Frank 1977, S. 12) und an Schleiermachers Verständnis von Hermeneutik als Kunstlehre (1838/1977, S. 81, passim) oder Technik (vgl. Szondi 1962/1967, S. 9) findet sich da und dort in der Literatur das Missverständnis, die *Methode* der Objektiven Hermeneutik *sei* eine *Kunstlehre* (vgl. etwa Wagner 1999, S. 43; Wernet 2021, S. 37 – mit Verweis auf Oevermann et al. 1979 [Methodologie], S. 391 f.; dort allerdings ist die Rede von den „*praktischen Verfahren* der objektiven Hermeneutik *als Kunstlehre*" – a. a. O.: 391; kursiv von mir, TL). – Allerdings ist die hier dargelegte Differenzierung in der Explizitheit auch bei Ulrich Oevermann nicht zu finden, so lässt er etwa die Ebene der Methode aus, wenn er formuliert, es sei der „Anspruch der objektiven Hermeneutik, sowohl eine allgemeine Methodologie der Erfahrungswissenschaften von der sinnstrukturierten Welt zu sein als auch auf der Ebene der Kunstlehre forschungspraktische Auswertungsverfahren für die Gesamtheit von Datentypen in diesen Wissenschaften zu bieten." (2013 [Erfahrungswiss], S. 98).

[43] Vgl.: „Wir betrachten die Verbindung zwischen Äußerung und einer die Äußerung pragmatisch erfüllenden Kontextbedingung als eine Lesart." (Oevermann et al. 1979 [Methodologie], S. 415).

„1. Die Äußerung hätte ein kleines Kind zu einer Zeit machen können, zu der es normalerweise Essen gibt, oder nachdem es schon mehrere Male um Essen gebeten hatte. 2. Ein berufstätiger Ehemann, der – wie hierzulande in bestimmten Schichten [in den 1970er Jahren] sehr verbreitet – seine Frau mit ‚Mutti' adressiert, sitzt nach seiner Rückkehr von der Arbeit seit längerem am Küchentisch oder kommt aus der Wohnstube vom Fernsehen ins Eßzimmer. 3. Ein krankes, älteres Kind ruft aus seinem Schlafzimmer die Mutter." (A. a. O.: 11).

Die drei Lesarten, die sich hier ergeben, sind eben die: (ad 1) Die Äußerung bedeutet, dass ein noch nicht selbständiges Kind die fällige Speisung anmahnt. – (ad 2) Die Äußerung bedeutet, dass eine eheliche Autorität einen qua Beziehungsdefinition legitimierten Anspruch auf Verköstigung erhebt. – (ad 3) Die Äußerung bedeutet, dass eine vorübergehend hilfsbedürftige Person um die fällige Hilfe bei der Versorgung bittet. Diese drei Lesarten sind mit dem Text kompatibel und sie sind naheliegend. Folgende andere Lesarten sind entweder nicht mit dem Text kompatibel: (*4) Die Mutter der mit ‚Mutti' adressierten Person wünscht höflich, eine Scheibe Wurst zu erhalten. Oder sie sind nicht naheliegend: (*5) Ein einen Migranten simulierender Kritiker ihrer Flüchtlingspolitik adressiert 2015 die damalige Bundeskanzlerin Angela Merkel auf einer Pressekonferenz.

Lesarten sind also u. a. danach zu unterscheiden, in welchem Verhältnis sie zur zu analysierenden Ausdrucksgestalt stehen. Eine der beiden wichtigen Unterscheidung bezieht sich darauf, ob eine Lesart mit der Ausdrucksgestalt *kompatibel* oder *nicht kompatibel* ist. Dabei können die Lesarten, die wie die Lesart *4 nicht mit der Ausdrucksgestalt kompatibel sind, relativ einfach ausgeschieden werden – wenn sie denn im Zuge der Interpretation überhaupt auftauchen. Die zweite Unterscheidung bezieht sich darauf, ob die Lesart von der Ausdrucksgestalt *indiziert*[44] oder *nicht indiziert* ist. Dabei sind diejenigen Lesarten, die wie die Lesart *5 mit der Ausdrucksgestalt kompatibel, aber nicht von ihr indiziert sind, für die Analyse problematisch. „Diese Lesarten, für die gilt, dass sie der ‚Fall sein können, aber nicht sein müssen', sind im Sinne des […] Wörtlichkeitsprinzips unbedingt zu vermeiden" (Oevermann 2013 [Erfahrungswiss], S. 96).

---

[44] Ulrich Oevermann spricht hier häufig von ‚erzwungenen Lesarten' (u. a. 2013 [Erfahrungswiss], S. 96); dieser auch bei anderen Autoren der Objektiven Hermeneutik zu findende Terminus ist u. E. irreführend (vgl. Loer 2018 [Lesarten]).

Verschiedene Datentypen

Der Terminus ‚Lesart' scheint nahezulegen, dass die Objektive Hermeneutik v. a. oder gar nur sprachliche Daten zur Grundlage ihrer Rekonstruktionsarbeit macht. Nun ist zwar die „Sprache als das ausgezeichnete System von Regeln und Elementen der Symbolisierung und des Ausdrucks anzusehen, das überhaupt erst die Konstitution von Bedeutungsfunktionen naturgeschichtlich gesehen ermöglicht und damit die voll ausgebildete sinnstrukturierte soziale Handlung allererst in die Welt treten lässt" (Oevermann 1986 [Kontroversen], S. 46), aber gleichzeitig gilt: „Sprache ist [...] eine Ausdrucksmaterialität unter mehreren." (ebd.) Aus Letzterem folgt, dass auch in nicht-sprachlichem Ausdrucksmaterial Bedeutung objektiviert werden kann; aus ersterem, „daß prinzipiell jeder vorsprachlich realisierte Ausdruck in seiner objektiven Bedeutungsstruktur versprachlicht werden kann." (ebd.)[45]

Entsprechend werden die Einzelbände unserer Reihe sich jeweils verschiedene Datentypen widmen, die sich eben einerseits (A) nach dem Ausdruckmaterial unterscheiden lassen (hier nur eine unvollständige Nennung): *Audioaufzeichnungen; Videoaufzeichnungen; schriftliche Dokumente,* auch: Partituren, Genogramme, Statistiken, Fragebögen, E-Mails, Chats; *Bilddokumente,* auch: Photographien, Luftbilder, Landkarten, Entwurfszeichnungen, technische Zeichnungen (Bauskizzen), Gemälde, ...; *Artefakte,* auch: Skulptur, Kleidung, ...

Andererseits (B) können Datentypen nach Protokollierungskontexten bestimmt werden:

a) *naturwüchsige Protokolle,* „ungewollte Spuren, Symptome und Indizien, die ein Dritter als Protokolle eines Verborgenen behandeln kann" (Oevermann 1997 [werkimmanent], S. 14); diese entsprechen den „Überresten" in der Historik Johann Gustav Droysens: „alles und jedes, was die Spur von Menschengeist und Menschenhand an sich trägt, [kann] von der Forschung als Material herangezogen werden" (1882/1960, S. 38). Es handelt sich um „unobtrusive measures", also physische Spuren (Bouchard 1976, S. 399, vgl. Oevermann 1997 [werkimmanent], S. 14) einer ‚naturwüchsigen Wirklichkeit' (Oevermann 2000 [Fallrek], S. 87). So können wir, wenn jemand etwa am Strand entlanggeht und im Sand dabei eine Spur hinterlässt, ohne sich dessen im geringsten bewusst zu sein, aus dieser Spur sein Handeln rekonstruieren,

---

[45] Vgl.: „Whatever can be meant can be said";„The principle that whatever can be meant can be said, [...] I shall refer to as the ‚principle of expressibility'" (Searle 1969/1983, S. 19).

können sehen, dass er etwa den Spülsaum vermied oder dass er ihn aufsuchte etc.

b) *edierte Protokolle:* „Im Falle edierter Texte ist die protokollierende Handlung geplant und bewußt im Protokoll bzw. seiner Rahmung indiziert." (Oevermann 1997 [werkimmanent], S. 14) Sofern sie repräsentativen Charakters und an eine Öffentlichkeit und öffentliche Nachwelt gerichtet sind, entsprechen dem bei Droysen die „Denkmäler" (1882/1960, S. 50–61). „Texte werden zu sehr verschiedenen Zwecken und in sehr verschiedenen Funktionszusammenhängen ediert: u. a. [α] zur Archivierung wichtiger Ereignisse und Personen für künftige Generationen; [β] zur verbindlichen und rechtlich folgenreichen Beglaubigung von Entscheidungen und Sachverhalten; [γ] zur Vermittlung von Einsichten, Techniken, Problemlösungen, Überzeugungen, Nachrichten, etc.; [δ] zur Verehrung und Anbetung von sakralisierten Gegenständen und zum Gedenken an sinnstiftende Vorgänge und Sachverhalte; [ε] zur interpersonalen Kommunikation unter Bedingungen raumzeitlicher Trennung zwischen den Kommunikanten; [ζ] zur Unterhaltung und zum ästhetischen Genuß; [η] als Ausdruck um seiner selbst willen." (Oevermann 1997 [werkimmanent], S. 15; Literä hinzugefügt, TL).

c) *erhobene Protokolle:* Hier handelt es sich um „Protokolle auf der Basis technischer Aufzeichnungen einer protokollierten Handlungspraxis. Ohne solche Protokolle würde die protokollierte Wirklichkeit bestenfalls nur noch in der Erinnerung oder in unbeabsichtigten Spuren, Symptomen oder Indizien aufbewahrt sein." (A. a. O.: 14) Innerhalb dieser Kategorie ist noch relevant, ob die technische Aufzeichnung etwa (i) zu *Forschungszwecken*[46] oder (ii) von der aufgezeichneten Praxis *selbst* oder (iii) von *Dritten* angefertigt wurde. Bei (ii) gehören sie dann in der Regel zu den edierten Protokollen (vgl. Oevermann 2000 [Fallrek], S. 83).

Bei all diesen Protokollen ist eine weitere Unterscheidung zu berücksichtigen: die zwischen *protokollierter Handlung* und *Protokollierung* bzw. *Protokollierungshandlung* (welche allerdings immer mitprotokolliert wird). Bei (ad a) den naturwüchsigen Protokollen erfolgt die Protokollierung oftmals durch ein Protokollierungsereignis – so etwa ‚protokollierten' die Lava und die Asche des Vesuv

---

[46] Das zu Erhebungen evozierte, für diese veranstaltete Handeln kann man dann als eine gegenüber den naturwüchsigen *‚veranstaltete Wirklichkeit'* bezeichnen. – Die Bezeichnung „inszenierte protokollierte Wirklichkeit" (Oevermann 2000 [Fallrek], S. 87) erscheint uns irreführend, da u. U. auch die Praxis selbst, die untersucht werden soll, sich (unabhängig von einer Erhebung) gewissermaßen naturwüchsig inszeniert (vgl. a. a. O.: 77).

das Handeln der flüchtenden oder schutzsuchenden Einwohner von Pompeji;[47] bei (ad b) den edierten Protokollen fällt die Protokollierungshandlung mit der Editionshandlung zusammen und bei (ad c) erhobenen Protokollen, die nicht von der aufgezeichneten Praxis selbst angefertigt wurden, ist das Protokollierungshandeln entweder (ad i) Forscherhandeln oder (ad iii) etwa das Handeln eines beauftragten Photographen oder eines Kontrolleurs (z. B. mittels Überwachungskameras). Die Protokollierung ist Teil der pragmatischen Rahmung des protokollierten Handens und als solche bei der Analyse entsprechend zu berücksichtigen (s. u.).

Sowohl der Unterscheidung A wie der Unterscheidung B wird Rechnung getragen werden – auch wenn beide Unterscheidungen interferieren und sich keine eindeutige typologische Liste erstellen lässt.

In dem vorliegenden Band geht es um die Analyse von Forschungsgesprächen[48], die gemäß der obigen Unterscheidung zu Forschungszwecken erhobene Protokolle darstellen und zwar Audioaufzeichnungen sprachlichen Handelns.

---

[47] S. etwa: http://de.zooverresources.com/images/E50816L2B2631297D0W900H675/Pompeji.jpg; zuletzt angesehen am 21. Juli 2021.

[48] Da ein Vergleich mit anderen Methoden in dieser Buchreihe nur kursorisch erfolgt, sei für hieran Interessierte auf eine Darstellung von Roland Becker-Lenz verwiesen, der bezogen auf ein bestimmtes Forschungsvorhaben die Unzulänglichkeit konkurrierender Methoden luzide aufzeigt (2004, S. 338-345).

Methodisches Vorgehen

Schlüsselwörter

Forschungsplanung • Datenerhebung • Pragmatische Rahmung •
Sequenzanalyse

Vorbemerkung

Das Datenmaterial, das in diesem Band der exemplarischen Einführung in die
objektiv-hermeneutischen Analyse von Forschungsgesprächen dient, stammt aus
Forschungen über Hundehalter. In diesen Forschungen ging es darum, herauszufinden, ob es spezifische Habitusformationen und spezifische Deutungsmuster
von Hundehaltern gibt und was diese ggf. auszeichnet. Darüber hinaus zielte die
Studie darauf ab, am Fall der Hundehaltung zeitdiagnostische Erkenntnisse über
unsere gegenwärtige Gesellschaft zu gewinnen.

Forschungsplanung

Bei jeder Forschung drängt sich zunächst eine *Frage* in den Fokus des *Interesses,*
die dann auf der Grundlage der *Kenntnisnahme von bereits bestehenden Erkenntnissen* zu dieser Frage zu einer *vorläufigen Fragestellung* entfaltet wird.[1] Häufig

---

[1] Andreas Wernet verweist zwar zu Recht darauf, dass „die Methode der Objektiven Hermeneutik […] ‚Fingerübungen' ermöglicht", die „an x-beliebigen Sequenzen, die man irgendwo aufschnappt […][,] versuchs- und ‚spaßeshalber' kontextfrei" durchgeführt werden können
(2021, S. 53), aber er hält zu Recht eben auch fest: „Allerdings lösen solche Fingerübungen
nicht das Problem eines sinnvollen Gebrauchs der Methode." (A. a. O.: 54) – Vgl.: „Gerade

© Der/die Autor(en), exklusiv lizenziert durch Springer Fachmedien   31
Wiesbaden GmbH, ein Teil von Springer Nature 2021
T. Loer, *Interviews analysieren*, Objektive Hermeneutik in Wissenschaft und Praxis,
https://doi.org/10.1007/978-3-658-35433-6_2

ist es auch ein äußerer *Anlass,* der den Forscher bewegt,[2] einer ihn schon länger –
latent oder immer wieder auch manifest – beschäftigenden Frage systematisch
nachzugehen. Im vorliegenden Fall war es so, dass die Alltagsbeobachtung von
Hundehaltern und die aus ihr hervorgehende Irritation mich schon lange immer
wieder beschäftigt hatte, als sich mit einer kleinen Tagung[3] die Gelegenheit ergab,
die Ausformulierung der Frage und ihre Beantwortung in Angriff zu nehmen.[4]

Eine *Frage,* die sich einem neugierigen Zeitgenossen aufdrängt, der sich offenen Auges durch unsere Straßen bewegt, ist doch: Warum halten Menschen
Exemplare der Subspezies ‚Canis lupus familiaris‘ an der Leine und spazieren
mit ihnen durch Straßen, Wald und Flur? Diese Frage stellt sich mindestens dort,
wo diese Tiere a prima vista keinerlei Funktion für Lebensbewätigung haben, wo
es sich also nicht um Gebrauchshunde[5] wie etwa Jagdhunde[6] oder Diensthunde[7]
oder Ähnliches, sondern etwa um Begleithunde[8] handelt. – *Bereits bestehende*
Erkenntnisse sind, zumindest soweit unsere Recherchen diese erfassen konnten,

eine konsequent hermeneutische Behandlung des Textes als primäres Datenmaterial [sic!]
setzt aber die Explikation einer […] Untersuchungsfrage voraus" (Oevermann et al. 1980
[Logik Interpretation], S. 16).

[2] Dass an dieser Stelle die Subjektivität des Forschers eine systematische Rolle spielt, liegt
auf der Hand, wenn auch die systematische Klärung dieser Frage noch aussteht. Ansätze
hierzu finden sich in Franzmann 2008 u. 2012 und in Loer 2008 [Urszenen].

[3] „Auf den Hund gekommen", am 24./25. April 2015 veranstaltet an der Technischen Universität Dortmund von Nicole Burzan und Ronald Hitzler (s. Hitzler und Burzan 2016; ein
Teil des hier Ausgeführten ist dort auch bereits publiziert: Loer 2016 [Hunde]).

[4] Max Weber wies bereits darauf hin, dass das „Licht der großen Kulturprobleme" (Weber
1904/1985, S. 214) den Fokus unserer Forschungen vorgibt, ohne dass wir das unbedingt
bemerken, und dass die Wissenschaft „jenen Gestirnen nach[zieht], welche allein ihrer Arbeit
Sinn und Richtung zu weisen vermögen" (ebd.). So ist das gleichzeitige Aufkommen des Forschungsinteresses an einem bestimmten Gegenstand bei mehreren Forschern keineswegs ein
Zufall; gleichwohl aber muss die Wissenschaft, „nachdem sie durch bestimmte Problemstel-
lungen einmal auf einen bestimmten Stoff hin ausgerichtet ist und sich ihre methodischen
Prinzipien geschaffen hat, die Bearbeitung dieses Stoffes als Selbstzweck betrachten" (ebd.)
und methodisch sorgfältig und unvoreingenommen vorgehen.

[5] „Hunde, die eine Arbeit leisten können." (Brockhaus 1997–8, S. 212).

[6] „durch ausgeprägten Jagdtrieb für die Jagd bes. geeignete Haushunde; i. e. S. (als Jagd-
brauchshunde) nach Gesichtspunkten der Leistung für den Einsatz bei der Jagd rein gezüch-
tete, auf die bevorzugte Wildart und/oder die jeweilige Jagdweise abgerichtete und durch den
Jagdgebrauchshund-Verband anerkannte Hunde." (Brockhaus 1997–11, S. 77).

[7] „(Schutzhunde, Gebrauchshunde), Hunderassen, die sich besonders für den Einsatz bei der
Polizei und beim Zoll sowie als Wachhunde eignen; z. B. Deutscher Schäferhund, Airedale-
terrier, Dobermann, Riesenschnauzer." (Brockhaus 2002, Lemma „Hunde: Kulturgeschichte
und Haushundrassen").

[8] Diese gab es offensichtlich bereits im klassischen Griechenland (s. Oeser 2004, S. 70).

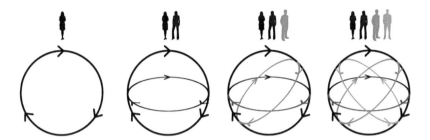

Abb. 1 Kontrastive Fallrekrutierung – Graphic courtesy of TOCA Chicago (Kathy Vanderjack) 2014

hier wenig aufschlussreich; entweder betreffen sie die kulturgeschichtliche Herausbildung der Beziehung von Mensch und Hund, die eben vorrangig eine der funktionalen Nutzung des Hundes durch den Menschen war (vgl. Oeser 2004),[9] oder sie ist aus der Perspektive der Hundehalter und -freunde geschrieben, ohne die nötige Distanz zu den eigenen normativen Voreinstellungen.

Gleichwohl kann man die Kenntnisse nutzen, um die *vorläufige Fragestellung* zu explizieren, die für sie *relevanten Dimensionen* zu bestimmen und auf deren Grundlage einen *dimensionalen Auswahlrahmen* zu entwerfen, mithilfe dessen mögliche Gesprächspartner als Fälle von Hundehaltern ausgewählt werden können. Hierbei empfiehlt es sich in Form einer *kontrastiven Fallauswahl,* die Pole der relevanten Dimensionen mit Untersuchungssubjekten zu belegen, um so den Raum der möglichen Typen abzudecken. Damit wird die Frage, ob die Fallrekonstruktionen die Totalität des Gegenstandes gültig erfassen und ihn somit in seiner Allgemeinheit auf den Begriff bringen, beantwortet (s. o. zur Validität). – Diesen Prozess der kontrastiven – und idealiter sequenziellen – Fallauswahl hat auf der Grundlage unserer Konzeptualisierung Kathy Vanderjack (Chicago) im Rahmen eines Beratungsprojekts der Firma toca (Chicago)[10] wie in Abb. 1 veranschaulicht.

Hierbei symbolisiert der erste Kreis mit einer Person den Pol einer Dimension, die – idealiter – während des Forschungsprozesses als relevant sich erweist und in der dann ein Kontrastfall (zweiter Kreis) gesucht wird. Nun wird ein weiterer Fall gesucht, der (dritter Kreis) seinerseits kontrastiv steht zu beiden, in einer

---

[9] Oeser geht allerdings viel weiter und nimmt mit Schleidt (1999) eine „Koevolution von Caniden und Hominiden" (Oeser 2004, S. 38) an, wofür er jedoch nur Behauptungen, kaum Argumente bietet, und was er, wenig überraschend, am Ende stark relativiert (a. a. O.: 179).

[10] S.: http://www.toca.com u. http://kathyvanderjack.com.

Dimension kontrastiven Fällen usw., so dass man fallweise das Forschungsfeld ausschreitet und es so in der Totalität seiner Erscheinungsformen erfassen kann.[11]

Gehen wir nun davon aus, dass Haushunde sich von Wildtieren wie Wölfen unterscheiden und „in ihrem Herrn das Elterntier" oder den „Leitwolf" sehen (Lorenz 1950/1975, S. 18),[12] so haben sie sich in einer Reihe von Funktionen als für den Menschen brauchbar erwiesen und wurden entsprechend gezüchtet: „For more than 12,000 years it has lived with humans as a hunting companion, protector […]. Human beings have played a major role in creating dogs that fulfill distinct societal needs. Through the most rudimentary form of genetic engineering, dogs were bred to accentuate instincts that were evident from their earliest encounters with humans. Although details about the evolution of dogs are uncertain, the first dogs were hunters with keen senses of sight and smell. Humans developed these instincts and created new breeds as need or desire arose." (Encyclopædia Britannica 2014, Lemma ,dog') Heute finden wir allerdings Hunde vielfach an Orten und in Lebensumständen, aus denen ein funktionaler Nutzen des Tieres nicht ohne weiteres ersichtlich ist. Aus diesen *bereits bestehende Erkenntnissen* ergibt sich eine erste *Dimension,* die für unsere Forschungsfrage relevant ist; sie lässt sich wie in Tab. 1 darstellen:

Eine weitere Dimension, die relevant zu sein scheint, bezieht sich auf die „im Umgang mit Hunden relevanten Aspekte[..] menschlichen Welterlebens" (Burzan/Hitzler o. J.[2014]). Diese Aspekte werden vermutlich besonders virulent auf dem Pol (b) der ersten Dimension, wo die Hundehaltung einer äußeren Funktion weitgehend entkleidet ist und diese somit eine Hundehaltung nicht motivieren kann. Hierher gehört die Einstellung zum Hund, also etwa, ob man sich „für sein großes Liebes- und Pflegebedürfnis ein Objekt sucht" (Lorenz 1950/1975, S. 52),

---

[11] Diese Darstellung wurde in ähnlicher Weise bereits publiziert – s.: Funcke und Loer 2019 [Einleitung], S. 8–12.

[12] Dass wir nicht mehr, wie Konrad Lorenz noch unterstellte, von der Abstammung eines Großteils der Haushunde vom Goldschakal ausgehen und folglich Lorenz' Zurückführung einerseits der „Herrentreue" (a. a. O.: 17) auf „die persistierende Kindlichkeit" (a. a. O.: 16) und „dauernde Jugendlichkeit" (a. a. O.: 17) der „Aureushunde", andererseits der „Treue von Mann zu Mann" auf die „Lupushunde" (a. a. O.: 18) nicht mehr gelten lassen können (vgl. Parker et al. 2004), tut der Differenz im Verhalten der Haushunde gegenüber den Wölfen, die durch die Domestikation erreicht wurde, keinen Abbruch.

Tab. 1 Dimension ‚Funktion' mit ihren Polen (eigene Darstellung)

Dimension	Pol (a)	Pol (b)
(1) Funktion	Funktion für Lebensbewältigung i. e. Sinne (Gebrauchshunde od. Diensthunde, Jagdhunde)	Funktion für zweckfreie Lebensgestaltung („Gesellschafts- und Begleithunde")[13]
	(α) aggressiv (Wachhund, Jagdhund)	(α) außengerichtet (Windhunde, Kampfhunde, Deutsche Dogge[15])
	(β) sorgend (Hütehund, Blindenhund)[14]	(β) innengerichtet („companionship"[16], „Damenhund", „Schoßhündchen")[17]

[13] http://www.vdh.de/welpen/welche-rasse-passt-zu-mir; vgl. auch Fn. 8.

[14] Hier nicht berücksichtigt: Hund als Nahrungsmittel – „Some genetic studies suggest that wolves were domesticated as early as 16,300 years ago to serve as livestock in China." (Encyclopædia Britannica 2014, Lemma ‚dog') Vgl. auch Oeser 2004, S. 145–151.

[15] „Die Deutschen Doggen von Reichsgründer Otto von Bismarck erlangen durch den Tod seines Rüden ‚Sultan' im Herbst des Jahres [1877] über die Landesgrenzen hinweg Bekanntheit. Die Rasse erhält den Ehrentitel ‚Reichshunde'." (VDH 2006 a: 4).

[16] Encyclopædia Britannica 2014, Lemma ‚dog'.

[17] S.: Oeser 2004, S. 125–128.

ob man ein Antidot gegen Langeweile sucht,[18] ob man „nicht nur einen persönlichen Freund, sondern auch ein Stück unverfälschter Natur sucht" (a. a. O.: 53),
ob man auf „körperliche Schönheit" oder auf „seelische Eigenschaften" (a. a. O.:
55) – und welche – Wert legt, und weitere, im Verlauf der Studie, der es ja gerade
um diese Fragen der Einstellung geht, noch zu bestimmende Aspekte.[19] Vorläufig
als Ausgangspunkt sei diese Dimension in Tab. 2 skizziert.

Diese Dimension umfasst nicht nur Hundehalter, sondern auch ihre Gegner;
diese könnten in einer Folgestudie untersucht werden.

Bezogen auf die zweite der bisher entworfenen Dimensionen lassen sich
für den Pol (a) folgende Personen benennen, die vorraussichtlich Fälle unseres
Gegenstands darstellen:[20]

2 a α: etwa „ein recht sentimentales, vereinsamtes altes Fräulein, das für
sein großes Liebes- und Pflegebedürfnis ein Objekt sucht" (Lorenz 1950/1975,
S. 52) – oder ein junger Single, der im Hund einen Jogging-Partner sucht.

2 a β: etwa eine Familie, die im Hund einen (erzieherisch) wertvollen
Spielgefährten für die Kinder sucht.

2 a γ: etwa ein Funktionär des Verbands für das deutsche Hundewesen e. V.

Weitere im weiteren Fortschreiten der Studie zu berücksichtigende, aber
bereits vorab konzipierbare Dimensionen sind etwa die in Tab. 3 aufgeführten.

---

[18] Vgl. die Empfindung des Ich-Erzählers in Thomas Manns „Idyll" „Herr und Hund", als
ihm sein Hund durch Krankheit entzogen ist: „Aber meine Spaziergänge waren fortan, was
ungesalzene Speisen dem Gaumen sind; sie gewährten mir nur wenig Vergnügen. Kein stiller
Freudensturm herrschte bei meinem Ausgang, kein stolzes Jagdgetümmel um mich her unterwegs. Der Park schien mir öde, ich langweilte mich." (Mann 1919/1990, S. 594) – Während
der Sars-CoV-2-Pandemie wurden sehr viele Hunde aus Tierheimen geholt, die die Abholer
bei deren Abklingen wieder loswerden wollen (vgl. Rech 2021 u. dpa 2021).

[19] Die kontrastive Rekrutierung ist – wie oben gesagt – idealerweise immer zugleich eine
sequenzielle Rekrutierung, da sowohl die Relevanz und der Zuschnitt der vorab entworfenen Dimensionen sich als zu modifizierend erweisen wie auch neue relevante Dimensionen
auftauchen können.

[20] Für die hier zunächst zurückgestellten „Hundegegner" sind folgende potenzielle
Gesprächspartner von Interesse: 2 c α: etwa ein Spaziergänger oder Jogger, der sich
von Hunden gestört fühlt – 2 c β: etwa ein Bürger, der die Kosten der Reinigung öffentlicher
Plätze moniert, oder ein moralisch Empörter, der moniert, dass „in the United States and
Europe the care and feeding of dogs has become a multibillion-dollar business" (Encyclopædia Britannica 2014, Lemma „dog"), während weltweit rund 870 Mio. Menschen an
Hunger leiden (WFP 2015) – 2 c γ: etwa ein Aktivist der fälschlich als Theorie bezeichneten
„moral equality theories" (vgl.: „On these theories, not only do animals have direct moral
status, but they also have the same moral status as human beings." – Wilson o. J.).

Tab. 2 Dimension ‚Wertung des Hundes' mit ihren Polen (eigene Darstellung)

Dimension	Pol (a)			Pol (c)		
	(a) positive			(c) negativ		
(2) Wertung des Hundes	(α) eigene „persönliche" Beziehung zum Hund	(β) Hund „gut für Familie"	(γ) Hunde nützlich für andere bzw. für Gesellschaft	(α) Störenfriede	(β) Kostenfaktor	(γ) Hundehaltung unmoralisch

Tab. 3 Zwei weitere Dimensionen mit ihren Polen (eigene Darstellung)

Dimension	Pol (a)				Pol (b)			
(3) Lebensumstände bezogen auf die Notwendigkeiten der – artgerechten – Hundehaltung[21]	(a) städtisches Wohnumfeld				(b) ländliches Wohnumfeld			
	(α) Wohnung		(β) Haus mit Garten		(α) Wohnung		(β) Haus mit Garten	
	(i) Hund klein	(ii) Hund groß	(i) Hund klein	(ii) Hund groß	(i) Hund klein	(ii) Hund groß	(i) Hund klein	(ii) Hund groß
(4) „Abgestimmtheit von Herrn und Hund"[22]	(a) „harmonische Abgestimmtheit"[23]				(b) keine Passung			
	(α) „Parallel- oder Resonanzhund"[24]		(β) „Komplementär-hund"[25]					

21 U. a.: „Größe des Hundes in ihrem Verhältnis zu dem in Wohnung, Haus oder Garten gebotenen Raum" (Lorenz 1965/1975, S. 55).

22 Lorenz 1950/1975, S. 44.

23 Lorenz 1950/1975, S. 44.

24 Lorenz 1950/1975, S. 45: „Meiner Meinung nach spricht es stets für eine gewisse Ausgeglichenheit des Hundefreundes, ja für seine Selbstzufriedenheit, wenn er einen Parallel- oder Resonanzhund hat."

25 Lorenz 1950/1975, S. 45: „ähnlich jenen menschlichen Freundschaften, in denen die Partner einander ergänzen."

Wir sehen hier, dass die Dimensionen, die sich vorab entwerfen lassen – sei es auf der Basis von bereits vorliegenden Erkenntnissen der Forschung,[26] sei es, indem wir „unser, aus der eigenen Lebenspraxis und der Kenntnis von dem Verhalten anderer geschöpftes, ‚nomologisches' Erfahrungswissen" (Weber 1906/1985, S. 277) heranziehen –, schnell zu einem ausufernden Formalismus verführen können, ließe sich doch stimmig nun eine komplexe Tabelle entwerfen, die für jede mögliche Kombination eine Zelle bereithält, die man dann in der Rekrutierung zu füllen versuchte. Solch ein leerlaufender Formalismus blendete die Relevanz der zu erhebenden Daten für die Beantwortung der Fragestellung aus. Diese aber: die Relevanz, erweist sich in einer materialen Methode wie der Objektiven Hermeneutik letztlich im Laufe der Analyse. Der vorab entworfene dimensionale Auswahlrahmen hat also nur die Funktion, mit der Auswahl a prima vista möglichst relevanter Fälle zu beginnen und ggf. im Laufe des Forschungsprozesses zu prüfen, ob nicht möglicherweise relevante Dimensionen aus kontingenten Gründen übersehen wurden.

Wenn wir nun also das Forschungsfeld der Haltungen und Deutungen zur Hundehaltung erfassen wollen, stellt sich die weitere Frage, welches das hierzu *geeignete Datenmaterial* ist. Ein sich fast immer anbietendes Datenmaterial ist ein Gespräch, das auf die für unsere Fragestellung relevanten Aspekte hin geführt werden kann.[27] Dabei ist zu berücksichtigen, dass Daten, in denen die zu untersuchende Praxis in ihrem Vollzug zum Ausdruck kommt – hier eben die Praxis des Hundehalters im Umgang mit seinem Haustier –, gegenüber Daten, die nur mittelbarer Ausdruck dieser Praxis sind zu bevorzugen wären (vgl. Maiwald 2003, S. 155).[28] Es dürfen also in Forschungsgesprächen nicht lediglich Einschätzungen über die infrage stehende Praxis abgefragt werden (vgl. a. a. O.: 151); vielmehr müssen Haltungen und Deutungen zu dieser Praxis evoziert werden. Dabei ist die „an sich völlig plausible Grundannahme jeder strukturaan verfahrenden Soziologie" in Anschlag zu bringen: „Die Ebene der Deutungen, des expliziten Wissens, des Meinens und Dafürhaltens muß als eine eigenständige Realitätsebene angesehen werden, die im Einzelfall recht wenig mit der faktischen Praxis, die Gegenstand dieser Deutungen ist, zu tun haben kann." (A. a. O.: 153) Deshalb muss „diese

---

[26] In der – englischsprachigen – Nutzerforschung nennt man den Schritt, in dem diese Erkenntnisse zusammengestellt werden, „secondary research".

[27] Vgl. die Ausführungen zum methodologischen Stellenwert des Interviews bei Kai-Olaf Maiwald (i. Vorber.: 1. Einleitung).

[28] Bei Ulrich Oevermann heißt es explizit: „Unter den selbst erhobenen Daten sind die auf Beobachtung den auf Befragung beruhenden vorzuziehen, weil sie viel besser geeignet sind, die unbewussten Anteile an der zu untersuchenden Wirklichkeit erschließen zu können." (2004 [Objektivität], S. 329).

Differenz zwischen den Realitätsebenen methodologisch und methodisch berücksichtigt werden" (a. a. O.: 154). Darauf, inwiefern der die ‚faktische Praxis'
bestimmende Habitus auch im Forschungsgespräch zum Ausdruck kommt (vgl.
Wernet 2000/2009, S. 58), wird in der Durchführung der Analyse eingegangen
werden. Die Objektive Hermeneutik stellt, wie wir gesehen haben, eine Methode
dar, die in besonderem Maße geeignet ist, die Differenz zwischen der Praxis und
ihrer Selbstdeutung im Allgemeinen in den analytischen Blick zu nehmen; ja,
die Untersuchung „des für die soziologisch Analyse immer interessanten Falles
der Diskrepanz zwischen Intention und Wirkungen oder Bedeutung" (Oevermann
et al. 1979 [Methodologie], S. 360) stand an der Wiege dieser Methode, weshalb
sie auch für dieses Problem im Forschungsgespräch eine angemessene Lösung
darstellt.

Hier sollen nun nicht die verschiedenen Typen von Forschungsgesprächen,
die in der ausufernden Literatur hierzu diskutiert werden, im Einzelnen behandelt
werden. Diese Diskussion verselbständigt sich vielfach, so dass übersehen wird,
dass der *entscheidende Forschungsschritt* die *Auswertung des Datenmaterials* ist.
Gleichwohl kann festgehalten werden, dass das unstrukturierte, lebendige Forschungsgespräch am ehesten geeignet ist, unverfälschtes Handeln zu generieren.
Ich bezeichne diesen Typus des zu Forschungszwecken geführten Gesprächs nicht
mit dem gängigen Terminus ‚Interview', sondern als Forschungsgespräch, da der
Terminus ‚Interview' sich als Bezeichnung für mehr oder weniger standardisierte
Gesprächsformen eingebürgert hat,[29] auch wenn er durchaus auch unspezifisch
verwendet wird.[30] Dem Wort nach trifft Roland Girtlers Bezeichnung des „ero-
epischen Gespräch" (Girtler 2001, S. 149) mit der von ihm gegebenen folgenden

---

[29] Vgl. Duden 2001 [UWB], Lemma ‚Interview', G. 1994 (und die weiteren Eintragungen
zu verschiedenen Interview-Typen dort), Kunz 1969.

[30] Die unspezifische Verwendung passt zur etymologischen Wurzel des englischen Ausdrucks ‚Interview' in der französischen Sprache: Der Ausdruck ‚Entrevue' beinhaltet nämlich einerseits das Moment der Verabredung und das des Gesprächs, macht andererseits
aber bezüglich der Form des Gesprächs keinerlei Voraussetzungen. („Rencontre concertée
entre personnes qui ont à parler, à traiter une affaire." – Robert 1973, S. 376) Allerdings
enthält dieser Ausdruck eben auch nicht das Moment des Forschungszwecks, zu dem das
Gespräch geführt wird. –Vgl. auch meine Bemerkung zu der Terminologie im Vorwort. –
Marianne Rychner (Luzern/Ostermundingen) und Oliver Schmidtke (Siegen) haben mich mit
ihren Vorbehalten gegenüber dem Terminus ‚Forschungsgespräch', an dem ich grundsätzlich
gleichwohl festhalten möchte, einerseits zu den hier angeführten – hoffentlich – klärenden Erläuterungen angeregt, andererseits – zusammen mit den von anderen Kolleginnen
und Kollegen geäußerten Bedenken und gestellten Nachfragen dazu bewogen, im Titel des
vorliegenden Bandes den Terminus ‚Interview' zu verwenden.

Bestimmung einen wichtigen Teilaspekt des mit dem Terminus ‚Forschungsgespräch' Visierten: „Die Fragen [...] ergeben sich aus dem Gespräch und der
jeweiligen Situation, sie werden nicht von vornherein festgelegt" (ebd.); es wird
also das ero-epische Gespräch wie das Forschungsgespräch in einem thematischen Rahmen offen geführt, so dass im Gespräch sich ergebende Einsichten
für die Vertiefung und Erweiterung genutzt werden können. Allerdings wird der
Aspekt der *Forschung,* zu dessen Zweck das Gespräch geführt wird, unterbelichtet, ergeben sich aus diesem Zweck ja durchaus thematische Vorgaben, die
u. U. *auch* in bestimmten Fragen vorab festgelegt werden können; erst Recht
führt Girtlers Emphase, die er in den Ausdruck legt: es soll sich „um ein echtes Gespräch" handeln, in das sich jeder ‚einbringt' (ebd.), an dem Zweck der
Forschung vorbei.[31] Zwar trifft in gewisser Hinsicht zu: „as we treat the other
as a human being, we can no longer remain objective, faceless interviewers, but
become human beings and must disclose ourselves, learning about ourselves as
we try to learn about the other." (Fontana und Frey 1994, S. 373 f.) Gleichwohl
aber bleibt ein Forschungsgespräch eben darauf fokussiert, Daten zur Beantwortung der Forschungsfrage zu elizitieren; alle anderen Aspekte sind genau unter
dieser Perspektive in der Analyse zu berücksichtigen (s. u. zur pragmatischen
Rahmung). – Vgl. folgende, bzgl. eines biographischen Forschungsgesprächs
getätigte, aber analog für jedes geltende Äußerung: „Aufgabe eines sozialwissenschaftlichen Interview [sic!] ist es, über die Leistungen der Alltagskommunikation
hinaus, aber mit ihren Mitteln, jene Texte zu provozieren, die eine Entscheidung
über konkurrierende Interpretationen auch bei tiefergehenden Fallrekonstruktionen erlauben, d. h. Texte, die aus dem vom Interviewer gesetzten Druck heraus
erzeugt worden sind, ein Höchstmaß an Plausibilität und Ausgearbeitetheit von
Rechtfertigungen für biographische Entscheidungen zu erreichen." (Oevermann
et al. 1980 [Logik Interpretation], S. 44, erste Fn.)

Dieser Typus eines Gesprächs zu Forschungszwecken zielt also darauf, eine
mündliche Ausdrucksgestalt zu generieren, die besonders dafür geeignet ist, die
Deutungsmuster wie auch den Habitus des Gesprächspartners zu rekonstruieren; Letzteres ist möglich, da das Gespräch als Handeln analysiert wird. Dabei
stellt der Forscher Fragen und hört sorgfältig auf das, was sein Gesprächspartner ihm sagt. Das so verstandene Forschungsgespräch hat Ähnlichkeit mit dem,
was Robert Miller in seiner ‚Biographic narrative interpretive method (BNIM)'
(Miller 2000) anzielt; allerdings muss deutlich gemacht werden, dass es sich

---

[31] Kai-Olaf Maiwald weist darauf hin, dass bei Girtler die „Symmetriebedingungen ethno-
graphischer Gespräche" zum Ausdruck kommen, was dazu passt, „dass in ethnographischen
Verfahren, denen es um Teilhabe am zu untersuchenden Milieu geht, keine Interviews im
eigentlichen Sinn geführt werden sollen." (i. Vorber.: Fn. 6).

nicht, wie Miller meint, um eine ‚interpretive method', sondern um ein Verfahren
der Datensammlung resp. -erzeugung handelt. Es entspricht in etwa dem, was
Tim Rapley den „‚traditional' account of qualitative interviewing" bezeichnet:
„‚The interviewer's talk is to draw out all relevant responses, to encourage the
inarticulate or shy […]' (Fielding and Thomas 2001, S. 129). The interviewer
should facilitate without overly directing the interviewee's talk." (Rapley 2004,
S. 20) Der Forscher versucht dabei schon während des Gesprächs zu verstehen, was der Gesprächspartner durch seine Äußerungen objektiv zum Ausdruck
bringt. Eine solche *rekonstruktive Gesprächsführung* macht es erforderlich, dass
der Forscher die Äußerungen bereits in einer abgekürzten Weise analysiert –
so wie der Psychoanalytiker die Äußerungen seines Patienten analysiert, indem
er ein „Hören mit dem dritten Ohr" praktiziert (vgl. Theodor Reik 1948/1987);
daraufhin kann er dann weitere Fragen stellen nach dem, was er für klärungs-
und erläuterungsbedürftig hält. So erfährt der Gesprächspartner sich als ernstgenommen und ist seinerseits angeregt, die Fragen des Forschers ernsthaft zu
beantworten und relevantes Material zu generieren. – So gut es auch gelingt,
den Befragten zu authentischen Äußerungen zu bewegen, können seine Äußerungen selbstverständlich nicht intentione recta, also als direkter, keiner weiteren
Analyse bedürfender Ausdruck der objektiven Bedeutung, genommen, sondern
müssen analysiert werden.

Bei Forschungsgesprächen handelt es sich um *zu Forschungszwecken erhobene
Daten.* Das ist bei der Auswertung (s. u.) selbstverständlich zu berücksichtigen.
Dieser Aspekt gibt uns aber die Gelegenheit, noch an eine weitere Unterscheidung
zu erinnern (vgl. oben). Wie wir oben bereits bemerkt haben, benötigen wir für
die methodische Analyse der Gegenstände der Sozial- und Kulturwissenschaften,
die immer der sinnstrukturierten Welt angehören, aufgrund von deren Flüchtigkeit
Daten, die, anders als die Praxis, die wir untersuchen, der Flüchtigkeit entho-
ben sind und auf die wir zur Entwicklung und Überprüfung unserer Hypothesen
wiederholt zugreifen können. In der Objektiven Hermeneutik wird diesbezüglich
von Protokollen, Spuren oder Ausdrucksgestalten gesprochen.[32] Nun hinterlässt
jede Lebenspraxis von sich aus mehr oder wenig dauerhafte Spuren in der Welt,
die wir aufsuchen und analysieren können; diejenige Handlungswirklichkeit nun,
die sich in Protokollen niederschlägt, die „die protokollierte Praxis selbst, unabhängig von der Datensammlung zu Forschungszwecken […] hinterlassen hat"

---

[32] Ulrich Oevermann spricht von „Protokollen bzw. Spuren" (1993 [Subjektivität], S. 131 f.)
oder auch vom ‚Protokoll als einer Ausdrucksgestalt' (2000 [Fallrek], S. 79); s. hierzu auch
Loer 2015 [AG].

(Oevermann 2000 [Fallrek], S. 87 f.), bezeichnen wir als *‚naturwüchsige Wirklichkeit'* (a. a. O.: 87). Protokolle dieser Wirklichkeit zu analysieren hat den Vorteil, dass wir hier „in der Regel eine von der zu protokollierenden Praxis selbst herbeigeführte Koinzidenz von Eröffnung und Beschließung zwischen Protokoll und protokollierter Wirklichkeit vor uns" haben (a. a. O.: 88). In der Eröffnung und in der Beschließung einer Handlung drückt sich eine Praxis in besonders pointierter Weise aus.[33] – Wenn wir es aber, wie im Falle unserer Fragestellung, mit einer Praxis zu tun haben, die „sonst […] keine oder nur geringfügige Spuren hinterlassen" würde (ebd.), so empfiehlt es sich dem Forscher, eben eigene Erhebungen durchzuführen.[34] Das zu Erhebungen evozierte, für diese in Szene gesetzte Handeln kann man dann als eine gegenüber der naturwüchsigen *‚veranstaltete Wirklichkeit'* bezeichnen.[35]

Feldzugang

Da wir nun wissen, welche Dimensionen unseres Forschungsfeldes wir im ersten Schritt abdecken möchten und dass wir relevante Daten mittels eines zu diesen Forschungszwecken durchgeführten Gesprächs erheben möchten, so ergibt sich als nächstes die Frage, wie wir Zugang zu den potenziellen Gesprächspartnern erlangen. Bei unserem Thema der Hundehaltung ist das relativ einfach, da man Hundehaltern auf allen möglichen Wegen begegnet. Da sie am mitgeführten Hund erkennbar sind, können wir sie bereits nach erster visueller Einschätzung in der Dimension 1 (Funktion) einordnen und haben auch Anhaltspunkte für die Einordnung in die Dimension 3 (Lebensumstände bezogen auf die Notwendigkeiten der – artgerechten – Hundehaltung). Die so ausgewählten potenziellen Forschungssubjekte können direkt um ein Forschungsgespräch gebeten werden.

---

[33] Der Volksmund weiß dies: „Der erste Eindruck zählt."

[34] An der zitierten Stelle unterscheidet Oevermann nicht zwischen ‚Erhebung' und ‚Aufzeichnung'; dies ist aber um terminologischer Klarheit willen sinnvoll, lässt sich doch auch die naturwüchsige Wirklichkeit aufzeichnen – wenn wir etwa an die Aufzeichnungen von Überwachungskameras denken –, ohne das eine Erhebung zu Forschungszwecken vorläge (vgl. hierzu aber auch: Loer 2010 [Videoaufz], S. 325).

[35] Die Bezeichnung „inszenierte protokollierte Wirklichkeit" (a. a. O.: 87) erscheint uns irreführend, da u. U. auch die Praxis selbst, die untersucht werden soll, sich – unabhängig von einer Erhebung – gewissermaßen naturwüchsig inszeniert (vgl. a. a. O.: 77).

Da sie mit dem Hund unterwegs sind, ist vermutlich eine Verabredung nicht erforderlich; man kann das Gespräch während des „Gassi-Gehens"[36] führen. Sollte sich dieser Zugang als schwierig erweisen – so sind Hundehalter, auf der Straße auf ihren Hund angesprochen, u. U. zurückhaltend, da sie sich kontrolliert fühlen könnten[37] –, so müssen andere Wege gefunden werden. Die Hundehalter zunächst nur anzusprechen und sie um einen Anruf zu bitten, ist in der Regel wenig erfolgreich. Da Hundehaltung sehr verbreitet ist, lassen sich über Bekanntschaften Hundehalter anfragen, wobei zu berücksichtigen ist, dass es sich nicht um dem Forscher persönlich bekannte Personen handelt (s. u.).

Datenerhebung

Sehr wichtig bei der Erhebung eines Audio-Protokolls ist die *technische Qualität der Erhebung*. Da das Gespräch u. U. auf öffentlichen Wegen geführt wird, ist insbesondere darauf zu achten, dass Nebengeräusche die Hörbarkeit der Aufzeichnung nicht stören. Heute ist eine digitale Aufzeichnung der Standard, da so eine digitale Bearbeitung bei der Verschriftung[38] möglich ist, was diesen Arbeitsschritt extrem vereinfacht (s. u.).

Das *soziale Arrangement der Erhebung* ist nicht minder wichtig: Es muss einerseits das Interesse an dem ausgewählten Gesprächspartner als dieser besonderen Person deutlich werden, andererseits zugleich die Neutralität gegenüber dem Gesprächsthema und die Anonymität des Gesprächspartners glaubwürdig vermittelt werden. Der Forscher handelt also in glaubwürdig bekundetem Interesse an dem, was der Gesprächspartner ihm zu sagen hat, dies aber rollenförmig und nicht als ganze Person. Dies bedeutet bei unserem Thema, dass unabhängig von der realen eigenen Einstellung des Forschers zur Hundehaltung dem Gesprächspartner

---

[36] „den Hund *gassi* führen = den Hund zur Notdurftverrichtung auf die Straße führen. ‚Gassi' ist verkürzt aus *stud* ‚gassatim gehen = umherschwärmen' (dies ist umgewandelt aus ‚grassatum gehen', das wiederum zurückgeht auf lat ‚grassari = hierhin und dorthin schwärmen'). Spätestens seit 1900." (Küpper 1997/2000, S. 272; vgl. Krug-Richter 2006).

[37] In dem Ort, wo wir unsere ersten Gespräche führen wollten, war kurz zuvor aus Steuererfassungsgründen eine Hundezählung durchgeführt worden. Möglicherweise ergab sich daraus eine gewisse Zurückhaltung gegenüber dem Forscher; jedenfalls waren die wenigsten Hundehalter spontan zu einem Forschungsgespräch bereit.

[38] In den meisten Darstellungen von Methoden, die mit verschriftetem Material arbeiten, wird meist von Transkription und Transkript gesprochen. Die Termini ‚Verschriftung' oder ‚Notation' sind demgegenüber angemessener, da Transkription wörtlich genommen die Übertragung von einer Schrift in eine andere, nicht aber von Phonemen in Grapheme bezeichnet.

ein freundliches Interesse an dessen Einstellung deutlich vermittelt werden muss; zugleich muss die Legitimität der Ansprache und Forschung dem Gesprächspartner durch Erläuterung der Forschungseinbettung deutlich werden. Dies Letztere bedeutet nicht, dem Gesprächspartner die eigene Forschungsfrage plausibel zu machen und ihn – was einen typischen Anfängerfehler darstellt – gewissermaßen als Forscherkollegen zu behandeln. Vielmehr geht es hier um die Einbettung der Forschung in die Bemühungen um wissenschaftliche Erkenntnisgewinnung; am einfachsten ist dies, wenn der Forscher sich als Mitglied einer Forschungseinrichtung zu erkennen geben kann. Zur Neutralität und Anonymität gehört des Weiteren, dass Forscher und Forschungssubjekt nicht persönlich miteinander bekannt sind, da nur so gewährleistet ist, dass aus den Erkenntnissen keine praktischen Folgen für das Forschungssubjekt entstehen. Auch hier findet sich häufig ein Anfängerfehler: dass man – sei es aus Bequemlichkeit, sei es um einen besseren Rapport zum Gesprächspartner zu haben – Bekannte, gar Freunde und Verwandte um ein Forschungsgespräch bittet. Dies wird in vielen Methodeneinführungen nicht problematisiert, führt aber zu erheblichen Verwerfungen – auch in der Gesprächsführung, wird doch häufig dann nur zum Zwecke der Aufzeichnung nach etwas gefragt, was der Fragende bereits weiß, womit das Gespräch eine zu Unergiebigkeit führende Künstlichkeit erhält.[39]

Um die Einordnung in den entworfenen und noch als relevant auftauchenden Dimensionen vornehmen zu können, bedarf es auch der Erfassung bestimmter *testierbarer Daten*[40] wie etwa Familienstand, Wohnsituation, Einkommenssituation (evtl. vermittelt über Beruf) etc. Diese Daten lassen sich am besten mittels eines *vorbereiteten Fragebogens* erheben.[41] Hierbei ist dreierlei zu beachten: (a) der Fragebogen wird *erst nach dem Gespräch* ausgefüllt – dies verhindert, dass das Gespräch zu Beginn den Charakter eines traditionellen Interviews bekommt, (b) der Fragebogen wird *vom Forscher* ausgefüllt, d. h. er stellt die Fragen mündlich und trägt selbst die Antworten ein – dies führt erfahrungsgemäß dazu, dass der Gesprächspartner über den bloßen Eintrag hinaus noch weitere Ausführungen macht; was es erforderlich macht, dass (c) während des Ausfüllens des Fragebogens die *Audioaufzeichnung weiterläuft*.[42]

---

[39] Zu hilfreichen Hinweisen für die Interviewführung s. Maiwald i. Vorber.: 2. Datenerhebung und -aufbereitung.

[40] In der Literatur zur Objektiven Hermeneutik wurden diese Daten bisher meist als *objektive Daten* bezeichnet; im Glossar wird die vorgeschlagene alternative Bezeichnung erläutert und begründet (vgl. Loer 2018 [objDat] u. 2019 [testierbar]).

[41] Der hier verwendete Fragebogen findet sich im Anhang.

[42] Vgl. zu den weiteren Funktionen, die ein Fragebogen haben kann: Rapley 2004, S. 18.

Eine weitere Erhebungstechnik ist noch zu beachten: Möglichst kurz nach
der Durchführung des Forschungsgesprächs sollten die *äußeren Umstände* des
Gesprächs *notiert* werden: der *Ort* des Gesprächs mit u. U. relevanten präsenten Gegenständen und ggf. Personen, die nicht im Audio auftauchen; *Tag* und
Tageszeit; besondere Bedingungen die Akustik betreffend, u. U. das Wetter betreffend etc. Dies festgehaltene Wissen um den äußeren Kontext kann während der
Analyse erforderlichenfalls kontrolliert eingeführt werden.

Für die Gesprächsführung nun muss man sich die *Handlungsprobleme,* mit
denen der Gesprächspartner im Hinblick auf die Fragestellung konfrontiert ist,
vorab klarmachen. Handeln ist Problemlösen und in der Betrachtung der Probleme, die man in seinem Handeln löst, in der Art und Weise, in der man es
tut, bringen sich in ihrer Systematik ein Deutungsmuster und ein Habitus zum
Ausdruck, welche wir ja erforschen wollen. Insofern ist es aufschlussreich, das
Gespräch auf die für die Forschungsfrage relevanten Handlungsprobleme zu lenken und – im Sinne der rekonstruktiven Gesprächsführung (s. o.) – zu bemerken,
wenn diese Handlungsprobleme thematisch werden; dort muss das Gespräch dann
möglichst vertieft werden – es dürfen also die Ausführungen nicht vorzeitig unterbrochen werden, aber ggf. sind Erläuterungen und v. a. die Erzählung konkreter
Beispiele aus eigenem Erleben einzufordern. Gerade in Letzteren ist die Wahrscheinlichkeit, dass die verkörperte Haltung zum Ausdruck kommt statt bloßer
Deutungen, sehr viel höher als bei abstrakten Berichten und Einschätzungen.

Für unser Forschungsthema besteht ein zentral relevantes Handlungsproblem
darin, das Zusammenleben mit dem Tier zu gestalten: Wie wird der Hund in
die alltäglichen Verrichtungen – das Wohnen, das Arbeiten, das Einkaufen, Freizeitgestaltung, soziale Beziehungen etc.[43] – ‚eingebaut‘? Wie wird auf seine
Konstitution – als Tier überhaupt mit angeborenen und erworbenem Verhalten,[44]

---

[43] Thomas Mann etwa beschreibt – auch wenn es in dieser konkreten Form nicht immer
zutreffen muss – einen für das Zusammenleben wichtigen Aspekt: „Es handelt sich da um
einen von weither überkommenen patriarchalischen Instinkt des Hundes, der ihn, wenigstens
in seinen mannhaften, die freie Luft liebenden Arten, bestimmt, im Manne, im Haus- und
Familienoberhaupt, unbedingt den Herrn, den Schützer des Herdes, den Gebieter zu erbli-
cken und zu verehren, in einem besonderen Verhältnis ergebener Knechtsfreundschaft zu ihm
seine Lebenswürde zu finden und gegen die übrigen Hausgenossen eine viel größere Unab-
hängingkeit zu bewahren." (Mann 1919/1990, S. 541) – In welcher Beziehung stehen die
verschiedenen Familienangehörigen zum Hund? Wer übernimmt für was die Verantwortung?
etc.

[44] In Thomas Manns „Idyll" hält der Ich-Erzähler in Beziehung zu seinem Hund Bauschan
fest, „wie wildfremd und sonderbar das Wesen eines so nahen Freundes sich mir unter
Umständen darstellt, – es wird mir unheimlich und dunkel [...]; kopfschüttelnd betrachte ich
es, und nur ahnungsweise finde ich mich hinein." (a. a. O.: 558).

als Hund dieser Rasse[45] etc. – Rücksicht genommen? – Dazu gehören dann im engeren Sinne auch „Erziehungsmaßnahmen [...], die jedem Hundebesitzer das Zusammenleben mit seinem Pflegling erleichtern: das ‚Ablegen‘, das ‚Körbchen‘ und das ‚Bei-Fuß-Gehen‘" (Lorenz 1950/1975, S. 23),[46] und etwa die Begegnung mit anderen Hunden, die für sich genommen höchst komplexen Gesetzen folgt (Lorenz 1950/1975, S. 31–43).

Weiterhin ist die Anschaffung des Tieres ein aufschlussreiches Handlungsproblem: Wie kommt es überhaupt zur Entscheidung, einen Hund anzuschaffen? Wie werden die Rasse und das konkrete Tier ausgewählt – nach welchen Kriterien und wie ist die Auswahl konkret vor sich gegangen? Sodann: Wie wird mit Krankheiten und mit dem Tod des Tieres umgegangen? (Welche Vorstellungen hat der Hundehalter dazu? Falls es sich nicht um das erste Tier handelt: Welche Erfahrungen hat er gemacht?).

Datenaufbereitung

Praxis, die im weitesten Sinne unser Gegenstand ist, tritt in Formen von Handeln auf, das sich in je aktuellen Handlungsabläufen vollzieht. Damit ist ein wesentlicher Aspekt des Gegenstandes implizit benannt: seine *Flüchtigkeit*.[47] Zum einen (a) ist Handlung als Vollzug wie jedes in der Zeit ablaufende Ereignis flüchtig; zum anderen (b) ist zu berücksichtigen, dass Handeln, anders als Verhalten im

---

[45] Deutlich zeigt die Besprechung von hundert Rassen in Gebhardt/Hauke 1990/1996, S. (71–225), dass rassenspezifische Unterschiede bestehen; die Autoren machen auch deutlich, dass mit vorhersagbaren Verhaltensunterschieden innerhalb der Rassen je nach Aufzucht und Dressur (oder eben deren Fehlen) zu rechnen ist (etwa: a. a. O.: 10).

[46] Auch Hundeliebhaber, für die „‚Sitz‘ und ‚Platz‘ [...] völlig unnötiger Schnickschnack" sind (Nowak 2011, S. 12) und die auf eine Methode der Erziehung dazu verzichten, ist es doch klar und wichtig, dass Hunde „sowohl in ihrem Jagdtrieb als auch in ihrem Herdenschutztrieb kontrollierbar" sind, auch wenn diese Halter dafür „nur Sanftmut, Souveränität, Fairness und Bestimmtheit" (ebd.) aufwenden wollen.

[47] Es gehören zwar auch die Ergebnisse des jeweiligen Handelns zur Praxis – so gehört etwa das niedergelegte Urteil zur Praxis eines Gerichtsverfahrens –, aber streng betrachtet ist das Ergebnis ohne den Vollzug, der sich in ihm objektiviert, nicht bestimmbar – das Urteil also nicht ohne das Verfahren, das in ihm resultiert. Wir müssen, wenn wir vom Ergebnis unseren Ausgang nehmen, den Vollzug als seine ratio essendi stets mitanalysieren (und sei es aus dem Urteil selbst).

engeren Sinne des tierischen Verhaltens (vgl. Loer 2021 [Reziprozität], S. 143–
159), nicht kausal durch Naturgesetze[48] determiniert ist – so ist Handeln, selbst
ceteris paribus, auch nicht reproduzierbar. Die Flüchtigkeit ist also eine doppelte:
Weil Handlungen (b) eine je spezifische Geschichte haben und in systematischem
Sinne ein je Besonderes sind, können wir sie nur anhand der Spuren, die sie hinterlassen, methodisch untersuchen;[49] wenn diese Spuren aber, wie es z. B. für
Audioaufzeichnungen gilt, die Flüchtigkeit als in der Zeit ablaufendes Ereignis
(a) teilen, so müssen wir diese Spuren aufbereiten, sie gewissermaßen stillstellen. Bei Audiodaten gelingt uns dies durch Verschriftung, d. h. dadurch, dass wir
Phoneme und anderes akustisch Wahrnehmbares in Grapheme und andere lesbare Zeichen transformieren. Einen guten knappen Überblick über das, was bei
der Notation, dort ,Transkription' (vgl. Fn. 38) genannt, zu beachten ist, geben
Sabine Kowal und Danel C. O'Connell (2000). Sie unterscheiden bezüglich des
akustisch Wahrnehmbaren (i) „verbale Merkmale": „die geäußerten Wortfolgen",
(ii) „prosodische Merkmale": die „lautliche Gestaltung" der geäußerten Wortfolgen und (iii) „parasprachliche Merkmale": „redebegleitendes nichtsprachliches
Verhalten"[50] („wie Lachen oder Räuspern") (a. a. O.: 438). Wichtig ist ihre
Bemerkung: „Die Auswahl der zu transkribierenden [sc.: zu notierenden] Verhaltensmerkmale (verbale, prosodische, parasprachliche und außersprachliche) [...]
wird immer von der Zielsetzung und Fragestellung eines spezifischen Forschungsprojekts bestimmt." (a. a. O.: 439). Dieses Verschriftungsprinzip schützt davor,
dass „mit erheblichem Aufwand viel mehr transkribiert [d. i.: verschriftet] [wird],
als analysiert" (a. a. O.: 443) werden kann und muss. Da ja grundsätzlich die
Tonaufzeichnung als Grundlage für eine allfällige Korrektur der Verschriftung

---

[48] Hier sei zur Abkürzung ein einfaches Verständnis zugrundegelegt, das Erwin Schrödinger wie folgt formuliert: „Als Naturgesetz nun bezeichnen wir doch wohl nichts anderes als
eine mit genügender Sicherheit festgestellte Regelmäßigkeit im Erscheinungsablauf, sofern
sie als notwendig im Sinne des oben genannten Postulats [sc.: „daß ein jeder Naturvor-
gang absolut und quantitativ determiniert ist mindestens durch die Gesamtheit der Umstände
oder physischen Bedingungen bei seinem Eintreten", was „wohl auch als Kausalitätsprinzip
bezeichnet wird"] gedacht wird." (Schrödinger 1922/1997, S. 10) – Es sei darauf hingewiesen, dass Schrödinger in demselben Vortrag dieses einfache Verständnis des Naturgesetzes
infrage stellt und mit dem statistischen Verständnis und einer „akausalen Auffassung des
Weltgeschehens" (a. a. O.: 16) konfrontiert.

[49] Schon Karl Bühler nutzte technische Hilfsmittel in dem Bemühen, „das [...] schwer
beobachtbare konkrete Sprechereignis auf Schallplatten zu fixieren, um es zu wiederholter
Beobachtung präsent zu haben." (1934/1982, S. 12).

[50] Wo Kowal und O'Connell von Verhalten sprechen, ist dies i. w. S. zu verstehen, geht es
doch der Sache nach stets um Handeln.

zur Verfügung steht, kann darauf vertraut werden, dass Unstimmigkeiten der Verschriftung in der Analyse bemerkt werden. Gleichwohl ist es hilfreich, worauf auch Kai-Olaf Maiwald hinweist (i. Vorber.: 1. Einleitung), dass die Forscher selbst die Verschriftung vornehmen.[51] Wichtig ist natürlich, dass die Verschriftung einheitlichen Notationsregeln folgt; die hier im Anhang wiedergegebenen und von uns verwendeten haben sich weitgehend bewährt.

Ebenfalls bewährt für die digitale Unterstützung der Verschriftung hat sich das Programm ‚f4 & f5transkript‘,[52] das mit einfachen Mitteln, zu denen das automatische, individuell bestimmbare Setzen von Zeitmarkierungen ebenso gehört wie die Möglichkeit, Textbausteine (etwa für wiederkehrende „Mmhs" des Forschers) zu definieren und eine Bedienung per Fußschalter, die Arbeit der Notation sehr erleichtert.[53]

Datenauswertung

Pragmatische Rahmung und Fallbestimmung

Bevor die Daten, welche auch immer, analysiert werden können, ist zu bestimmen, in welchem pragmatischen Rahmen sie erhoben wurden. Dieser Rahmen hat – ob gewollt oder ungewollt, ob bewusst oder unbewusst – Einfluss auf das Handeln, das er rahmt. Die Vorstellung, man könne Daten sammeln, die durch die Erhebung unbeeinflusst bleiben, ist illusionär;[54] sie erinnert ein wenig an das vergebliche Bemühen, den weißen Hirsch zu erjagen (vgl. Uhland 1815/2002). Insofern ist, wie oben bereits dargelegt, die Protokollierung, meist als Protokollierungshandlung, immer Teil der pragmatischen Rahmung des Protokolls.

---

[51] Wenn man – etwa um den zeitökonomischen Zwängen entgegenzuwirken – die Verschriftung von Schreibbüros erledigen lässt, muss man diese sehr sorgfältig auswählen und mindestens stichprobenweise überprüfen; in der Regel können nämlich etwa Büroschreibkräfte die für die Analyse erforderliche Genauigkeit der Verschriftung nicht gewährleisten, da sie habituell auf korrekte Schreibung und nicht auf die präzise Übertragung der nach grammatischen und Stilregeln meist ‚inkorrekten‘ Rede eingestellt sind.

[52] S.: http://www.audiotranskription.de/f4.htm.

[53] Anmerkungen zu einigen gegenwärtig verfügbaren passenden Programmen finden sich im Anhang zu: Loer i. Vorber. [Videoanalyse].

[54] Vgl.: „As Gubrium and Holstein note, interviewers ‚cannot very well taint knowledge if that knowledge is not conceived as existing in some pure form apart from the circumstances of its production' (2002, S. 15)." (Rapley 2004, S. 16).

Zwar kann man gedankenexperimentell den „complete observer"[55] entwerfen: „The complete observer role is illustrated by systematic eavesdropping" (Gold 1958, S. 222), aber diese Situation ist eine Ausnahme von der Normalsituation.[56] Sicherlich ist es hilfreich, den Effekt der Erhebung auf die Handlung und das von ihr anzufertigenden Protokoll zu minimieren (vgl. Adler und Adler 1994, S. 382) und auch eine vorgängige Reflexion auf das eigene Auftreten (vgl. Fontana und Frey 1994, S. 367), die Geschlechterbeziehung(a. a. O.: 369 f.), Statusrelation etc. ist durchaus empfehlenswert; entscheidend ist es aber, die *Rahmung* und damit die Effekte, die sie auf die zu protokollierende Handlung haben kann, *vor der Analyse zu explizieren* und *in der Analyse zu berücksichtigen.* Dabei ist der objektive Einfluss zu explizieren, denn auch wenn sich im Handeln dieser Einfluss nicht zeigt[57] oder wenn die pragmatische Rahmung durch die Handelnden umgedeutet wird, ist dies eine jeweils zu erklärende Antwort auf die Rahmung. – Insofern stellt sich für uns die Frage, was für eine pragmatische Rahmung ein Forschungsgespräch darstellt.

Bei der *Bestimmung des durch ein Forschungsgespräch gesetzten pragmatischen Rahmens* geht es nicht um eine erhebungstechnische Bestimmung verschiedener Typen von Forschungsgesprächen (vgl. hierzu Hopf 2000). Vielmehr ist die Rahmung durch das Forschungsgesprächs herauszuarbeiten, indem zunächst bestimmt wird, was überhaupt ein Gespräch ist und worin vor diesem Hintergrund die Spezifität des Forschungsgesprächs besteht.

Ein *Gespräch* ist die Grundform aller Kommunikation und ist wie alle Kommunikation durch bestimmte Regeln konstituiert. Eine Bedingung für ein Gespräch ist die Anwesenheit der beteiligten Personen in derselben Praxis-Raum-Zeitlichkeit. Dies kann realisiert sein durch die physische Anwesenheit an derselben physischen Raum-Zeit-Stelle – in der überwiegenden Geschichte

---

[55] Vgl. die von Raymond L. Gold diskutierten vier Forscherrollen: „These range from the complete participant at one extreme to the complete observer at the other. Between these, but nearer the former, is the participant-as-observer; nearer the latter is the observer-as-participant." (1958, S. 217).

[56] „Es ist heute die allgemein akzeptierte Meinung, daß die Gegenwart des Anthropologen" – oder eben generell des Sozialforschers – „einen mehr oder weniger störenden Faktor darstellt, der die existierende Situation modifiziert." (Chiozzi 1984, S. 506) Diese „Meinung" stellt eine begründete Annahme dar.

[57] So stellt etwa auch auch das offensichtliche Nichtreagieren auf die Aufzeichnung durch Überwachungskameras in einem Kaufhaus eine Handlung dar, deren Bedeutung rekonstruiert werden muss; man muss also zunächst auslegen, was es objektiv bedeutet, aufgezeichnet zu werden, welche Handlungsoptionen damit eröffnet, welche ausgeschlossen sind, d. h.: man muss die überwachende Aufzeichnung als pragmatische Rahmung bestimmen, um dies zu sehen (vgl. Loer 2010 [Videoaufz], S. 325).

der Menschheit war das der dominante Modus (vgl. hierzu Schönhagen und Meißner 2021, Loer i. Vorber. [Mediengesch]); allerdings können diese Grundbedingungen: *Personen* in derselben Praxis-*Raum*-*Zeit*lichkeit auch anders realisiert werden,[58] etwa in dem Modus des technisch ermöglichten Telegesprächs – durch namentliche Identifizierung der Personen und Benennung des jeweiligen Ortes ihrer Anwesenheit.[59] Für das *Forschungsgespräch* nun gelten (a) wie für alle Gespräche gesprächskonstitutive Regeln, wie z. B. die Relevanzregel (vgl. u. den Exkurs zur Relevanzregel) und die weiteren in den „conversational implicatures" von Herbert Grice (1975/1989, S. 24–31) gefassten Regeln[60] sowie natürlich auch die von Paul Watzlawick so genannten metakommunikativen Axiome,[61] die im Protokoll des Forschungsgesprächs erhobenen Äußerungen pragmatisch rahmen. Darüber hinaus (b) gelten spezifische Reglen, wie die, dass ein Gesprächsteilnehmer zu einem Themenfeld im wesentlichen Fragen stellt und Erzählungen wie Erläuterungen einfordert, und der andere Gesprächsteilnehmer diese liefert und jene beantwortet; das Themenfeld wird dabei vorab von dem einen Gesprächspartner vorgegeben und vom anderen durch Beteiligung an dem Gespräch akzeptiert; hierfür ist es wichtig zu sehen, dass dieses Akzeptieren freiwillig geschieht – aus der wie immer implizit bleibenden Bereitschaft heraus, am Erkenntnisfortschritt der Gemeinschaft, der man angehört, mitzuwirken.[62] Dieser spezifischen Rahmung nun und eben nicht dem jeweiligen Gesprächspartner ist es zuzuschreiben, dass er meist Fragen stellt bzw. Antworten gibt und dass

---

[58] Es gilt also, „daß auch in den ‚natürlichen' *face-to-face*-Interaktionen es nicht die physikalisch-äußeren Bedingungen der Anwesenheit an einer gemeinsamen Raum-Zeit-Stelle sind, die einen sozialen Handlungsraum schon konstituieren, sondern daß dieser – auch hier – erst durch eine explizite Eröffnungs-Austauschhandlung hergestellt, also die gemeinsame raum-zeitliche Verortung durch Begrüßung in einen gemeinsamen sozialen Handlungsraum transformiert werden muß." (Oevermann 1983 [Sache], S. 242; kursiv i. Orig.)

[59] Dies Letztere gilt v. a. bei der mobilen Telephonie. Einmal darauf aufmerksam geworden, fällt auf das bei den meisten Telephongesprächen, die anzuhören wir in öffentlichen Räumen gezwungen sind, der Ort benannt wird („Ich bin gerade im ICE auf der Fahrt nach Karlsruhe...").

[60] Grice fasst diese Regeln allerdings als präskriptive Maximen – etwa „Be relevant." (a. a. O.: 27).

[61] Etwa das „metacommunicational axiom of the pragmatics of communication [...]: *one cannot* not *communicate.*" (Watzlawick/Beavin/Jackson 1967, S. 51; kursiv i. Orig.)

[62] Deshalb ist es auch wichtig, als Forscher genau dieses Ziel der Forschung: den Erkenntnisfortschritt, nicht mit anderen möglichen Zielen, die der Gesprächspartner mit dem Forschungsgespräch verbinden könnte, zu vermengen. Zu welchen Problemen es etwa führen kann, wenn politische Hoffnungen in das Forschungsgespräch gelegt werden, weil der Forscher als Vertreter einer politischen Instanz wahrgenommen wird, zeigt sich in einem großen Oral History-Projekt in Lettland (s. Loer 2013 [Dzīvesstāsts]).

bestimmte, eben zum Themenfeld gehörende Themen ausführlich besprochen, andere aber gar nicht erwähnt werden. Des Weiteren begegnen sich aufgrund „der Forschungsfunktion des Gesprächs" (Oevermann 1988 [versozialwiss], S. 249) hier die Gesprächspartner rollenförmig, was sich etwa darin ausdrückt, dass sie sich Siezen.[63] Das Phänomen der sozialen Erwünschtheit (vgl. Esser 1986), mit dem gerechnet werden kann, da der Forscher in der Regel Vertreter eine öffentlichen (Forschungs-) Institution ist, ist, anders als häufig suggeriert, kein Moment der pragmatischen Rahmung, sondern ein empirisch beobachtbarer Effekt, der also ein Explanandum darstellt.

Die *Fallbestimmung* nun, also die Beantwortung der Frage *, Im Hinblick auf einen Fall wovon will ich das Datenmaterial untersuchen?',*[64] ergibt sich aus der Forschungsfrage und ist einerseits (a) wichtig, um die Analyse zu fokussieren, andererseits – und das ist die methodisch wesentliche Funktion – (b) liefert sie das Kriterium dafür, was als fallspezifisches Kontextwissen zu gelten hat. In jedem Datenmaterial drücken sich Fälle unterschiedlichster Art aus; bleiben wir beim Forschungsgespräch, so lässt es sich im Hinblick auf einen Fall von wissenschaftlichem Handeln untersuchen, als Fall von rollenförmiger Sozialbeziehung, als Fall von Freizeitgestaltung, ... und so weiter. Erst wenn man sich anhand der Fragestellung festlegt, hier etwa darauf, im Datenmaterial Fälle von Hundehaltung zu untersuchen, läuft man (a) nicht Gefahr, in seiner Analyse auszuufern, und (b) lediglich bekanntes Wissen über den Fall zu reproduzieren. Letzteres träte nämlich ein, wenn fallspezifisches Kontextwissen verwendet würde, um Lesarten, die mit dem Text kompatibel sind, auszuschließen. Argumente dergestalt: ‚Wir wissen doch (aus unserer vorgängigen Kenntnis des Falles), dass die Lesart x, obwohl sie mit dem Text kompatibel und von ihm indiziert wird, nicht zutreffen kann' sind methodisch ausgeschlossen. Um sie aber zu identifizieren, müssen wir wissen, was als vorgängige Kenntnis des Falles gelten muss; und das können wir nur wissen, wenn wir als Kriterium den Fall bestimmt haben. Wir werden noch sehen, wie sich das in der Analyse konkret auswirkt.

---

[63] Vgl. zum in einem Forschungsgespräch vorgefundenen Duzen:„Das ‚Du' ordnet angesichts des Umstandes, daß Interviewee und Interviewer sich vorher nicht kannten, das Interview pragmatisch einem bestimmten Strukturtyp informeller Kommunikation zu, der mit der Forschungsfunktion des Gesprächs nicht vereinbar ist. Es unterstellt […] eine das Duzen legitimierende Gesinnungs- oder Solidargemeinschaft so wie es – zumindest früher – in der Subkultur der Industriearbeiter üblich war und seit der Studentenbewegung im Universitätsmilieu im unvorbereiteten, auch im ersten Kontakt verwendeten ‚Du' sich eingebürgert hat." (Oevermann 1988 [versozialwiss], S. 249).

[64] Manchmal heißt in der objektiv-hermeneutischen Literatur an dieser Stelle mit einer vieldeutigen und von daher missverständlichen Formulierung „Was ist der Fall?".

Sequentialität der Datenauswertung

Sequentialität der Analyse einer Objektivation einer Praxis

Die Eröffnung einer Handlungssituation ist stets besonders aussagekräftig, müssen die Beteiligten doch für sich und füreinander die Situation und ihre Position darin bestimmen.[65] Insofern ist es auch für die Analyse aufschlussreich, den Beginn eines (gemeinsamen) Handelns zuerst zu untersuchen. Bei Forschungsgesprächen, von denen eine Audioaufzeichnung angefertigt wird, ist es nun in der Regel so, dass vor dem Einschalten des Aufzeichnungsgeräts bereits mindestens die Begrüßung der Beteiligten stattgefunden hat und also wir von dem Beginn der zu analysierenden Praxis keine Aufzeichnung haben, sondern uns eben mit dem Beginn der Audioaufzeichnung, der meist in eine laufende Handlungssequenz hineinschneidet, begnügen müssen. Wichtig ist, hier nicht noch einen weiteren Verlust in Kauf zu nehmen, sondern die Verschriftung mit dem Beginn der Audioaufzeichnung einsetzen zu lassen, so dass dann auch die Analyse mit dem Beginn der zu analysierenden Objektivation einsetzen kann.

Das obenstehende Schema verdeutlicht exemplarisch mögliche Selektionsverhältnisse von Analyse, Verschriftung, Audioaufzeichnung und zu erforschender Praxis. Es ist, wie oben erläutert, klar, dass die Aufzeichnung (b) in der Regel nicht so lang andauert wie die zu erforschende Praxis (a).[66] Im Idealfall sollte die Aufzeichnung, um für die Analyse jederzeit zur Verfügung zu stehen, vollständig verschriftet werden, es sollten also die Objektivation der Praxis in beiden Modi,

---

[65] Dies ist die Grundlage für die Sprichwörter ‚Der erste Eindruck ist der beste.‘ bzw. ‚Der erste Eindruck zählt.‘ Nun könnte man meinen, gerade weil das jeder weiß, kann jeder auch den ersten Eindruck manipulativ steuern. Aber gerade diese Manipulation drückt sich authentisch aus, was das Gegenüber intuitiv wahrnimmt und woraus es genau dieses Steuern-Wollen als eine zentrale Charaktereigenschaft erschließt; ebenso kann eine explizite Analyse dies bestimmen.

[66] Eine interessante Ausnahme hierzu bildet eine fiktive Praxis wie etwa die in einem Film hervorgebrachte. Dort fallen Beginn und Ende der fiktiven Praxis mit Beginn und Ende der Aufzeichnung zusammen.

dem auditiven (b) und dem skripturalen (c), umfangsgleich und nicht, wie in unserem Schema, die Ebene der Verschriftung (c) mit Auslassungen versehen sein. Die Forschungspraxis zeigt aber, dass meist (zeit-) ökonomische Einschränkungen dazu führen, dass vollständige Verschriftungen eher die Ausnahme darstellen. Dies ist kein grundsätzliches Problem, da man ja nachverschriften kann, wenn sich aus der Analyse das entsprechende Erfordernis ergibt. Die Analyse (d) verfährt nun gegenüber dem Material in umfangslogischem Sinne selektiv. Das muss aber wohlbegründet geschehen. Über die Auswahl der zu analysierenden Stellen im Datenmaterial werden wir weiter unten während der exemplarischen Analysen weitere Ausführungen machen; hier zunächst nur ein Überblick über Schritte der Analyse – wobei darauf zu achten ist, dass die hier explizit aufgelisteten Schritte nicht immer streng voneinander geschieden werden können und müssen und insofern eher Momente der Analyse darstellen; sie bieten eine Art Merkpunkte dafür, auf deren Vollständigkeit zu achten:

Merkpunkte für die Vollständigkeit der Analyse

(1) Wie bereits gesagt *beginnen wir die Analyse immer mit dem Beginn der Aufzeichnung,* da hier gewissermaßen die Weichen gestellt werden für den ganzen weiteren Verlauf des zu analysierenden Handelns. Nun kann es sich ergeben – und erfahrungsgemäß tritt dies in den meisten Fällen ein –, dass bereits in der Analyse der Eingangssequenz eine erste Fallstrukturhypothese gebildet werden kann.

(2) Sollte dies nicht möglich sein, wird eine *thematisch einschlägige Stelle* ausgewählt, deren Analyse die Bildung einer ersten Fallstrukturhypothese erlaubt.

(3) Dann werden im nächsten Schritt Stellen ausgewählt, die erwarten lassen, dass diese Fallstrukturhypothese *angereichert und präzisiert* werden kann; hierzu wird die komplette Verschriftung auf solche Stellen hin durchgelesen (bzw., falls keine vollständige Verschriftung vorliegt, das komplette Audiomaterial auf solche Stellen hin durchgehört, um sie dann zu verschriften).

(4) Nach der Anreicherung und Präzisierung der Fallstrukturhypothese wird dann nach Stellen gesucht, die geeignet sind, *die Hypothese zu falsifizieren;* hierzu wird, wie im vorhergehenden Schritt, nur diesmal auf falsifikatorische Stellen hin, die komplette Verschriftung

durchgelesen (bzw., falls keine vollständige Verschriftung vorliegt, das komplette Audiomaterial auf falsifikatorische Stellen hin durchgehört, um sie dann zu verschriften). Dabei ist zu bemerken, dass erst eine besonders prägnante sowie riskante und scheiterungsfähige Fallstrukturhypothese es erlaubt, diesen Schritt zu vollziehen: Erst wenn man weiß, was man mit guten, ja mit besten Gründen behauptet, ist man in der Lage zu formulieren, was diese Behauptung zu Fall bringen könnte.

Es ergibt sich hier das forschungspsychologische Problem, dass man von der Gültigkeit der Fallstrukturhypothese, die man ja in sorgfältiger Analyse gewonnen hat, überzeugt sein und *zugleich* nach der stärksten Möglichkeit, sie zu widerlegen, suchen muss. Das aber ist Moment alles wissenschaftlichen Handelns, muss man doch stets begründet Behauptungen generieren, von denen man zutiefst überzeugt ist, da man sie ja sonst gar nicht aufstellen würde, und zugleich gerade diese, für gültig gehaltenen Behauptungen aufs Schärfste kritisieren – andere, nicht für gültig gehaltene Behauptungen zu kritisieren wäre, als würde man einen Strohmann aufbauen, den Abzufackeln dann ein leichtes ist, aber eben auch weder andauernde Wärme noch gesicherte Erkenntnis bringt.

(a)   Misslingt ein ernsthafter Falsifikationsversuch, so kann man mit großer Sicherheit von der Gültigkeit der Hypothese ausgehen – natürlich immer im Rahmen des Fallibilismus, der besagt, dass jegliche wissenschaftliche Erkenntnis vorläufig ist.[77]

(b)   Gelingt der Falsifikationsversuch, so muss die *Rekonstruktion der Fallstrukturhypothese überprüft* werden und es muss

(b.i)   falls aufgedeckt werden kann, dass die Hypothese fälschlich aufgestellt wurde, die neue, der zunächst aufgestellten widersprechende Fallstrukturhypothese etabliert werden;

(b.ii)   falls hingegen gezeigt werden kann, dass die Hypothese zu Recht aufgestellt wurde, *geprüft werden, ob eine Transformation der Fallstruktur* stattgefunden hat.

(b.ii.α) In diesem Fall der Transformation ist dann die *übergreifende Fallstruktur zu rekonstruieren,* die die Transformation umfasst und erklären kann.[78]

(b.ii.β) Lässt sich keine Transformation nachweisen – etwa indem an späterer Stelle im Protokoll die zunächst gewonnene Fallstruktur als gültig erwiesen werden kann –, so muss eine *übergreifende Fall-struktur rekonstruiert* werden, die die beiden widersprechenden Fallstrukturhypothesen zu integrieren vermag.[79]

(5) Ein weiterer Schritt besteht darin, der *Genese der Fallstruk-turgesetzlichkeit* nachzuspüren, die *Bildungsgeschichte des Falles* aufzudecken. Hierzu wird das bereits erhobene Material auf entsprechende Daten durchgesehen. Ggf. muss weiteres Material erhoben werden: Da man die Fallstruktur rekonstruiert hat, kann man Hypothesen über ihre Genese aufstellen und diese gezielt an geeignetem – wie gesagt: bereits vorliegendem oder ggf. neu zu erhebendem – Material überprüfen.

(6) Benennung, ggf. Explikation *weitergehender Fragen.*

---

[77] Vgl.: „Wissenschaftlich aber überholt zu werden, ist […] nicht nur unser aller Schicksal, sondern unser aller Zweck. Wir können nicht arbeiten, ohne zu hoffen, daß andere weiter kommen werden als wir." (Weber 1919/1985, S. 593).

[78] Gegenüber Andreas Wernet, der meint dass „Textprotokolle (Ausdrucksgestalten) […] unzweifelhaft keine Protokolle der Transformation, sondern der Reproduktion dar[stellen]" (2021, S. 91), ist festzuhalten, dass gerade die Sequenzanalyse der Objektiven Hermeneu-tik „beständig den grundsätzlich krisenhaften Prozeß der Reproduktion und Transformation von Lebenspraxis und von Geschichtlichkeit überhaupt zum Vorschein" bringt (Oevermann 2000 [Fallrek], S. 132). Allerdings heißt es in demselben Aufsatz Oevermanns missverständ-lich: „Erst wenn ein zweites, zeitlich vorausgehendes Segment aus dem Leben eines Falles sequenzanalytisch bearbeitet worden ist, gewinnt man Hinweise darüber, ob es sich beim ers-ten Segment in der Wirklichkeit um eine Transformation oder eine Reproduktion gehandelt hat." (A. a. O.: 72 f.) Diese Formulierung nähert sich der Vorher/Nachher-Vergleichslogik der im selben Aufsatz kritisierten Theorien des sozialen Wandels (a. a. O.: 95) an.

[79] Um unverständigen Vorwürfen, hier würde einem „Identitätszwang" das Wort geredet, zu begegnen, sei auf den unüberbrückbaren Hiatus zwischen Praxis und Begriff hingewie-sen: „Daß der Begriff Begriff ist, auch wenn er von Seiendem handelt, ändert nichts daran, daß er seinerseits in ein nichtbegriffliches Ganzes verflochten ist, gegen das er durch seine Verdinglichung einzig sich abdichtet, die freilich als Begriff ihn stiftet. Der Begriff ist ein Moment wie ein jegliches in dialektischer Logik. In ihm überlebt sein Vermitteltsein durchs Nichtbegriffliche vermöge seiner Bedeutung, die ihrerseits sein Begriffsein begründet. Ihn charakterisiert ebenso, auf Nichtbegriffliches sich zu beziehen […], wie konträr, als abstrakte Einheit der unter ihm befaßten Onta vom Ontischen sich zu entfernen. Diese Richtung der Begrifflichkeit zu ändern, sie dem Nichtidentischen zuzukehren, ist das Scharnier negativer Dialektik. Vor der Einsicht in den konstitutiven Charakter des Nichtbegrifflichen im Begriff zerginge der Identitätszwang, den der Begriff ohne solche aufhaltende Reflexion mit sich führt." (Adorno 1966/1982, S. 24) Wenn also eine übergreifende Fallstrukturhypothese die widersprechenden, gleichwohl als gültig erwiesenen Fallstrukturhypothesen konkret auf den

Kontrastive und sequenzielle Rekrutierung von Fällen

Nachdem ein erster, voraussichtlich besonders aussagekräftiger Fall ausgewählt und analysiert wurde und eine tragfähige Fallstrukturhypothese entwickelt und überprüft werden konnte, muss, wie oben dargestellt, als nächster Fall einer ausgewählt werden, der a prima vista in einer Dimension, die entweder vorab als relevant entworfen wurde oder sich im Laufe der Analyse des ersten Falles als relevant erwiesen hat, zum ersten in Kontrast steht.

Sequenzanalyse[70]

Die hier folgenden Bemerkungen dienen lediglich nochmals (s. o.) der allgemeinen Einordnung der Sequenzanalyse als zentralem Verfahren der Objektiven Hermeneutik; in den dann folgenden Analysen werden die entsprechenden Schritte exemplarisch deutlich werden.

Da Handeln als regelgeleitetes Verhalten auf spezifische Weise sequenziell abläuft: nicht lediglich trivialerweise im Sinne eines bloß temporalen Nacheinanders, stellt es eine durch bedeutungserzeugende Regeln konstituierte *sinnlogische Abfolge* dar. In der Realität des Handelns entfaltet dieses sich zukunftsoffen in eine Folge von Handlungen, der wir in unserer Analyse so Rechnung tragen müssen, dass diese Offenheit erhalten bleibt. Dazu müssen wir berücksichtigen, dass im Handeln einerseits an jeder Sequenzstelle durch bedeutungserzeugende Regeln Anschlussoptionen eröffnet werden und andererseits die handelnde Praxis nun gemäß ihren lebensgeschichtlich gebildeten Dispositionen aus diesen Optionen eine bestimmte auswählt, sie somit realisiert; alle anderen Optionen hingegen werden dadurch ausgeschlossen. In der Sequenzanalyse wird dem nun Rechnung getragen, indem einerseits die jeweils eröffneten Optionen expliziert werden und andererseits auf deren Folie die tatsächlich vollzogenen, also realisierten Möglichkeiten, bestimmt werden. Im Fortschreiten erfolgt dann die Erschließung „einer wiedererkennbaren Fallstruktur, d. h. einer Art Identitätsformel der jeweiligen Lebenspraxis als Ergebnis ihres bisherigen Bildungsprozesses" (Oevermann 2013 [Erfahrungswiss], S. 75). „Zentral und eigentlicher Gegenstand der objektiv hermeneutischen Sequenzanalyse ist also im Sinne einer Fallrekonstruktion die Fallstruktur einer Lebenspraxis." (ebd.) Dabei folgen wir dem „Prinzip, nichts

---

Begriff bringt, so ist damit die Praxis nicht dem Begriff subsumiert, ist sie nicht identifiziert, vielmehr wird dergestalt gerade die Lebendigkeit der Praxis authentisch begrifflich zum Ausdruck gebracht.

[70] Zu dem folgenden vgl. insbes. Oevermann 2013 [Erfahrungswiss], S. 74–79.

zu erschließen, was nicht im Material selbst klar nachweisbar markiert ist, also
keine noch so ‚gebildeten' Zuschreibungen vorzunehmen, von denen gilt, dass
sie der Fall sein können, aber nicht müssen." (a. a. O.: 78) Die objektive Gültigkeit der methodischen Deutung von Sequenzstellen ist dabei, wie wir sehen
werden, kein ernstzunehmendes Problem, da die Geltung anhand von einfachen,
von den in der analysierten Praxis geltenden Regeln ausgehende Operationen
wie etwa der Kontextvariation überprüft werden kann. Schwieriger ist es für den
ungeübten Forscher diejenigen Lesarten zu vermeiden, „die zwar im Prinzip mit
einem gegebenen Protokoll kompatibel sind, dabei aber nur das Kriterium erfüllen, dass sie die Fallstruktur treffen können, aber nicht müssen. [...] Davon sind
die Lesarten bzw. Interpretationsketten scharf abzugrenzen, die im zu analysierenden Protokoll nachweisbar markiert sind und sich zwingend daraus ableiten
lassen, so dass für sie das Kriterium erfüllt ist, dass sie entweder nicht der Fall
sein können oder – noch viel besser – der Fall sein müssen" (ebd.).

Eine Implikation der Sequenzanalyse für die Rekonstruktion von Forschungsgesprächen sei hier noch erwähnt – auch wenn sie auf der Hand liegt, wird sie
häufig wenig berücksichtigt: Da Handeln stets ein Auswählen aus regeleröffneten Optionen darstellt, stellt das Antworten des Gesprächspartners ein Auswählen
aus durch die Fragen des Forschers eröffneten Äußerungsoptionen dar. Um diese
Anschlussoptionen und auf deren Folie die Bedeutung der gegebenen Antwort
zu bestimmen, müssen die Fragen des Forschers sorgfältig daraufhin analysiert werden, welche Anschlussoptionen sie eröffnen (vgl. Maiwald i. Vorber.:
3. Datenanalyse). Eine Anekdote mag dieses Erfordernis beleuchten – se non è
vero è molto ben trovato:

„The Archbishop of Chicago arrived in Britain for an episcopal visit. In the
VIP lounge at Heathrow Airport, journalists from different media were waiting to
question him. A reporter from one of the tabloids shouted: – Will you be visiting
the strip-clubs in Soho, Archbishop? Innocently, the clergyman replied: – Are
there any strip-clubs in Soho? He could have bitten his tongue because the next
day's headline read: ‚Archbishop's first question: – Are there any strip-clubs in
Soho?'" (Bulger 2008, S. 179).

Fallanalysen

Schlagwörter

Interviewanalyse • Fallstruktur • Fallstukturhypothese •
Strukturgeneralisierung • Ergebnisdarstellung

Fallanalyse 1

Analyse des Beginns der Aufzeichnung

Vorbemerkung

Bei Beginn eines Gesprächs haben wir es mit der Eröffnung einer gemeinsamen Praxis zu tun, wobei jene wie jede Eröffnung diese strukturiert. Insofern ist die Analyse des Beginns besonders aufschlussreich. Der Volksmund sagt nicht umsonst: Der erste Eindruck zählt.

> „Der Anfang eines Interviews ist für sich *immer, d. h.* in bezug auf jede Fragestellung, von besonderem Interesse, weil der Befragte hier im Bemühen der angemessenen Selbstpräsentation und der angemessenen Situierung seiner weiteren Textproduktionen sich besondere Mühe gibt und seine Texte sowohl im Hinblick auf die Struktur des Selbstkonzepts als auch im Hinblick auf die rationalisierungsbedürftigen Antriebe besonders leicht auszulegen sind." (Oevermann et al. 1980 [Logik Interpretation], S. 43; kursiv i. Orig. unterstr.)

Naturgemäß können wir stets nur den Beginn der Aufzeichnung des Gesprächs analysieren, der aber in der Regel ebenfalls eine Zäsur setzt und durch den Charakter der Öffentlichkeit der Rede einen (zusätzlichen) „Druck […] erzeugt

T. Loer, *Interviews analysieren*, Objektive Hermeneutik in Wissenschaft und Praxis,
https://doi.org/10.1007/978-3-658-35433-6_3

[…], ein Höchstmaß an Plausibilität und Ausgearbeitetheit […] zu erreichen."
(A. a. O.: 44, erste Fn.)

Analyse

Der erste Fall von Hundehaltung, den wir hier heranziehen, bietet sich deshalb als
Ausgangsfall an, weil der Gesprächspartner zwei Hunde – beides Schäferhunde,
aber der eine ausgewachsen, der andere ein Welpe – besitzt, mit denen er, wie
ein erster Blick ins Datenmaterial nahelegt, ganz unterschiedlich umgeht. Somit
könnte es sein, dass wir hier in einem Fall zwei unterschiedliche Ausprägungen der Haltung zum Hund rekonstruieren können. – Eine solche Überlegung ist
opportun. Zwar sollte man, wie gerade noch einmal dargelegt, die Gesprächspartner grundsätzlich sequenziell rekrutieren, so dass man nach der Analyse
des ersten Falles bestimmt, welche weiteren Fälle für welche Dimensionen man
erhebt. Aber der Forschungsalltag bringt es mit sich, dass man aus verschiedenen
Gründen oftmals Daten zu mehreren Fällen erhebt, bevor man mit der Analyse
beginnen kann. Folglich muss aus dem erhobenen Material der Ausgangsfall
ausgewählt werden. A prima vista können wir diesen Fall in der Dimension 1
(Funktion) dem Pol b α (Funktion für zweckfreie Lebensgestaltung, außengerich-
tet) zuordnen, in der Dimension 2 (Wertung des Hundes) dem Pol a α (positiv,
eigene „persönliche" Beziehung zum Hund) und in der Dimension 3 (Lebensumstände bezogen auf die Notwendigkeiten der – artgerechten – Hundehaltung) dem
Pol b β ii (ländliches Wohnumfeld, Haus mit Garten, Hund groß); auf die Einordnung in der Dimension 4 („Abgestimmtheit von Herrn und Hund") kann erst
nach der Analyse geschlossen werden.

#00:00:00-0#[1] HO$^{\sigma}$:[2] so \…[3]

Wann verwenden wir „so" am Beginn einer Äußerung? Bilden wir einige Beispiele: Ein Busfahrer sagt: „so; jetzt können wir losfahren"; ein Schaffner sagt:

---

[1] Die Zahlen sind die Zeitmarke der Äußerungsstelle im Verlauf der Aufzeichnung; s. die
Verschriftungsregeln im Anhang.

[2] HO = Herr Olescik (Pseudonym). – Aus Gründen des Schutzes der Forschungssubjekte verwenden wir Pseudonyme und pseudonymisieren Angaben, die ein Wiedererkennen
ermöglichen können, bzw. tilgen sie. Für die Darstellung ist es anschaulicher, mit tatsächlichen Pseudonymen statt etwa mit Siglen zu arbeiten. – Das Symbol dafür, ob es sich um
eine männliche (σ) oder weibliche ($\female$) Stimme handelt, ist mit der Auflösung der Abkürzung
überflüssig; wir setzen es zur Verdeutlichung nur beim ersten Mal, wenn ein neuer Sprecher
auftaucht.

[3] Das Zeichen \… am Ende einer Zeile zeigt an, dass die Äußerung noch weitergeht und
sie lediglich für die Analyse hier segmentiert wurde; entsprechend zeigt das Zeichen …/ am

„so; die Fahrscheine bitte"; ein Vater sagt: „so; jetzt aber ab ins Bett". Was ist diesen Beispiele gemeinsam? Offensichtlich wird mit „so" eine vorausgehende Handlung – das Einsteigen und Platznehmen der Fahrgäste, das Losfahren des Zuges, das gemeinsame Spiel – als abgeschlossen erklärt und eine folgende Handlung damit als ermöglicht bzw. angezeigt. Der Sprecher beansprucht damit zugleich eine Position, die ihn dazu legitimiert, den Gesprächs- bzw. Aktivitätsfortgang zu bestimmen: Mit ‚so', das Harald Weinrich als Rahmenadverb bezeichnet (1993, S. 583–586),[4] „kann […] eine Handlungssequenz […] abgeschlossen werden, so daß gleichzeitig ein neuer Ansatz möglich ist." (A. a. O.: 384) Zudem hat das, was abgeschlossen ist, eher den Charakter von etwas zu Erledigendem – vielleicht gar muss es erledigt werden, *damit* der ‚neue Ansatz' möglich wird –, nicht den eines selbstgenügsamen Tuns. Wenn etwa ein junger Mann einen romantischen Abend mit „so; jetzt müssen wir aufbrechen" beendet, wird er mindestens ein Stirnrunzeln seiner Freundin ernten, die ihr Zusammensein als etwas zu Erledigendes entwertet sieht. – Ziehen wir die pragmatische Rahmung eines Forschungsgesprächs heran, so ist zu anzunehmen, dass der Forscher diese Äußerung tut – etwa nachdem er als Vorbereitung für das Gespräch die Aufzeichungstechnik geprüft hat.

…/ is ja schon fertig, \…

Gemäß unserer Erwartung müsste es sich um eine technische Vorbereitung handeln, die abgeschlossen ist; dabei wird konstatiert, dass etwas „fertig" „is", ohne dass dieses Etwas benannt wurde. Für die Anwesenden muss aus dem Kontext klar sein, was da „fertig" „is"; dies könnte für das Aufnahmegerät zutreffen – allerdings würde man dann eher sagen, es sei bereit. Gemäß dem Totalitätsprinzip müssen wir „ja" und „schon" in unserer Analyse selbstverständlich mit berücksichtigen. Eine typische Verwendung von „ja" und „schon" in dieser Kombination ist ‚ich komm' ja schon'. Mit der Modalpartikel ‚ja' wird damit beschwichtigend dem Hörer angezeigt, „daß er den Sachverhalt als bekannt ansehen soll"

Beginn einer Zeile an, dass die Äußerung bereits begonnen hat (und meist der vorausgehende Teil im vorhergehenden Abschnitt analysiert wurde).

[4] Wenn hier wie im Folgenden immer wieder auf Grammatiker verwiesen wird, so dient dies lediglich der Unterstützung bei der expliziten Benennung der im Sprechen wirksamen Regeln, nicht der Begründung der Rekonstruktion. Da die Grammatiktheorie ebenfalls eine Rekonstruktion darstellt: eine Rekonstruktion der dem Sprechen zugrundeliegenden Regeln, ist letzter Grund auch ihrer wie unserer Rekonstruktion die Sprachverwendung selbst, die wir uns mit Beispielen verdeutlichen; die Regelrekonstruktion bedarf der Angemessenheitsurteile der Muttersprachler. – Vgl. Oevermann o. J. [1973] [Kompetenz].

(Weinrich 1993, S. 844) und zugleich wird mit dem Tempus-Adverb ‚schon‘ ausgedrückt, „daß ein Sachverhalt ‚früher als erwartet‘ eintritt" (a. a. O.: 579). Fragt man nach der Relevanz einer solchen Aussage, so wird in der Kombination mit ‚ja‘ auf diese Weise die Unterstellung, man sei zu spät dran, implizit zurückgewiesen.[5] Dies spricht für eine eigentümliche Spannung zu Beginn des Forschungsgesprächs; sollte der Gesprächspartner sich so ungeduldig gezeigt haben, dass der Forscher sich zu einer solchen Beschwichtigung genötigt sieht? So unwahrscheinlich dies ist, noch unwahrscheinlicher scheint es, dass umgekehrt der Forscher seinen Gesprächspartner so drängte, dass dieser sich zum Abwiegeln veranlasst sieht. Lösen wir nun das Sprecher-Sigel auf,[6] so sehen wir, dass es sich nicht um den Forscher, sondern tatsächlich um seinen Gesprächspartner handelt, der hier spricht. Selbst wenn der Forscher schon über Gebühr lange auf den Gesprächspartner hätte warten müssen, wäre diese Äußerung unangemessen; dann nämlich wäre eher eine Entschuldigung angebracht, nicht aber eine Beschwichtigung. Die Sparsamkeitsregel[7] der Objektiven Hermeneutik verbietet es nun, dem Sprecher einen pathologischen Sprachgebrauch zu unterstellen, so lange es Deutungsmöglichkeiten gibt, die mit weniger fallspezifischen Zusatzannahmen auskommen. Eine mögliche Lesart wäre, dass Herr Olescik sich hier an eine dritte Person richtet, von der er annimmt, dass sie ungeduldig erwartet, dass ein X fertig ist, und wofür er bei sich die Verantwortung für eine Verspätung realisiert und beschwichtigend anerkennt. Allerdings gibt es für diese dritte Person bisher im Protokoll keinen Hinweis, so dass wir zwischen der Annahme (α) einer pathologischen Rede des Herrn Olescik, zumindest einer problematischen Situation, und der Annahme (β) der Anwesenheit einer dritten Person hier nicht entscheiden können. – Mit der leichten Stimmhebung, die in der Verschriftung durch das Komma angezeigt wird, ist zu erwarten, dass hier eine Aufzählung von erledigten Dingen erfolgen wird. Auch könnte die Intonation Fragen andeuten, was aber nicht zu dem einleitenden „so" passt.

---

[5] Die Lesart, dass der Sprecher überrascht darüber ist, dass etwas schon fertig ist, ist mit dem Text kompatibel – allerdings nur dann, wenn wir den inneren Kontext der vorhergehend bereits analysierten Äußerung und die leichte Stimmhebung nicht berücksichtigen, die beide zu einer Überraschung nicht passen.

[6] Das methodisch kontrollierte Einführen von Wissen um den äußeren Kontext ist unproblematisch, haben wir doch vorab die Bedeutung der Äußerung beider möglichen Sprecher expliziert.

[7] Bei der Sparsamkeitsregel handelt sich um eine methodische Regel; bei dem Sparsamkeitsprinzip hingegen haben wir es mit einem Prinzip der Kunstlehre der Objektiven Hermeneutik zu tun (für die Unterscheidung s. die entsprechenden Lemmata im Glossar).

…/ leuchtet, \…

Dass es sich um eine technische Vorbereitung handelt, die abgeschlossen ist, wird wahrscheinlicher, da noch ein Indikator dafür benannt wird; dies könnte sich auf eine Kontrollleuchte des Aufzeichnungsgeräts beziehen, aber es wäre merkwürdig, wenn nicht der Forscher dafür verantwortlich wäre. Für welche das Forschungsgespräch betreffende technische Vorbereitung könnte aber Herr Olescik, als Gesprächspartner, überhaupt verantwortlich sein? Wenn das Forschungsgespräch mit einem Experimentator geführt würde, der etwa seine Versuchseinrichtung erläutern soll, könnte hier die Überprüfung des Geräts thematisiert sein; dass dies unvermittelt geschieht, verwiese auf die Dringlichkeit für den Experimentator und sein Absorbiertsein von der Sache. Er könnte sich allerdings auch an einen anwesenden Dritten richten, mit dem er vor dem Forschungsgespräch noch etwas abschließen muss. – Die leichte Stimmhebung bestätigt die Vermutung, dass hier eine Aufzählung von erledigten Dingen vorliegt, die auch jetzt noch fortgesetzt werden könnte.

…/ jawoll,!

Mit der leichten Stimmhebung ist deutlich, dass es sich um eine nochmalige Vergewisserung handelt, eine Antwort auf die Frage, ob X leuchtet, als die wir die leichte Stimmhebung dort nun doch deuten müssen. Da in der äußeren Realität ein solcher Fragender bisher nicht bestimmbar ist, müssen wir davon ausgehen, dass Herr Olescik sich gewissermaßen selbst gefragt hat – fast wie in einem Selbstgespräch (‚Die Sonnenbrille habe ich eingepackt, die Handtücher, jawoll,! die Sonnencreme,…‘). – Es bleibt rätselhaft auf was Herr Olescik sich bezieht. Unabhängig davon, an wen er sich richtet, ist klar, dass er hier gegenüber einem (Er-) Wartenden die Verantwortung für eine Verzögerung übernimmt, zugleich ihn beschwichtigt angesichts der – verspäteten – Erledigung und dies gleichsam noch als Erfolg darstellt.

#00:00:03-0# F$^{\sigma}$:[8] ach so! \…

‚Ach so! Ich muss den Knopf drücken, wenn die Ampel auf Grün schalten soll.‘ – ‚Ach so! Es ist ein Loch im Dach, deshalb ist hier bei Regen alles feucht.‘ – Diesen Ausruf verwenden wir also, wenn wir überraschenderweise

---

[8] F = Forscher. – Kai-Olaf Maiwald spricht hier von „der das Interview führenden Person" (i. Vorber.: 1. Einleitung); zwar wird damit das im Zuge des sogenannten Genderns viel

(„ach") erkennen, dass sich etwas auf eine einsichtige Weise („so") verhält. Was ist die Relevanz dieser Äußerung des Forschers?

Exkurs zur Relevanzregel

Die Relevanzregel besagt, dass jede Handlung, also auch jede Äußerung in einer bestimmten Situation zunächst objektiv beansprucht, relevant für die Situation zu sein.[9] Man kann dies leicht mittels von Harold Garfinkel so genannter „breaching experiments" (vgl. Garfinkel 1964/1984) überprüfen. Garfinkel hielt die Forscher (meist Studenten) dazu an, auf ungewöhnliche Weise zu handeln, um so verborgene Regeln, an denen unser Handeln sich orientiert, zu bestimmen.[10] Wenn wir etwa in einer Situation des gemeinsamen Essens unter Freunden einen beliebigen, nicht zum laufenden Gespräch passenden Satz äußern – z. B.: „Morgen wird Franz den Rasen mähen." (angenommen, Franz ist nicht anwesend, möglicherweise den Anwesenden nicht einmal bekannt) –, so wird sich sofort die Frage stellen, welche Relevanz dieser Satz in der Situation: für das laufende Gespräch, für den Ort der Handlung oder für die Anwesenden, hat. Wir können nicht umhin, uns diese Frage zu stellen, gleich welche Handlung jemand vollzieht. In der Regel ist die Frage durch einen direkten Bezug auf die laufende Kommunikation bzw. das laufende gemeinsame Handeln und durch deren fortlaufenden Fluss beantwortet oder ersatzweise dadurch, dass wir Personen als etwa mit einem Tick versehen typisieren – ,Ach ja, das ist 'mal wieder Peters Tick, wenn das Wort ›grün‹ fällt, fällt ihm Franz und sein Rasen ein…'. Wenn die Relevanz einer Handlung für die gegebene äußere Realität sich nicht erschließt, so schließen wir also auch im Alltagsverständnis auf eine innere Realität des Handelnden, für die die Relevanz gegeben ist. Insofern ist die Anwendung der Relevanzregel in der Analyse ein explizite Bezugnahme auf eine Regel, die in unserem Handeln stets gilt.

---

missbrauchte Partizip Präsens (vgl. zu dieser Problematik Zifonun 2018, S. 47 f.) richtig verwendet, handelt es sich beim ,Interview Führen' doch um eine im Moment des Forschungsgesprächs ausgeführt werdende Handlung, tendenziell aber verschleiert die Bezeichnung ,Interview führende Person', dass der Forscher, was auch Maiwald betont, hier eine Rolle innehat und nicht lediglich gerade aktuell einen besonderen Akt ausführt.

[9] Dan Sperber und Deirdre Wilson formulieren das ,principle of relevance' wie folgt: „Every act of ostensive communication communicates the presumption of its own optimal relevance." (1986, S. 158; zit. n. Talbot 1997: 445) Allerdings bestimmen sie eine Äußerung als relevant, wenn sie einen „contextual effect" (1986, S. 119; zit. n. ebd.) hat; umgekehrt wird ein Schuh daraus: jede Äußerung hat objektiv einen „contextual effect" und wenn dieser in der äußeren Realität nicht eintritt, liegt ein Erklärungsproblem vor – das manchmal durch eine schlichte Umrahmung zur metaphorischen Äußerung gelöst wird: „Metaphors, when true, typically violate the conversational maxim of Relevance. Mao was reputed to have said ,A revolution is not a dinner party.' Such violations of conversational maxims cause the listener to attempt a figurative interpretation." (Steinhart und Kittay 1997, S. 154).

Durch die Sequentialität des Handelns ist die Situation zuletzt bestimmt durch die Äußerung von Herrn Olescik. Der Forscher bezieht sich hier also – gemäß der Relevanzregel – auf diese vorhergehende Äußerung. Diese muss ihm die überraschende Erkenntnis bereitet haben, dass etwas „so" ist. Möglicherweise ist er überrascht darüber, dass auch Herr Olescik das Forschungsgespäch aufzeichnet. Was immer der Gesprächspartner hier als „fertig" kommentierte, überrascht den Forscher.

…/ Sie haben n Leuchta äh Leuchthalsband, (HO: ja) ja;

Überrascht ist der Forscher offensichtlich darüber, dass Her Olescik ein Leuchthalsband besitzt. Was aber ist daran überraschend? Was ist ein Leuchthalsband und wozu wird es verwendet? Ein Halsband wird entweder bei Menschen zum Schmuck verwendet oder aber es wird Haustieren, insbesondere Hunden, angelegt, um sie mittels einer daran befestigten Leine an bestimmten Orten – etwa in nicht umzäunten Gelände – kontrollieren zu können.[11] Ein *Leucht*halsband als Schmuck für Menschen ist denkbar, aber doch außergewöhnlich, würde man doch eher von Halskette sprechen (s. Fn. 11); bei Tieren ein Leuchthalsband einzusetzen ist sinnvoll bei Dunkelheit – einerseits wenn man sich im Straßenverkehr bewegt, um das Tier für andere Verkehrsteilnehmer wahrnehmbar zu machen; andererseits, wenn man das Tier von der Leine lässt, um selbst sehen zu können, wo es sich befindet. Das Forschungsgespräch wurde am 25. März 2015

---

[10] Allerdings ist dieser Weg der Forschung ethisch nicht unproblematisch, werden doch die Personen, mit denen experimentiert wird – etwa wenn man während eines Gesprächs anlasslos sein Gesicht dem des Gesprächspartners auf Nasenlänge annähert (Garfinkel 1964/1984, S. 72) oder sich in einem fast leeren Straßenbahnwaggon direkt neben den einzigen Passagier setzt –, in ihrer Würde verletzt, da ja die Praxis, deren Regeln (Garfinkel thematisiert den Regelcharakter nicht, sondern spricht von „background expectancies as a scheme of interpretation" – a. a. O.: 36) so aufgedeckt werden sollen, nur fingiert ist, was aber nicht kommuniziert werden darf, wenn die Aufdeckung gelingen soll. Es ist also die Frage, ob an die Stelle der realen Experimente (Garfinkel selbst distanziert sich davon, es handle sich um Experimente – a. a. O.: 38) zur Aufdeckung der die Praxis strukturierenden Regeln nicht genaue Analysen des Handelns, in die Gedankenexperimente eingehen, treten können. Dies könnte durchaus an Garfinkel anschließen: „Procedurally it is my preference to start with familiar scenes and *ask what can be done to make trouble.*" (a. a. O.: 37; kursiv von mir, TL).

[11] Vgl.: „Halsband, […]: a) [Leder]riemen um den Hals eines Hundes od. anderen Haustieres: dem Hund ein H. anlegen, ihn am H. führen; b) (veraltend) [wertvolle] breite Halskette; c) fest um den Hals getragenes [Samt]band [mit Anhänger]." (Duden 2001[UWB], Lemma ‚Halsband').

geführt und begann um 19:19 Uhr; zu der Tageszeit herrschte bereits Dämmerung. Nehmen wir diese Informationen hinzu (vgl. Fn. 6), so muss ein – immer noch nicht im Datenmaterial direkt in Erscheinung getretener – Dritter Herrn Olescik ermahnt haben, beim Ausgehen doch etwa seinem Hund das Leuchthalsband anzulegen. Ziehen wir nun die Informationen aus den Forschernotizen hinzu: „anwesend zunächst Herr Olescik und der Forscher, später (in der Wohnung) die Lebenspartnerin", so sehen wir, dass in der äußeren Realität kein Dritter anwesend ist und müssen darauf schließen, dass es für Herrn Olescik in seiner inneren Realität einen solcher Dritten, den er adressiert, aber gibt. Nun ist die Reaktion des Forschers zwar überrascht, aber doch nicht so, als spräche Herr Olescik mit einem nur für ihn wahrnehmbaren Geist. Der Dritte muss also doch auch für den Forscher anwesend, zumindest erschließbar gewesen sein. Ziehen wir weitere Informationen über den in der Audioaufzeichnung nicht repräsentierten äußeren Kontext heran: „im Hof und beim ‚Gassigehen' waren ein junger und ein ausgewachsener Schäferhund dabei", so sind die Hunde selbst die verbleibenden Kandidaten, an die Herr Olescik sich richtet, sie werden also von ihm behandelt wie Gespächspartner – und das ohne dass der Forscher seine Überraschung darüber kundtut. – Nun wissen wir aus unserer Alltagserfahrung, dass Menschen zu ihren Hunden sprechen. Da aber die Haltung der Hundehalter zu ihrem Tier und zur Hundehaltung Gegenstand unserer Untersuchung ist, handelt es sich hier um fallspezifisches Wissen, mit dem wir, wenn wir es zur Erklärung des Handelns einsetzten, unser Vorwissen darüber lediglich reproduzieren würden. Wir müssten dieses Vorwissen stattdessen problematisieren und uns fragen, was es bedeutet, dass zu Tieren gesprochen wird. Indem wir unser fallspezifisches Vorwissen ausblenden folgen wir dem Prinzip der künstlichen Naivetät. – Herr Olescik unterstellt also hier den Hunden eine gewisse, gerechtfertigte Ungeduld, der gegenüber er sein Handeln als verspätet anerkennt, zugleich beschwichtigt er sie. Wenn wir nun das ethologische Wissen über Hunde in Anschlag bringen, so zeigt sich, dass diesen hier inadäquaterweise eine Subjektivität imputiert wird.

An dieser Stelle ist ein *Einschub zur Diskussion des Verhältnisses von Menschen zu Tieren,* insbesondere zu Hunden unerlässlich, gibt es hier doch sich als wissenschaftlich ausgebende Positionen, die ein praktisches Interesse am Tierschutz bis hin zu ‚Menschenrechten für Tiere' mit der wissenschaftlichen Forschung vermengen. So wird etwa von Vertretern der sogenannten Bindungstheorie[12] immer wieder auf Theodor Geiger verwiesen, der gezeigt habe, dass die Beziehung von Menschen zu Hunden eine ‚gesellige' sei, was dann immer als *kulturelle* Wechselseitigkeit missverstanden wird. Geiger hingegen geht es um „die Klärung der eminent wichtige Frage, wo und wie ‚Natur und Kultur', das Geschichtslose und Geschichtliche, Gesetzliches und Sinnhaftes sich begegnen und verknüpfen." (Geiger 1931, S. 284) Dabei sieht er eben sehr wohl die Grenze zwischen Natur und Kultur; allerdings unterscheidet Geiger nicht zwischen kulturellen Mustern bzw. Institutionen und biogrammatisch eingerichteten Verhaltensprogrammen, was sich an seiner Diskussion der ‚personalen Liebe' (a. a. O.: 290) zeigt. Deshalb kann er dann die Differenz zwischen Tier und Mensch letztlich nur als graduelle begreifen. Sieht man aber, dass kulturelle Muster und Institutionen im Gegensatz zu biogrammatisch[13] eingerichteten und allenfalls über Parameterbelegung in kriterialen Phasen[14] modifizierbaren Verhaltensprogrammen Regeln ausbilden und Regeln folgen, von denen man – im Unterschied zu Naturgesetzen – abweichen kann, und die damit auch durch praktische Interventionen veränderbar sind – also mit Geiger gesprochen: Geschichte haben –, so ist klar, dass es sich um eine fundamentale Differenz handelt. Diese sieht Geiger durchaus: „Wenn der Hund ‚Verstand' hat, woran ich nicht zweifle, so hat er ganz gewiß einen völlig anderen Verstand als wir, d. h. ‚die Gesetze der Hundelogik' sind nicht die unseren." (a. a. O.: 301) Deshalb kommt er auch zu der – von den interessierten Vertretern der Angleichung der Gattung Mensch und nicht-humaner Gattungen geflissentlich übersehenen – Schlussfolgerung: „Sofern der Mensch mehr und anders ist als ein Tier, ist er dem Tier unbegreiflich und geheimnisvoll. Umgekehrt sucht der naive Mensch tierisches Verhalten menschlich zu begreifen, deutet es also inadäquat." (a. a. O.: 296)

Herr Olescik deutet also das Verhalten seiner Hunde inadäquaterweise als ungeduldiges Erwarten, das beschwichtigt werden kann. Für ihn selbst, in seiner inneren Realität, muss diese Deutung plausibel und adäquat erscheinen. – Was wäre nun als Anschluss an die Äußerung des Forschers zu erwarten? Herr Olescik könnte etwa berichten, seit wann, oder erläutern, warum er ein Leuchthalsband verwendet. Dies würde der Überraschung, die der Forscher zum Ausdruck brachte, gerecht werden.

#00:00:06-1# HO: grade nach Hause gekommen, grade

An der Äußerung von Herrn Olescik fällt auf, dass er sowohl das Personalpronomen als auch das Hilfsverb auslässt. Dies könnte einerseits Erscheinungsform eines Sprechstils sein, der in seiner knappen, nur stichwortartig formulierenden Ausdrucksweise der Telegrammsprache ähnelt und folglich Redeteile, die für das Verständnis entbehrlich sind, elliptisch auslässt (vgl. Duden 2001 [FWB]: Lemma

---

[12] Hiermit ist nicht die auf John Bowlby (1958) zurückgehende Bindungstheorie gemeint.

[13] Zu dem Begriff der Biogrammatik s. Tiger/Fox 1971/1972: 17–41, Tiger 1994 – Dank für den Hinweis an Sascha Liebermann (Alfter).

[14] Vgl. hierzu Lorenz 1935/1968: 270 f.

‚Ellipse'). Das würde darauf verweisen, dass er es sehr eilig hat, was zu dem
oben Ausgeführten durchaus passen würde, auch wenn ein Grund hierfür in der
äußeren Realität bisher nicht kenntlich wurde. Andererseits könnte es darauf verweisen, dass Herr Olescik eine andere Sprache als Deutsch als Muttersprache
spricht – und zwar eine, die keine (oder nur zur Betonung) Personalpronomen
verwendet, wie die italienische[15] oder die polnische.[16] Tatsächlich ist Polnisch
die Muttersprache von Herrn Olescik, was zur Redeweise passt. Allerdings bleibt
die Frage, warum er die Struktur seiner Muttersprache inadäquaterweise für das
Deutsche übernimmt.

Exkurs zur Nicht-Muttersprachlichkeit

Die auftauchende Vermutung, dass der Sprecher, dessen Äußerungen wir analysieren,
kein Muttersprachler ist, kann in der Regel anhand der testierbaren Daten überprüft werden. Welchen Status hat aber die allfällige Tatsache der Nicht-Muttersprachlichkeit?
Wir verfahren hier analog dazu, wie Ulrich Oevermann es bezüglich des Umgangs
mit Übersetzungen skizzierte: „Wichtig ist […], daß man, wenn man Übersetzungen
benutzt, diese auch konsequent und stur wörtlich ernst nimmt [sic!] und wie Primärtexte
behandelt und nicht ständig die Interpretationen auf einen generalisierten Verdacht von
Übersetzungsfehlern hin relativiert. Denn wenn die Übersetzung tatsächlich fehlerhaft
oder schief sein sollte, dann bemerkt man das nur, sofem man sie wie einen origi-
nalen Text detailliert und unter der wie auch immer künstlich naiven Voraussetzung
behandelt, sie sei in sich konsistent wie ein muttersprachliches Datum." (2008 [Feld-
forsch], S. 151) Insofern gehen wir auch bzgl. der Vermutung, ein Sprecher spreche
nicht seine Muttersprache, davon aus, dass er die Sprache, die er spricht, beherrscht.
Genau dann werden Abweichungen erkennbar – sei es als einzige, sei es als eine von
mehreren Lesarten, die dann gegeneinander abgewogen werden müssen. Wichtig ist
dabei, die Abweichungen als in sich motiviert zu bestimmen, wobei wir ggf. erheben
und heranziehen müssen, welche andere Sprache die Muttersprache des Sprechers ist.
Wir können dann – unter Beiziehung von Muttersprachlern – Strukturmerkmale dieser
anderen Sprache heranziehen und Interferenzen und typische „Fehler" bestimmen.

Es ist also auch in diesem Fall bis auf weiteres davon auszugehen, dass
Herr Olescik die deutsche Sprache prinzipiell beherrscht und hier eine Verkürzung in Kauf nimmt, in der sich Eile ausdrückt. Die Wiederholung des Adverbs
„grade" verweist auf eine Unwahrscheinlichkeit, etwas Überraschendes oder auf
ein glückliches Zusammentreffen: „(heute abend ist bereits die Aufführung und)
heute habe ich die Karten bekommen, heute". Dies passt zu der elliptischen

---

[15] Etwa: „son' rincasato poco fa".
[16] Etwa: „wracałem do domu właśnie".

Verkürzung: vor Überraschung geradezu noch atemlos, gelingt nur die Rede im Telegrammstil.

Wie ist das nun vor dem Hintergrund des bisher Analysierten, des inneren Kontexts zu verstehen? Wenn wir versuchen, die Äußerung auf die vorausgehende des Forschers zu beziehen, so gelingt dies nur indirekt und umwegig – etwa: ‚da ich gerade erst, also spät, nach Hause gekommen bin, kann ich erst jetzt, wo es schon dunkel ist, mit den Hunden Gassi gehen und muss folglich ein Leuchthalsband benutzen‘. – Eine andere Möglichkeit wäre, dass Herr Olescik seinerseits überrascht ist, den Forscher (schon) anzutreffen und dass er eine gewisse Unvorbereitetheit zu entschuldigen sucht. Dies würde bedeuten, dass er dem Forschungsgespräch eine erhöhte Bedeutung beimisst, die aus seiner Sicht eine gewisse, nun nicht erfolgte, Vorbereitung erfordert.[17]

> ### Exkurs zur Länge der Analyseeinheit
> Die Länge der jeweiligen Äußerung, die man als Einheit analysiert, lässt sich nicht im Sinne einer vorgängigen Operationalisierung festlegen. Sie ist von verschiedenen Faktoren abhängig – so etwa von der Stellung im Gesamt der sequenziellen Analyse und damit einhergehend von den bereits vorliegenden Ergebnissen, von der Fragestellung und damit einhergehend der Fallbestimmung, von der konkreten Äußerungsgestalt. Entscheiden ist, dass man bei der Wahl einer größeren Analyseeinheit im Prinzip jederzeit einen Schritt zurücktreten und kleinteiliger analysieren kann. Dies bietet sich immer dann an, wenn eine Äußerung komplex erscheint, und dann, wenn das Explikationsniveau der Analyse zu niedrig, die Rekonstruktion der Fallstruktur zu wenig aussagekräftig erscheint. Außerdem besteht bei der Analyse längerer Äußerungseinheiten leichter die Gefahr, dass man die Äußerung unter eine bereits vermutete oder formulierte Fallstrukturhypothese subsumiert; sollte man dies befürchten, ist eine Rückkehr zu kleineren Analyseeinheiten opportun.

#00:00:07-3# F: ja! ah ja, dann passt {das ja

Der Forscher nimmt hier die Bemerkung seines Gesprächspartners offensichtlich als Ausdruck des glücklichen Zusammentreffens der Ankunft von Herrn Olescik und seiner selbst. – Dass Herr Olescik dem Forscher ins Wort fällt, ist nochmals Ausdruck einer gewissen Eile, die sich seiner offensichtlich bemächtigt hat.

---

[17] Wenn er sich zu dem verabredeten Termin verspätet hätte, hätte Herr Olescik sich entschuldigen müssen.

#00:00:08-9# HO: Jola warte;} {X: hrrr} \...

Da wir aufgrund der pragmatischen Rahmung (s. o.) und der Tatsache, dass
der Forscher Herrn Olescik siezte, ausschließen können, dass Herr Olescik den
Forscher duzt (s. u.), spricht er hier erneut eine im äußeren Kontext nicht vorhandene Person an. Diese in seiner inneren Realität vorhandene Person hat aber
offensichtlich ein Pendant in der äußeren Realität – andernfalls müsste der Forscher nun nachfragen: ‚Sagen Sie, mit wem sprechen Sie da überhaupt?' Wenn
der Forscher dies nicht tut, normalisiert er die Situation, tut also seinerseits so,
als gäbe es tatsächlich eine anwesende Person in der äußeren Realität. Es liegt
nahe, dass Herr Olescik hier einen der vorhandenden Hunde adressiert. Dass
er dies mit einer sprachlichen Aufforderung tut, ist überraschend, wissen wir
doch, dass Tiere die menschliche Sprache nicht beherrschen, dass sie vielmehr
auf Signale ihrer Umwelt reagieren.[18] Allerdings können Hunde die Verhaltens-
bedeutung bestimmter Signale erwerben – so kann etwa einem Hund ein Wort
als Aufmerksamkeitssignal andressiert werden, d. h., durch Dressur kann er lernen, bei Ertönen dieses Wortes der Signalquelle Aufmerksamkeit zuzuwenden.
Hier fungiert offensichtlich ein Name als Aufmersamkeitssignal: ‚Jola', wobei
Jola die Kurzform des weiblichen Vornamens Jolanda ist. Dieser Name kam
„im Mittelalter in mehreren europäischen Fürstenhäusern und Adelsfamilien" vor
(Duden 2003, S. 191) und darf durchaus auch heute als ein besonderer, vielleicht
besonders vornehmer gelten.[19] Die Wahl eines Namens als Signalwort ist durchaus funktional; unvermeidlich impliziert ein Name aber – anders etwa als eine
Nummer –, dass der Benamte als Individuum angesprochen wird.[20]

> An diesem Moment geht die logisch-philosophische *Debatte um Eigennamen* (Gabriel
> 1972) vorbei, da dort „unter einem Eigennamen allgemein die Entsprechung eines
> Gegenstandes auf der Ausdrucksebene verstanden" wird (ebd.).[21] Zwar schließ Saul

---

[18] S. hierzu Lorenz 1950/1975, S. 93–99. Zwar heißt es dort: „Manchmal will es mir scheinen, als erstrecke sich das Wort*verständnis* eines klugen, mit seinem Herrn in innigem Kontakt stehenden Hundes sogar auf ganze Sätze." (a. a. O.: 97; eine Hervorhbg. getilgt, kursiv
von mit, TL) Es wird dort aber unmittelbar im Anschluss klar, dass es sich gerade *nicht um
ein Verständnis,* sondern um *eine von der Situation abhängige Reaktion* handelt.

[19] Zur Bedeutung des Namens heißt es: „Möglicherweise wurde der Name in Anlehnung an
griech. *íon* ‚Veilchen' + griech. *ánthos* ‚Blume' Blüte'" gebildet (Duden 2003, S. 191 f.;
kursiv i. Orig.).

[20] Vgl.: „Der Name ist dem Volke nicht etwas äußerliches und zufälliges, sondern er ist
innig mit dem Träger selbst verbunden, ein Ausdruck seines inneren Lebens und Charakters."
(Seligmann 1910, S. 338; geperrt i. Orig.).

[21] S. für eine konzise Darstellung Wolf 1985/1993; s. auch Zimmermann 1984.

Kripke in seiner Kritik an verschiedenen Theorien des (Eigen-) Namens m. E. zu
Recht, „daß N. bloß referieren und keinen Inhalt (oder Sinn) haben." (Zimmermann
1984: Sp. 386) Und seine Antwort auf die „Frage, woher dann die N. ihre Referenten
bekommen [...]: der N.-Träger ist derjenige Gegenstand, der am Anfang der Kausal-
kette steht, die durch den Gebrauch des N. entsteht." (ebd.), lässt eine soziologische
Erklärung aufscheinen; letztlich aber begreift er den Taufakt und die daraus sich ergebenden Handlungsoptionen mechanistisch. Soziologisch wäre hier zu analysieren,
was die Vergabe eines Namens in dem Sinne bedeutet, den Peirce in seiner pragmatischen Maxime formuliert hat: „Considérer quels sont les effets practiques que nous
pensons pouvoir être produits par l'objet de notre conception. La conception de tous
ces effets est la conception complète de l'objet." (1903/1973, S. 48) Die Namensgebung ist also von den mit ihr eröffneten Handlungsmöglichkeiten her zu erschließen.
Wie selbstverständlich gehen wir davon aus, dass menschliche Wesen einen Namen
tragen, mit dem wir sie ansprechen und mittels dessen wir uns auf sie als Personen
beziehen können. Die Zuschreibung von Verantwortung für Entscheidungen – also
die Zuschreibung einer Handlungsmitte – geschieht mittels Namen. Wenn wir nun
Gegenständen einen Namen geben, so unterstellen wir ihnen eine Individualität und
schreiben sie ihnen zu.[22] Wenn wir „Individuierung als [...] Bildung der Eigenlogik
von Subjektivität" (Oevermann 2009 [Arbeitsbündnis], S. 116) begreifen, müssen wir
aber sehen, dass wir die Gegenstände nur in einem metaphorischen Sinne individuie-
ren können. Wir erreichen damit, dass wir zu diesem Gegenstand über die funktionale
hinaus eine personale Beziehung aufbauen können; diese bleibt aber selbst metapho-
risch, eine Art Projektion,[23] da ja zu der personalen Beziehung Reziprozität gehört,
die eben von einem subjektlosen Gegenstand nicht vollzogen werden kann. Wenn
etwa Erwachsene eine intensive, quasi-personale Beziehung zu ihrem Auto entwickeln, drückt sich das auch in der Namensgebung aus, die in der Rede über das Auto
dann durchaus auch benutzt wird.[24] Anders verhält sich das mit Schiffsnamen. Diese

---

[22] Anders, wenn wir ihnen, wie etwa der Künstler den verschiedenen Abzügen einer Litho-
graphie, eine Nummer geben, dann individualisieren wir sie. Dass die sogenannte Individua-
lisierungstheorie, die ausgehend von einem Aufsatz Ulrich Becks (1983) eine Zeitlang die
soziologische Zeitdiagnose und leider auch die Theoriebildung dominiert hat, diese Unterscheidung nicht macht, ja im Gegenteil, sie verschleiert, zeigt von vornherein ihre Schieflage
und Unbrauchbarkeit für die Analyse menschlicher Gesellschaften an. – Vgl. auch Oevermann 2000 [Fallrek]: 121 f., Fn., 2008/2016 [Abschiedsvorlesung]: 94 f., Fn. 27, 2009
[Biographie]: 47 f.

[23] Eine Übertragung im psychoanalytischen Sinne (s. Freud 1912/1990, Laplanche und Pontalis 1967/1982, S. 551–559) ist dies nicht, setzt die Übertragung selbst doch bereits eine
Reziprozitätsbeziehung voraus.

[24] Anschaulich dargestellt wird die Ausnutzung dieser projektiven Beziehung in dem Film
„Her" (USA 2013, Regie: Spike Jonze), in dem der Hauptprotagonist Theodore Twombly
(Joaquín Phoenix) eine Beziehung zu seinem Computer aufbaut, der perfiderweise mit einer
verführerischen weiblichen Stimme (Scarlett Johansson) ausgestattet ist.

werden in der Regel in der Rede über die Schiffe allenfalls zur Identifizierung verwendet, also wie Kennzeichen. Segler aber sagen, sie sind mit dem Boot 'rausgefahren,
nicht etwa mit Arielle.[25]

Wenn also nun ein Tier einen Namen erhält und mit diesem angesprochen wird,
so spricht dies dafür, dass man das Tier in der inneren Realität als eine Person wahrnimmt und man sich als zu ihm in einer individuierten, personalisierten
Beziehung befindlich sieht.[26] Voraussetzung für Individuierung wäre aber, wie
gesagt, Reziprozität und deren Vollzug. Zwar können auch Hunde nicht handeln
und folglich keine reziproke Beziehung eingehen; anders als bei Autos aber gibt
es bei Hunden Verhaltensweisen, die einer Deutung als Anzeichen für den Vollzug von Reziprozität entgegenkommen. In Anlehnung an eine Formulierung von
Sigmund Freud (1910/1990: 102 u. 1905/1991, S. 200 f.) könnte man von einem
sozialen Entgegenkommen für kulturelle Umdeutung sprechen.[27]

    In ähnlicher Weise wie der Name kann das Wort ‚warte‘ als Lautsignal für
eine bestimmte Verhaltensweise adressiert werden.[28] Dabei ist es für den Hundehalter natürlich einfach, wenn die Bedeutung des Wortes und seine Funktion
als Lautsignal verwandt sind, so dass er selbst nicht die Signale wie ein Ver-
haltensvokabular erlernen muss, sondern seinem Sprachverständnis folgen kann.
Demgemäß kann angenommen werden, dass der Imperativ ‚warte‘ beim Hund
ein Verhalten auslösen soll, dass dem Warten gleicht; etwa mag der Hund in

---

[25] Persönliche Beziehungen zum Schiff werden dann eher mit Ausdrücken wie „unsere alte
Dame" zum Ausdruck gebracht, wie ich es 2015 auf der MS Lofoten, dem ältesten zu der
Zeit noch in Betrieb befindlichen Schiff der Hurtigruten, erlebte.

[26] Auch hier gibt es allerdings eine Namensverwendung, die der Individualisierung dient:
Bauern bezeichneten – ob dies heute noch üblich ist, habe ich nicht überprüft – ihre Kühe
mit Namen, wobei der Anfangsbuchstabe stet der gleiche war wie der des Namens der
Mutterkuh. – In ähnlicher Weise erhält der Held in Nikolai Gogols Erzählung „Der Mantel" seinen Namen (1942/1989, S. 192 f.), worin bereits sein „Schicksal" (ebd.) als nicht-
individuierter Beamter Ausdruck findet.

[27] Vgl. hierzu den Abschnitt „Warum eignen sich Hunde besonders für die Schaffung einer
fingierten Wirklichkeit?" in Loer 2016 [Hunde], S. 220 f.

[28] In der 1978 zuerst ausgestrahlten Episode „How To Dial A Murder" der amerikanischen
Krimi-Serie „Columbo", mit Peter Falk in der Hauptrolle, wird dieser Mechanismus schön
veranschaulicht, indem das Signalwort „Rosebud" bei zwei als Mordwerkzeug eingesetzten
Hunden zu verschiedenen Zeitpunkten unterschiedliches Verhalten auslöst: So will gegen
Ende der Episode der von Nicol Williamson gespielte Mörder, der behavioristische Psycho-
loge Dr. Eric Mason, als er von Inspektor Columbo überführt wird, diesen durch seine
Hunde töten lassen, indem er mit dem Signalwort „Rosebud!" auf ihn hetzt. Die Hunde
wurden aber mittlerweile durch einen Hundetrainer auf ein anderes Verhalten bei Ertönen
dieses Signalworts umkonditioniert und lecken den Inspektor ab, statt ihn anzufallen.

Erwartung des Gassi Gehens aufgeregt hin- und hergesprungen oder bereits vom Hof gelaufen sein, was durch das Signal unterbunden werden soll.

Wenn Herr Olescik hier also einem seiner Hunde ein Signal gibt, mit dem er dem Forscher ins Wort fällt, so muss das Tier ein Verhalten gezeigt haben, das unmittelbares Einschreiten erforderte. Die Relevanz der Äußerung ergibt sich also nicht aus der Kommunikationssituation und Herr Olescik antwortet hier nicht dem Forscher; vielmehr reagiert er eingreifend auf einen Aspekt der erweiterten Situation – wie etwa, wenn sie gemeinsam im Auto führen, sich unterhielten und der Fahrer die Bremse treten würde, weil plötzlich ein Tier vor das Auto läuft. Die objektiv gegebene Relevanz des Handelns für die gemeinsame Praxis wird suspendiert durch ihre anankistische[29] Bedeutung. Da hier allerdings Sprache als Verhaltenssignal eingesetzt wird und dies nicht unmittelbar erkennbar ist, wäre nun eine Entschuldigung für das Ins-Wort-Fallen zu erwarten.

.../ (F: ja) (.) Paula, (..) \...

Eine Entschuldigung erfolgt nicht, so dass wir davon ausgehen können, dass Herr Olescik unterstellen kann, dass die Dringlichkeit seiner Signalgebung offenkundig war, was auch das gleichzeitig zu hörende Knurren („hrrr") indiziert. Der Forscher brachte seine Äußerung ohne Überraschung zum Abschluss, so dass davon ausgegangen werden kann, dass Herrn Olesciks Handeln in der Situation als plausibel erscheint. – ‚Paula' muss der Name des zweiten Hundes sein, der vermutlich auch unter Kontrolle gebracht werden muss.

.../ komm Paula; (..) \...

Wiederum sehen wir einen Imperativ als Signalwort verwendet. Herr Olescik beschäftigt sich hier kommentarlos mit seinen Hunden, was nur dann keiner weiteren Erklärung bedarf, wenn aus den auditiv nicht protokollierten Aspekten der Situation die Dringlichkeit klar hervorgeht. Gemäß der Sparsamkeitsregel gehen wir davon aus, dass das Handeln aus der Situation heraus (auch für den Forscher) so, also ohne spezifische Annahmen über Herrn Olescik motiviert ist.

.../ *Paulaa*= [leicht schnarrende Stimme] (.) jawollll,! \...

Der Name in dieser gedehnten Weise mit dem Schnarren in der Stimme ausgesprochen könnte nun ebenfalls ein Signal für den Hund sein, ein bestimmtes

---

[29] Ich benutze diesen Ausdruck in Anlehnung an die Bezeichnung „anankastic statemen" mit der Henrik von Wright Sätze bezeichnet wie „„If the house is to be made habitable it ought to be heated'. This […] sentence […] says that heating the house is a *necessary condition* of making the house habitable." (von Wright 1963/1971, S. 10; kursiv i. Orig.).

Verhalten zu zeigen, was er dann offensichtlich tut, da Her Olescik es mit einem
bestätigenden „jawollll!" quittiert. Dieses seinerseits kann für den Hund zugleich
die Funktion einer Belohnung haben.[30]

…/ ja fein, sitz, so is brav, so is ja fein;

Es folgen nun weitere Äußerungen von Herrn Olescik, die dem gleichen Muster
folgen: einerseits Signalworte, die ein bestimmtes Verhalten hervorrufen sollen, andererseits solche, die als Belobigung dienen. Auffällig ist allerdings das
beschwichtigende „ja", das die Äußerung über eine bloße Signalgebung hinaus
erhebt, und deutlich macht, dass der Hund tatsächlich als Person adressiert wird,
wie es ja schon zuvor in der Äußerung „is ja schon fertig" schien. Offensichtlich dominiert die innere Realität der, wie man sagen könnte, Hundepersonen für
Herrn Olescik die Situation; dies geht so weit, dass er den anwesenden Forscher
völlig ausblendet.

#00:00:22-1# F: wie alt ist sie jetzt? Paula?

Der Forscher, der ja aus der vermeintlichen Kommunikation zwischen Herrn Olescik und seinen Hunden ausgeschlossen war, versucht nun an dessen Zuwendung
zu den Tieren anzuknüpfen.

Exkurs zum Terminus ‚Kommunikation'

Hier ist es angebracht, den Terminus ‚Kommunikation' zu bedenken. Die durchaus
allgemein gebräuchliche Verwendung des Terminus ‚Kommunikation' für gesellschaftliche Koordination von Verhalten in allgemeinem Sinne ist nicht plausibel. Es
handelt sich nämlich etwa beim Hinterlassen einer chemischen Spur durch eine Ameise
nicht um eine Mitteilung,[31] sondern schlicht um eine Reaktion auf einen entsprechenden Reiz, die für ein Exemplar derselben Kolonie ihrerseits einen Reiz darstellt, auf den
es gemäß seiner biogrammatischen Programmierung reagiert – wie es etwa auch auf
andere Umweltreize entsprechend reagieren würde. Demgemäß ist bei Hölldobler und
Wilson, obwohl auch sie von Kommunikation sprechen, treffender von Information
die Rede: „the colony operates as an information-processing system" (Hölldobler und
Wilson 2009, S. 58). Systematisch ist dies nicht zu unterscheiden von der Koordination
durch Stigmergie,[32] wie Pierre-Paul Grassé die Koordination von Verhalten genannt

---

[30] Spätestens an dieser Stelle zeigt sich, dass eine Videoaufnahme hier einer reinen Ton-
aufnahme vorzuziehen wäre, die das Verhalten der Tiere, auf das die Äußerungen des
Gesprächspartners sich offensichtlich beziehen, mit dokumentierte, so dass dieses dann
explizit in die Analyse einbezogen werden könnte.

hat, bei dem durch bestimmte Verhaltensergebnisse eines Exemplars (oder mehrerer Exemplare) ein spezifisches Verhalten anderer Exemplare (u. U. unter Einschluss erster) ausgelöst wird, wodurch Aufgaben scheinbar kooperativ erledigt werden: „La stimulation des ouvriers par les travaux mêmes qu'ils accomplissent, stimulation significative déclenchant des réponses précises et adaptées, a reçu le nom de *stigmergie; La stigmergie suffit à expliquer les corrélations entre les tâches effectuées et permet de se passer de toute notion de plan et de régulation*" (Grassé 1959, S. 78; kursiv i. Orig.). Man bedarf hier also des Begriffs der Kommunikation nicht: „le compagnon social joue comme un ensemble de stimuli significatifs" (Grassé 1959, S. 78).

Wenn man die als solches Wechselspiel von Reiz und Reaktion bestimmbare Verhaltenskoordination zwischen Exemplaren schon Kommunikation nennen wollte, müsste man den Terminus auf die Beziehung letztlich zwischen allen Ereignissen, die Reaktionen auslösende Reize darstellen, und dem reagierenden Organismus anwenden. Der Regen etwa kommunizierte dann mit den ihren Bau abdichtenden Ameisen. Damit würde mittels des Terminus nichts Spezifisches mehr auf den Begriff gebracht.[33]

Der Terminus ‚Kommunikation' ist also auf die durch Reziprozität konstituierte Gattung Mensch zu beschränken.

Die Relevanz der Frage nach dem Alter ergibt sich vermutlich in Bezug auf das Gehorchen des Hundes. Dass der Forscher sich in die Personalisierung hineinziehen lässt – er bezeichnet den Hund nicht mit dem Demonstrativum, sondern mit Personalpronomen – zeigt die Suggestivität, mit der Herr Olescik seine Beziehung zu den Hunden agiert.

#00:00:24-0# HO: die is jetzt(.) zehn Wochen alt;

Herr Olescik seinerseits bezieht sich auf den Hund mit Demonstrativum, er macht also einen Unterschied in der Adressierung des Hundes und in der Kommunikation über ihn. Dies verweist darauf, dass die Personalisierung für ihn möglicherweise – ähnlich wie oben zu Befehlen ausgeführt – eine Erleichterung in der Adressierung darstellt; allerdings fügen sich die Beschwichtigungen dieser Deutung nicht. Dass er kurz überlegen muss, wie die Pause indiziert, ist

---

[31] S. Duden 2001 [UWB], Lemma ‚Kommunikation'; eine ausführliche Darstellung unterschiedlicher Verwendungen des Terminus findet sich bei Agnes Schoch (1979, S. 12–49); für einen Überblick s. Reimann 1989 oder, sehr knapp, Endruweit 2002.

[32] Aus dem Griechischen στίγμα = ‚Merkmal' und ἔργον = ‚Arbeit', ‚Werk'.

[33] Natürlich handelt es sich bei der durch Signale gesteuerten innerartlichen Verhaltenskoordination etwa von Primaten um ein anderes Niveau als bei der von Ameisen; ob es sich aber, wie bei der sprachlichen, also regelgebundenen Kommunikation, um eine andere Ordnung handelt, hätten Biologen zu klären (vgl. Pascal 1897/1976, S. 54 [N° 20], 291 f. [N° 793]; s. auch Dierse 1984: Sp. 1284 f.)

nicht weiter auffällig, sind doch zehn Wochen ein Zeitraum, in dem man einzelne
Ereignisse nicht so im Gedächtnis hat, dass man sie ohne weiteres zeitlich einordnen könnte. Das Alter von zehn Wochen bedeutet nun, dass der Hund Paula sich
in der sogenannten Sozialisierungsphase befindet, also lernen muss, sich in die
Rangordnung des Rudels einzufügen, an dessen Stelle hier der Besitzer und ggf.
seine Familie sowie der zweite Hund treten. Die besondere Zuwendung ist von
daher als altersangemessene Erziehungsbemühung sachlich gedeckt (vgl. etwa
Heger 1976, S. 30 f.); dass sie sich allerdings in Personalisierung ausdrückt, ist
fallspezifische Zutat.

> #00:00:26-3# F: zehn Wochen,

Der Forscher wiederholt mit leichtem Frageton die Altersangabe, was Herrn
Olescik zu weiterer Erläuterung – sei es zur Anschaffung, sie es zu den
Besonderheiten dieses Alters ermuntern könnte.

> #00:00:26-9# HO: ja; fein=, *so* [niedlich gesprochen] is ja brav; so is ja fein; ach ach
> ach, na komm, jetzt gehn wir; mmh (..) komm her, (…) warte; (5 s)

Herr Olescik wendet sich nun vollständig den Tieren, hier anscheinend dem Hund
Paula zu. Das ist erstaunlich, geht er doch gar nicht weiter auf den Forscher ein.
Hier bestätigt sich, was wir oben bereits erschlossen, dass für Herrn Olescik
seine innere Realität der Beziehung zu den personalisierten Hunden dominiert.
Seine Zuwendung zu den Hunden ist vergleichbar der zu Kleinkindern, für die
die ständige Präsenz ihrer Bezugspersonen als ganze Personen die Normalität
darstellt und die den Umgang mit nicht vollständiger permanenter Zuwendung,
erst recht mit rollenförmige Distanz überhaupt erst erwerben müssen. Ja, die
Zuwendung zu den Hunden übersteigt dies noch, wird doch der Gesprächspartner
hier ignoriert. Auch wenn der Hund sich aufdrängen sollte – worauf das Knurren
(„hrrr") ein Hinweis sein könnte –, so wäre eine solche Dominanz nicht durch die
Situation erfordert, zumindest müsste dies dem Forscher gegenüber kommuniziert
werden. Dieser wird aber, was auch die lange Pause zeigt, wie gesagt, ignoriert
und scheint aus der Welt des Herrn Olescik vollständig ausgeblendet zu sein. Herr
Olescik geht in seiner inneren Realität ganz in der Beziehung zu seinen Hunden
auf.

Die Art der Adressierung schwankt auf die bereits festgestellte Weise zwischen der Adressierung mittels Signalwörtern des Lobes („fein = ", „brav")
und der Aufforderung („komm", „komm her", „warte") und einer persönlichen

Ansprache: „ja" ist ein Hinweis auf geteiltes Wissen, das eine Person voraussetzt; „ach ach ach" stellt eine Abwiegelung dar, was als Adressaten ebenfalls eine Person voraussetzt.

Gedankenexperimentell lässt sich etwa folgende Situationen für die Äußerung finden: Man könnte sich so äußern, wenn man einen empfangenen Dank für überzogen hält: „Vielen Dank, dass Sie mich begleitet haben." (zu jemandem, der den gleichen Weg hatte) – „Ach ach ach," Grundsätzlich kann der Empfindungslaut[34] „ach" verschiedene Bedeutungsnuancen ausdrücken: neben der Abwiegelung auch Betroffenheit (‚ach Gott'), Bedauern, auch schmerzhaftes oder leidendes Bedauern,[35] Erstaunen (‚ach, wirklich?'; ‚ach so!'); das Grimmsche Wörterbuch hält unter dem Lemma „ach!" entsprechend fest: „ausruf des schmerzes, zuweilen der freude und gemischter empfindungen" (Grimm und Grimm 1854/1984: Sp. 161). Wenn der Ausruf nun wiederholt wird, so kann dies einerseits eine Intensitätssteigerung zum Audruck bringen, andererseits aber eben ein Abwiegeln.

Dass schließlich die kommende Aktivität als gemeinsame Praxis ausgewiesen wird („jetzt gehn wir"), verweist auf dieselbe Voraussetzung der personalen Beziehung. Nimmt man dass mit der Dominanz der Herr/Hund-Beziehung zusammen, so scheint Herr Olescik hier in einer eigenen, von ihm und den Hunden bewohnten Welt zu leben.

#00:00:45-6# F: einfach zu?

Offensichtlich steht der Forscher vor der Frage, ob er etwas schließen soll. Da sich kein Hinweis darauf findet, kann er sich nur indirekt dazu aufgefordert fühlen, was, nimmt man das an den Hund gerichtete „jetzt gehen wir" hinzu, vermutlich durch das Hinausgehen durch ein Tor oder eine Tür gegeben ist, wovon der Forscher wissen will, ob er es oder sie ohne weitere Vorkehrungen zuziehen soll. Von hier her wird nochmals die *Absonderung von Herrn Olescik in seiner Hundewelt* deutlich, macht er doch den Forscher gewissermaßen zum „complete observer" (s. o., Fn. 55): Herr Olescik handelt, als ob der Forscher gar nicht da wäre.

---

[34] „Die Interjectionen oder Empfindungslaute" sind „unmittelbare Äußerungen des Gefühls, Ausdruck der unwillkürlich in Laute ausbrechenden Empfindung" (Heyse 1838/1972, S. 910).

[35] „So entsteht aus ach das Verbum ächzen" (Heyse 1838/1972, S. 910; gesperrt i. Orig.).

#00:00:46-2# HO: einfach so= (F: ja) so= (F: ja) \...

Auf die direkte Frage nun reagiert Herr Olescik und gibt dem Forscher einen Hinweis, wie er das Tor oder die Tür zu schließen hat; möglicherweise zeigt er es, worauf der schwebende Tonfall und die Wiederholung schließen lassen.

.../ da kommt ja keiner;

Offensichtlich sieht Herr Olescik sich nun angesichts der Frage des Forschers und angesichts der Art, wie er das Tor oder die Tür schließt: vermutlich ohne abzuschließen, zu einer Begründung aufgefordert. Das bedeutet, dass er als normal unterstellt, dass man abschließt. Die Äußerung wäre konsistent, wenn es hieße ‚hier (oder: hierher) kommt ja keiner'. Mit Eisenberg (1999/2001, S. 210–213) lässt sich der Bezugsbereich und der Verweisbereich von lokalen Deiktika unterscheiden. ‚Hier' zeichnet den Bezugsbereich der Origo aus, ‚da' den Verweisbereich,[36] wenn sich der Verweisbereich innerhalb des Bezugsbereichs befindet.[37] Das würde bedeuten, dass der Sprecher sich – räumlich, also in der äußeren Realität, oder mental, also in der inneren Realität – nicht (mehr) unmittelbar am Ort des „da" befindet. Herr Olescik wäre also dem Forscher bereits vorausgeeilt, was zu unserer obigen Deutung passt.[38] Die Modalpartikel („ja") macht beschwichtigend klar, dass die Normalunterstellung hier aus Erfahrung suspendiert werden kann.

#00:00:48-8# F: soo=
#00:00:49-9# HO: komm Pau{la;

Nachdem der Forscher der Angabe von Herrn Olescik nachgekommen ist, wendet dieser sich kommentarlos wieder seinem Hund zu. Oben hatten wir bereits

---

[36] Wenn Bezugsbereich und Verweisbereich zusammenfallen – wie etwa in dem Beispiel „Hier zieht's." (a. a. O.: 211) – oder nicht differenziert werden – wie etwa in dem Beispiel „Hier sitzt eine Maus auf dem Tisch." (ebd.) – kann auch ‚hier' den Verweisbereich bezeichnen.

[37] Eisenberg verwendet das Beispiel „Da sitzt eine Maus auf dem Tisch." (a. a. O.: 212), bei dem der Tisch sich im Bezugsbereich (z. B.: ‚hier in der Küche') befinden muss.

[38] Die Tatsache, dass das lokale Adverb „da" verwendet wird, könnte auch aus der polnischen Muttersprachlichkeit von Herrn Olescik motiviert sein; dann stünde es an der Stelle des unpersönlichen Pronomens ‚es', das im Polnischen hier nicht verwendet würde: ‚es kommt keiner' = ‚nikt nie przychodzi'. Allerdings bliebe die hier bestimmte Bedeutung erhalten, könnte Herr Olescik sich doch auch anders behelfen – etwa: ‚hier kommt ja keiner'. – Man sieht hier, wie wichtig es ist, Nicht-Muttersprachlichkeit als *unspezifische* Erklärung für sprachliche Abweichungen heranzuziehen (vgl. den obigen Exkurs).

festgestellt, dass Her Olescik sich in einer Welt, die er mit seinen Hunden teilt, absondert; dies bestätigt sich hier. Wenn wir also fragen, was für eine Art von Mensch/Hund-Beziehung hier zum Ausdruck kommt, so können wir im Sinne einer vorläufigen Formulierung einer Fallstrukturhypothese von einer *habituellen*[39] *Schaffung einer Hund/Mensch-Sonderwelt* sprechen.

#00:00:50-9# F: ja;} da wohnen Sie ja hier gut für hh um Hunde zu halten, ne, (HO: ja) \...

Der Forscher versucht hier offensichtlich mittels einer Bezugnahme auf die Hundewelt – was allerdings auch durch die pragmatische Rahmung: den thematischen Fokus des Forschungsgesprächs, begründet ist – mit Herrn Olescik doch noch ins Gespräch zu kommen. Von der Gesprächsführung her wäre es aufschlussreicher gewesen, der Forscher hätte die reduzierte Kommunikation von Herrn Olescik mit ihm ausgehalten, hätte sich also unpraktisch verhalten[40] und so abgewartet, ob Herr Olescik überhaupt aus seiner Hundewelt wieder auftaucht und den Forscher als präsenten Kommunikationspartner realisiert. Nun reagiert Herr Olescik auf das Turn-taking-Signal[41] des Forschers („ne,") lediglich mit einem knappen

---

[39] Vgl. unten den Exkurs zum Begriff der Habitusformation.

[40] Ulrich Oevermann sagte in Bezug hierauf einmal in einer Lehrveranstaltung in den 1980er Jahren, man müsse „den weißen Kittel des Sozialforschers" anziehen, womit er in Analogie zum weißen Kittel des Arztes, der die Einbettung der erforderlichen Zuwendung zur ganzen Person des Patienten in die professionalisierte ärztliche Praxis symbolisch deutlich macht, herausstellte, dass es dem Sozialforscher gelingen muss, unpraktisch zu bleiben. Der Sozialforscher muss in der Lage sein, pragmatische Regeln zu suspendieren, also etwa Schweigen oder eben, wie hier, die Reduktion der Kommunikation auszuhalten, sich naiv zu stellen etc.

[41] „Once a state of talk has been ratified, cues must be available for requesting the floor and giving it up, for informing the speaker as to the stability of the focus of attention he is receiving. Intimate collaboration must be sustained to ensure that one turn at talking neither overlaps the previous one too much, nor wants for inoffensive conversational supply, for someone's turn must always and exclusively be in progress." (Goffman 1964, S. 136) Dies ist eine der fürhesten Formulierungen zum hier in Rede stehenden Phänomen des turn-taking, also der Übergabe- bzw. Übernahme der Rede an bzw. durch einen anderen Sprecher in einer Konversation, mit dem die Konversationsanalyse sich seitdem ausgiebig beschäftigt hat (grundlegend: Sacks et al. 1974). Allerdings ist für die Konversationsanalyse kennzeichnend, dass sie eine „investigation of the organization of turn-taking per se" (a. a. O.: 699) betreibt, also die Regeln der Organisation von Konversation untersucht. Als Sozialforscher hingegen bedienen objektive Hermeneuten sich dieser Regeln für die Analyse von Erscheinungsformen menschlicher Praxis, in denen diese Regeln gelten, und wenden sich den Regeln selbst nur dann zu, wenn Strittigkeiten geklärt werden müssen.

„ja". Dass er nicht die Rede übernimmt, ist vor dem Hintergrund der bisherigen Analyse nicht überraschend, bestätigt also das bisherige Ergebnis.

.../ is ja schönes Ge- schöne {Ecke

Der Forscher setzt die Plauderei bezüglich der Passung der Wohngegend zur Hundehaltung fort, nun aber lässt Herr Olescik ihn nicht ausreden, was angesichts seiner bisherigen Zurückhaltung überrascht. Der Forscher muss also etwas angesprochen haben, dass für den Gesprächspartner eine größere Bedeutsamkeit hat. Er reagiert hier auf das Lob der Wohngegend als schön, so dass wir annehmen müssen, dass es für ihn bedeutsam ist, in so einer schönen Gegend zu wohnen, ja, dass er stolz darauf ist.

#00:00:55-7# HO: also} besser geht nicht; \...

Der Schlussfolgerungsoperator „also" zeigt an, dass Herr Olescik seinem Verständnis der Situation nach, Antezedenzien als gegeben sieht, die den Schluss „besser geht [es] nicht" erlauben (s. unten den Exkurs zum Adverb resp. zur Partikel ‚also'); welche könnten dies sein? Da er sich nicht auf die vom Forscher angeführte Schönheit der Gegend bezieht, muss er sich auf das zuvor Benannte: dass er ‚gut wohnt, um Hunde zu halten', beziehen, die Schönheit dem zuordnend. Die Emphase des Unterbrechens muss dann als Bestätigung der Fallstrukturhypothese gelesen werden: in dem ‚besser geht es für die Hunde nicht', was hier enthalten ist, zeigt sich, dass er dann anwesend ist, wenn es um seine Hundewelt geht. Anders formuliert: Alles was seine Hundewelt betrifft, ist Teil seiner gelebten Realität; alles andere wird als irrelevant ausgeblendet oder gar nicht wahrgenommen. In der Ellipse (Auslassung von ‚es') kommt ebenfalls eine Emphase zum Ausdruck, die dies noch unterstreicht.[42]

.../ (F: ja) besser geht nicht; man geht hier raus, zack {wupps (F: ja)} und da habn wer schon (.) (F: ja) Platz hier ohne Ende; \...

Nachdem der Forscher nun den weißen Kittel des Sozialforschers (vgl. Fn. 40) anhat und lediglich Zuhören signalisiert, bestätigen die Wiederholung und die Verwendung der Interjektionen „zack", womit ausgedrückt wird, dass etwas

---

[42] Das fehlende Pronomen hängt vermutlich zudem mit der Nicht-Muttersprachlichkeit zusammen (s. o.): ‚nie ma nic lepszego'.

ohne jede Verzögerung und unverzüglich geschieht,[43] und „wupps", womit eine
schnelle, schwunghafte Bewegung ausgedrückt wird,[44] das Moment der Emphase.
Der Inhalt lässt darüber hinaus die Bezugnahme auf die Hunde, die hier Platz zum
Laufen haben, noch wahrscheinlicher werden. – Es wären nun Erläuterungen zu
erwarten; etwa darüber, warum der „Platz […] ohne Ende" für die Hunde wichtig
ist oder wie Herr Olescik ihn gefunden hat etc.

> …/ *komm* [niedlich gesprochen] *Paula komm,* (..)\…

Die Konversation mit dem Forscher wird aber sofort wieder abgebrochen und es
erfolgt die Zuwendung zu den Hunden. Die Pause zeigt an, dass es sich nicht
um eine kurzfristig erforderliche Unterbrechung handelt – etwa weil der Hund
stehengeblieben war, denn sonst hätte das Gespräch unmittelbar fortgesetzt werden können. Die Verwendung einer niedlichen Aussprache kennen wir aus der
Ansprache von kleinen Kindern. Die sogenannte „child directed speech" (Snow
1986, S. 69 u. passim) hat die Funktion, den Spracherwerb zu unterstützen. Offensichtlich überträgt Herr Olescik dies auf die Hundeerziehung; dem steht entgegen,
dass für die Hundeerziehung empfohlen wird, Kommandos mit gleichbleibender
Intonation und generell mit gemäßigter Lautstärke zu geben. Da also vermutlich
die „child directed speech" nicht funktional ist und also in der äußeren Realität keinen situativen Anlass hat, muss in der inneren Realität des Sprechers eine
Situation vorliegen, die diese Aussprache motiviert. Er behandelt den Hund also
nicht als zu erziehendes Tier, sondern als ob es ein zu sozialisierendes Kleinkind
wäre.

> …/ jeden Morgen und jeden Abend \…

Nun wendet Herr Olescik sich wieder dem Forscher zu – jedenfalls wäre diese
Äußerung einem Hund gegenüber sehr ungewöhnlich, ist doch zu offensichtlich,
dass sie von ihm nicht verstanden werden kann. Die Ansprache des Hundes
ist also durchaus als Einschub zu betrachten, so dass Herr Olescik an seine
Bemerkung „Platz hier ohne Ende;" anschließt. Was ist die Relevanz der jetzigen
Äußerung? Offensichtlich nutzt er „jeden Morgen und jeden Abend" diesen Platz
für seine Hunde – etwa indem er sie hinauslässt bzw. mit ihnen hinausgeht.

---

[43] Vgl. die Redewendung ‚Auf Zack sein' (s. auch das entsprechende Lemma in: Brockhaus
2002).
[44] Vgl. Duden 2001 [UWB], Lemma „wupp, wuppdich".

…/ immer derselbe Ablauf; (F: ja, {(lacht)) \...

Anders als erwartet, erzählt Herr Olescik nun nicht von seinen morgendlichen und abendlichen Spaziergängen mit den Hunden oder erläutert sonst die Nutzung des Platzes; vielmehr charakterisiert er dies als Routine. Wann tun wir dies? Mit diesen Worten könnte etwa ein Mitarbeiter einen nervösen neuen Praktikanten beruhigend mitteilen, dass er sich nicht ständig auf Neues einlassen musse; es könnte aber auch ein des Ehealltags Überdrüssiger seinem Partner gegenüber die Routine einer doch konstitutiv nicht routinisierbaren Beziehung beklagen; schließlich könnte jemand, darauf angesprochen, warum er nicht einmal einer Einladung zum Frühstück oder zum Abendessen nachkommt, sich mit diesen Worten rechtfertigen, sich so in ein sich wiederholendes Schicksal fügend. Welche Lesart trifft hier nun zu? Herr Olescik muss den Forscher weder beruhigen noch ihm gegenüber die Routine beklagen oder sich rechtfertigen. Nun könnte es sein, dass er mit diesen Worten dem Forscher, der ja darüber forscht, welche Rolle der Hund im Leben des Hundehalters spielt, eben genau dies erläutert. Allerdings bleibt, dass er das ungefragt tut und ihm selbst dies folglich als ein wichtiger Aspekt seines Lebens mit den Hunden erscheinen muss – in welcher der drei genannten Hinsichten ist aber noch nicht klar. Dass der Forscher hier lacht, verweist darauf, dass er es – möglicherweise wegen der Intonation[45] – eher als ein, vielleicht inszeniertes – Resignieren wahrgenommen hat. Dann stellt sich die Frage, warum Herr Olescik dieses Schicksal, in das er sich fügt, gewählt hat. Warum hat er sich Hunde, die ihn zu diesem Tagesablauf scheinbar zwingen, angeschafft?

…/ jeden} Tag; \...

Die Wiederholung, das Routine- und Schicksalhafte wird hier durch die Verallgemeinerung von „Morgen" und „Abend" zu „Tag" noch einmal betont. Dass Herr Olescik dies ungefragt tut, verweist erneut darauf, dass dieser immer gleich Ablauf für ihn sehr wichtig ist und er es gegen die in ihm auftauchende, u. U. dem Forscher unterstellte mögliche Frage, ob das nicht langweilig sei, verteidigt.

…/ immer derselbe Ablauf;

Durch die Wiederholung dieser Wortfolge wird der Ablauf geradezu inszeniert. Die soeben gestellte Frage nach der Motivation der Hundehaltung wird umso

---

[45] Dies lässt sich am Audioprotokoll überprüfen – und tatsächlich kommt in der Intonation: rhythmisches Auf-und-Ab, ein sich Einfügen ins Schicksal zum Ausdruck.

dringlicher, denn es drängt sich die Vermutung auf, dass hier eine sehr starke Motivation, möglicherweise eine Überdetermination vorliegt (vgl. Oevermann 2013 [Erfahrungswiss], S. 82); sollte sich eine Passage finden, in der Herr Olescik darüber spricht, wie er dazu gekommen ist, sich Hunde anzuschaffen, so ist diese auf jeden Fall zu analysieren.

An dieser Stelle können wir unsere bereits formulierte Fallstrukturhypothese (*Absonderung von Herrn Olescik in seiner Hundewelt*, s. o.) erweitern. Die Absonderung muss eine besondere und starke Motivation haben, da die mit der ‚Hundewelt' verbundene Tätigkeit ungefragt als schicksalhaft und tendenziell unentrinnbar dargestellt wird und zugleich als für Herrn Olescik besonders bedeutsam erscheint. Eine Möglichkeit wäre, *dass Herr Olescik mit seinem Aufgehen in seiner Hundewelt etwas zu kompensieren scheint, das zu erreichen ihm nicht (mehr) möglich ist, das erreicht zu haben ihm aber sein Umgang mit den Hunden ersatzweise anzunehmen erlaubt.*[46] Inwiefern handelt es sich hier um eine Fallstrukturhypothese? Einerseits kann mit ihr das Handeln von Herrn Olescik erklärt werden, ja wir können in bestimmten Entscheidungssituationen unter den gegebenen Optionen diejenige benennen, die Herr Olescik mit großer struktureller Wahrscheinlichkeit ergreifen wird; andererseits kann konkret untersucht werden, wie sich die Fallstruktur gebildet hat. Dem dient dann auch der nächste Schritt (s. o. Nr. 3): der Versuch, die Fallstrukturhypothese anzureichern und zu präzisieren.

Exkurs zur strukturellen Wahrscheinlichkeit

Von *struktureller Wahrscheinlichkeit* sprechen wir, wenn das Eintreten eines auf einer Entscheidung beruhenden Ereignisses aufgrund von geltenden Regeln zu erwarten ist. Im Gegenstandsfeld des Handelns liegt die strukturelle Wahrscheinlichkeit insofern der statistischen Wahrscheinlichkeit zugrunde. Etwa ist es strukturell wahrscheinlich, dass Verkehrsteilnehmer vor einer roten Ampel anhalten, was sich in der quantitativen Häufigkeit dieses Ereignisses ausdrückt. Zugleich gilt diese strukturelle Wahrscheinlichkeit für Fußgänger zwar auch in Berlin, nicht aber in Frankfurt, wo offensichtlich weitere, den Gesetzen der Straßenverkehrsordnung übergeordnete Regeln gelten; dies drückt sich auch darin aus, dass es statistisch wahrscheinlicher ist, in Frankfurt bei

---

[46] Julius et al. sprechen vor dem Hintergrund, „dass moderne Lebenswelten die Entwicklung und Erhaltung sicherer Bindungsbeziehungen erschweren", davon, dass „Tiere eine wichtige, kompensatorische Funktion erfüllen" können (2014, S. 195). Die in der Kompensation liegende Wirklichkeitsflucht würde so begriffen nur eine Flucht aus der verarmenden Welt darstellen. Dieses Verständnis von – sei es negativ, sei es positiv bewerteter – Kompensation passt zu unserem bisherigen Ergebnis durchaus, ist aber einerseits zu allgemein und kann andererseits das Phänomen nur negativ erklären. – Vgl. Loer 2016 [Hunde], S. 221.

einer roten Ampel die Straße überquerende Fußgänger zu sehen als in Berlin. – Von struktureller Wahrscheinlichkeit lässt sich nun auch auf der Grundlage der Strukturgesetzlichkeit einer Lebenspraxis sprechen. Haben wir die Fallstrukturgesetzlichkeit rekonstruiert, können wir feststellen, dass bestimmte Entscheidungen der Lebenspraxis strukturell wahrscheinlich sind; auch dies drückt sich u. U. in statistischer Häufigkeit – etwa des Kaufs einer bestimmten Zahnpastamarke – aus. Dass wir nicht von struktureller Sicherheit oder Determiniertheit sprechen können, liegt daran, dass es sich beim Handeln stets um Regelbefolgung handelt und die Fallstrukturgesetzlichkeit selbst ebenfalls Regelcharakter hat, womit gesagt ist, dass, anders als bei Wirkung von Naturgesetzen, Abweichungen und zudem Transformationen der Fallstruktur möglich sind.[47]

Analyse einer thematisch einschlägigen Stelle zur Bildung einer ersten Fallstrukturhypothese

Dieser Schritt kann hier entfallen, da wir bereits eine aussagekräftige erste Fallstrukturhypothese bilden konnten; allerdings werden wir thematisch einschlägige Stellen sicher noch heranziehen müssen.

Anreicherung und Präzisierung der Fallstrukturhypothese

Aufgabe dieses Schrittes ist es beim gegenwärtigen Stand der Analyse nun, wie soeben ausgeführt, die Bildung der Fallstruktur in den Blick zu nehmen. Dazu ist das Material zunächst auf Stellen hin zu sichten, in denen die ersten Anschaffung von Hunden thematisch ist und die damit Hinweise auf die Herausbildung des besonderen Umgangs mit den Hunden geben können.

#00:07:03-6# F: und wie sind Sie da drauf gekommen, auf den Hundesport?

Offensichtlich geht hier ein Gespräch darüber, dass Herr Olescik Hundesport betreibt, voraus. Nun kann es sein, dass die Entschdeidung, sich Hunde anzuschaffen, und die Entscheidung, Hundesport zu betreiben zusammenfielen oder nacheinander erfolgten.

---

[47] Vgl. zur Unterscheidung von Regeln, Normen, Gesetzen und Naturgesetzen: Loer 2008 [Norm].

Was ist Hundesport und was bedeutet es, Hundesport zu betreiben? Der Deutsche Hundesportverband e. V. führt auf seiner Internetseite folgende, nicht eindeutig unterschiedene, Hundesportarten auf:[48] Basisausbildung (erste Schritte auf dem Hundeplatz), Gebrauchshundesport (Fährtenarbeit, Unterordnung und Schutz), Turnierhundesport (Leichtathletik für Hund und Mensch), Agility (Tempo, Hürden, Steg, Slalom), Obedience (hohe Schule der Unterordnung) und Rettungshunde. Gemeinsam ist allen, dass ein gewisser Zeit- und Geldaufwand betrieben werden muss, was bedeutet, dass für die Hundehaltung im Alltag der Hundehalter ein Aufwand betrieben wird, der über den für die bloße Versorgung und Bewegung erforderlichen hinausgeht. Die differenzierte Betrachtung der verschiedenen Hundesportarten kann hier zurückgestellt werden, bis im Datenmaterial auftaucht, welche davon Herr Olescik betreibt. – Es könnten aber auch – und dies ist relevant für die Rolle der testierbaren Daten in der Analyse – diese Daten aus dem Forschungsgespräch herausgelöst und für sich analysiert werden (vgl. hierzu Loer 2015 [Diskurs], S. 303–313). In unserem Zusammenhang der Einführung in die Analyse von Forschungsgesprächen entscheiden wir uns dazu, diese Daten an der Stelle zu analysieren, an der sie auftauchen.

Wie könnte Herr Olescik die Frage nun beantworten? Er könnte a) eine Geschichte der Herleitung seines Interesses für den Hundsport erzählen, also als gereifte Entscheidung plausibilisieren, warum er sich damit beschäftigt; er könnte einen Anlass berichten, also eher das äußere Ereignis – sei es b) als innere Erfahrung und damit als eher plötzliche Entscheidung, sei es c) als äußeren Anstoß und damit weniger als Entscheidung denn als Ereignis. Von a) nach c) nähme die Autonomie seiner Entscheidung ab.

#00:07:07-1# HO: hhä \...

Die Interjektion, mit der Herr Olescik seine Antwort beginnt, die Andeutung eines Lachens, lässt eher eine Antwort vom Typus (c) erwarten – man kann weder die Darstellung einer reiflichen Überlegung (‚hhä das ist eine lange Geschichte‘) noch die eines faszinierten Angerührtseins (‚hhä ich war so von einem Fernsehbericht total fasziniert‘) beginnen.[49] In der Interjektion drückt sich aus, dass der Anstoß tatsächlich als solcher erfahren wurde und nicht nur als solcher dargestellt wird.

---

[48] http://www.dhv-hundesport.de/content/hundesport/; zuletzt angesehen am 19. Nov. 2021.
[49] Hier bilden wir Kontrastbeispiele, in denen die pragmatischen Erfüllungsbedingungen der Äußerung klarerweise *nicht* vorliegen.

…/ durch Zufall; \…

Die Äußerung entspricht der Erwartung, dass es sich bei der Zuwendung von Herrn Olescik zum Hundesport eher um eine Ereignis denn um eine Entscheidung handelt. Dabei bringt der elliptische Charakter der Äußerung, die den propositionalen Gehalt der vorausgegangenen Frage nicht wiederholt, das Ereignishafte deutlich zum Ausdruck.

…/ durch Zufall. \…

Die Wiederholung steigert noch den Charakter des Überraschenden am Ereignis. Gleichwohl müsste Herr Olescik nun den Zufall erläutern, war ja doch nach dem „Wie" des Beginns seiner Beschäftigung mit dem Hundesport gefragt.

…/ Wir haben nämlich \…

Nun wird – wie das kausale Adverb „nämlich" markiert: begründend – nachgeschoben, wie es zu dem Zufall gekommen ist. Auch darin wird das Überfallartige des Ereignisses deutlich – sprachlich markiert durch die Voranstellung des Ereignisses („durch Zufall"). Wer kann das „Wir" sein, von dem hier die Rede ist? Der Sprecher und seine Hunde können gemeint sein, wenn er gemeinsam mit ihnen den Hundesport entdeckte, nicht aber, wenn es darum geht, wie er überhaupt zur Hundehaltung gekommen ist. Zwar gab Herr Olescik oben schon ein Beispiel dafür, es bleibt aber doch nach wie vor relativ unwahrscheinlich, sich mit Tieren als Handlungseinheit zu begreifen. Ein naheliegender Kandidat ist die Familie, da die Anschaffung von Hunden in der Regel die ganze Familie betrifft.

…/ so= neunzehnhundertfünfunneunzig; \…

Herr Olescik verankert die Geschichte zeitlich, ungefähr („so = ") auf die Mitte eines Jahrzehnts zwanzig Jahre vor dem Forschungsgespräch. Damit ist nochmals deutlich, dass es sich um ein bedeutsames Ereignis gehandelt haben muss. Die Betonung markiert dabei den Beginn einer Erzählung.

…/ hab ich einen neuen \…

Der Wechsel vom „Wir" zum „ich" macht deutlich, dass der neue Hund (?) zwar die ganze Familie betraf (‚Wir haben so = 1995 einen neuen Hund angeschafft'), dass es aber einen Entscheider gab (‚so = 1995 hab ich einen neuen

Hund angeschafft'). Aufschlussreich ist zudem die leichte Stimmsenkung nach der Nennung der Jahreszahl, was das folgende wie einen Neueinsatz, wie eine Korrektur erscheinen lässt und somit den Subjektwechsel hervorhebt.

…/ Mercedes gekauft; (F: ja) Ce Klasse; \…

Mit dem überraschenden Objekt der Rede, dessen Zusammenhang mit dem Hundesport sich nicht ohne weiteres erschließt, wird deutlich, dass Herr Olescik relativ weit ausholt – zugleich wird das Unwahrscheinliche und Zufällige betont. Dass ein Mercedes angeschafft wurde, ist Ausdruck einer Wertschätzung von Qualität, Robustheit und Dauer und u. U. auch (wenn auch nicht unbedingt von Prestigestreben, zumal das damals kleinste Modell gewählt wurde, so doch) von Identifikation mit einem Symbol deutscher Wertarbeit;[50] allerdings ist Herr Olescik Paketfahrer,[51] bei dessen Gehalt die Anschaffung eines Neuwagens der Marke Mercedes doch eine erhebliche finanzielle Anstrengung voraussetzt, was die Wichtigkeit für ihn unterstreicht.

…/ hat ja fünfzigtausend Mark gekostet, (.) \…

Die Nennung der Kaufsumme macht das zuletzt gesagt deutlich; heute liegt das Einstiegsgehalt bei maximal € 1800,[52] weshalb ein Ratenkauf wahrscheinlich ist. Durch die Modalpartikel ‚ja' wird die nicht unerhebliche Kaufsumme als bekannt in Erinnerung gerufen (vgl. Weinrich 1993, S. 844). – Es bleibt die Frage der Relevanz dieses Erzählungsbeginns. – Wir bewegen uns ja im Rahmen des inneren Kontextes, der in die Generierung von Geschichten, in denen die pragmatischen Erfüllungsbedingungen für die Erzählung gegeben sind, eingeht. Wir müssen uns fragen, was die Erzählung vom Autokauf für die Frage des Beginns des Hundesports bedeuten kann. Es könnte aufgrund der Ausgaben ein Konkurrenzverhältnis thematisiert und damit gesagt werden, dass es relativ spät – weit nach dem Autokauf – war, dass Herr Olescik zum Hundesport kam.

---

[50] Auch dies ist ein (etwa mittels Kaufvertrag und Zulassungsbestätigung) testierbares Datum, das wir hier nicht vorab und unabhängig vom Forschungsgespräch analysieren, sondern in seinem Zusammenhang (s. o.).

[51] Die offizielle Berufsbezeichnung heute ist Fachmann für Kurier-, Express- und Postdienstleistungen.

[52] Das Durchschnittsgehalt beträgt aktuell € 2 100/Monat (https://www.ausbildung.de/ber ufe/fachkraft-postdienstleistungen/gehalt; vgl. auch: https://www.gehaltsvergleich.com/geh alt/Fachkraft-fuer-Kurier-Express-und-Postdienstleistungen; zuletzt angesehen am 19. Nov. 2021).

Das würde implizieren, dass er ihn schon länger anstrebte, er ihm wichtig war, aber er ihn aufschieben musste; diese Lesart passt allerdings nicht zu dem inneren Kontext des Zufalls. Es könnte auch heißen, dass er aufgrund seines Autos in der Lage war, die erforderlichen Wege zurückzulegen und dass er trotz der finanziellen Belastung damit begann; auch dies würde die subjektive Wichtigkeit des Hundesports für Herrn Olescik betonen.

.../ u=nd ich hab ja auch zwei Kinder, \...

Das Zögern in der Fortführung der Erzählung zeigt an, dass Herr Olescik selbst auf der Suche nach der angemessenen Darstellung ist. Dass er hier die Kinder erwähnt, könnte im Hinblick auf den inneren Kontext ein Hinweis auf eine weitere finanzielle Belastung (und damit u. U. auf die Wichtigkeit des Hundesports für ihn) sein. Die Modalpartikel ‚ja' könnte dafür sprechen: Es wird das Vorhandensein der Kinder als bekannt vorausgesetzt, da aber die Kinder zuvor nicht erwähnt wurden, wird etwas mit dem Vorhandensein der Kinder Verbundenes als bekannt angesehen; das kann in diesem Zusammenhang eben die finanzielle Belastung sein. Allerdings lässt das Präsens vermuten dass hier ein weiteres Thema eingeführt wird.

> Hier sei darauf hingewiesen, dass es bei dem Entwurf von Lesarten darum geht, die regelgemäß möglichen pragmatischen Erfüllungsbedingungen zu explizieren, um dann prüfen zu können, ob sie im tatsächlich gegebenen Kontext vorliegen. Andreas Wernet weist mit Recht auf folgendes hin: „Gerade in der Gruppendiskussion, aber auch in studentischen Hausarbeiten, ist im Zeichen einer übertriebenen und falsch verstandenen Kontextfreiheit gelegentlich die Tendenz zu beobachten, den Sinn der Interpretation absurderweise darin zu sehen, den tatsächlichen Kontext zu *erraten*. Man beugt sich über ein Protokoll und versucht, Sherlock-Holmes-artig auf den Sprecher und seine soziale Situation zu schließen. In gewisser Weise wird dabei die gedankenexperimentelle Formulierung des Normalkontextes mit dem ‚detektivischen' Entwurf eines tatsächlichen Kontextes verwechselt." (2021, S. 50; kursiv i. Orig.) – Mit „Normalkontext" ist bei Wernet der gedankenexperimentell entworfene Kontext bezeichnet, in dem die pragmatischen Erfüllungsbedingungen erfüllt wären.

.../ die sind ja schon dreißig und einunddreißig; (F: mhm) \...

Entsprechend wird das Thema näher bestimmt, was in einer Mischform aus appositivem Relativsatz (Relativpronomen „die") und Parenthese[53] (Hauptsatzstruktur mit dem Verb in Zweitstellung) geschieht. Sowohl darin also auch in

---

[53] Vgl. hierzu Eisenberg 1999/2001, S. 249 f.

dem Tempus-Adverb kommt auch eine Überraschung darüber zum Ausdruck, dass die Kinder „schon" so alt sind;[54] sicher soll zudem dem Forscher das Alter mitgeteilt werden,[55] was, da in „Kinder" die Bedeutungen ‚Nachkommen einer Person' und ‚Personen bis zum Jugendalter' amalgamiert sind (vgl. Brockhaus 1997-11, S. 725), der Präzisierung dient. Die genaue Altersangabe muss eine Relevanz aufweisen, weshalb anzunehmen ist, dass die Tatsache, dass die Kinder zum Zeitpunkt der erzählten Episode etwa zehn und elf Jahre alt waren, von Bedeutung für die Erzählung ist. Für das Thema ‚Auto' ergibt sich diese Bedeutung nicht ohne weiteres, da sie zum Fahren des Autos zu klein, für ein unangemessenes, etwa das neue Auto schädigendes Verhalten aber schon zu alt waren. Möglicherweise wird über die Kinder der Bezug zum Ausgangsthema: den Beginn des Hundsports, gesetzt.

…/ die haben damals, \…

Nun wäre zu erwarten, dass der Bezug zum Thema hergestellt wird; es folgt aber, wie die Stimmhebung vermuten lässt, ein weiterer Einschub.

…/ wir wohnten ja in *A-stadt* [anonymisiert] damals; \…

Der Wohnort könnte insofern relevant sein, als, wie wir hier abkürzend den testierbaren Daten entnehmen können, der Ort des (heutigen) Hundesports davon – je nach Stadtteil – etwa zehn bis zwanzig Kilometer entfernt liegt, was die Bedeutung eines Autos hierfür verdeutlichen könnte.

…/ die habn *Kampfsport B* [anonymisiert] trainiert; (F: ja) \…

Mit der Rückkehr zum Thema der Kinder wird ein weiteres Unterthema eingeführt, das immer noch nicht den Bezug zum Ausgangsthema erkennen lässt. Die Umwegigkeit der Erzählung exemplifiziert die Abwegigkeit des Zufalls, von dem Herr Olescik sprach.

…/ u=nd der eine war Nordrhein-Westfalen *Kampfsport B* [anonymisiert] meister geworden, und der andere, der jüngste, war der Dritte, \…

---

[54] Das Tempus-Adverb „schon" ‚korrigiert eine vorgegebene Erwartung' (vgl. Weinrich 1993, S. 227) und drückt so eine Überraschung darüber aus, wie schnell die Zeit vergeht.

[55] Hier könnte wieder die polnische Muttersprachlichkeit des Sprechers eine Rolle spielen und zu einer Interferenz von einem intendierten ‚jetzt' und poln. ‚już' für ‚schon' geführt haben.

Nun wird ein Ereignis benannt, das entweder die Unwahrscheinlichkeit der Beschäftigung mit dem Hundesport noch betont, oder, so ist zu erwarten, nun den – zufälligen – Anlass dafür bietet.

.../ ja und \...

‚Ich kam durch einen Wald, musste über einen Bach, fuhr über eine Kuppe, ja und dann sah ich die Burg.' Wie in diesem Beispiel hat „ja" hier am Beginn eines neuen Erzählabschnitts die Funktion einer Gliederungspartikel (s. Weinrich 1993, S. 836), man könnte sagen, dass sie auf die dem Gesprächspartner unterstellte Frage „Ist das, was Sie da erzählen, wichtig?", antwortet. Insofern muss nun deutlich werden, dass diese ganzen Einzelthemen zu dem Thema des Hundesports führen.

.../ als Belohnung da wollten die ma ein Hund haben; (F: aha) \...

Nicht das Thema des Hundesports direkt, aber das Thema ‚Hund' ist erreicht, was auch der Forscher mit der Dialogpartikel „aha" quittiert, womit er eben deutlich macht, dass das „Unverständnis [über die Relevanz der bisherigen Erzählelemente] beseitigt" ist (a. a. O.: 838). Was bedeutet es nun, dass Kinder sich einen Hund als Belohnung für einen sportlichen Erfolg wünschen? Man kann unterstellen, dass sie ihn sich schon zuvor gewünscht, aber nicht bekommen haben,[56] und nun („ma") die Leistung als Bestärkung des Wunsches ins Feld führen.[57] Insofern ist die Frage, was es bedeutet, dass Kinder sich einen Hund wünschen.

Auf der Basis von Untersuchungen zu tiergestützter therapeutischer Intervention (Julius et al. 2014; vgl. hier insbes. 266 f.)[58] kann vermutet werden, dass Hunde (und einige andere Haustiere) Ambivalenzen desambiguieren, etwa indem auch eine aufdringliche Zuwendung seitens des Kindes einen Reiz für den

---

[56] Angesichts der Broschüre mit Regeln für den Umgang mit Hunden, die der Verband für das deutsche Hundewesen für Kinder herausgegeben hat (VDH 2006 b), an denen die Gefahren für Kinder im Umgang mit Hunden deutlich werden, ist es nicht verwunderlich, dass der Wunsch von den Eltern nicht leichtfertig erfüllt wird.

[57] „Auch der amerikanische Präsident Barack Obama hat damals seinen beiden Töchtern einen vierbeinigen Spielkameraden als Belohnung dafür versprochen, dass sie seine häufige Abwesenheit während des US-Wahlkampfs so tapfer hingenommen haben. Als Amerikas ‚First Dog' zog dann der Portugiesische Wasserhund ‚Bo' ins Weiße Haus ein." (Böhler o. J.).

[58] Die von Julius et al. gegebene Deutung der dort beschriebenen Phänomene ist allerdings unzureichend; es müssten dringend einmal Protokolle von therapeutischen Sitzungen untersucht werden, um hier angemessenen Aufschluss zu erhalten.

Hund darstellen kann, auf den er mit dem Muster des Spiels reagiert, was seitens des Kindes als unvoreingenommene Zuwendung gedeutet werden könnte. Für das Kinderspiel, in dem Phantasien in die Welt projiziert werden, bieten sich Hunde als ‚Mitspieler' an, da sie aktiv und in Teilen eben ‚angemessen' auf diese Projektionen reagieren (vgl. Loer 2016 [Hunde], S. 220 f.).

> …/ ich kam ja von der Arbeit wie gewöhnlich so um diese Uhrzeit [ca. 19:15 Uhr], (F: ja) \…

Nun wird mit der Benennung einer konkreten, zeitlich im Tagesablauf angebenen Situation die Erzählung des besonderen Ereignisses eingeleitet. Vermutlich erfuhr Herr Olescik da von dem Sieg seiner Kinder und von ihrem Wunsch.

> …/ ich sagte zu meiner Frau, *ich sach auf* [verschliffen, hauchend] \…

Die Situation wird erzählt und – was der Wechsel ins Präsens und die Intonation ausdrücken – aktualisiert. Zugleich – nicht seine Frau oder die Kinder kommen mit der Neuigkeit heraus, sondern Herr Olescik äußert sich zunächst – wird wieder durch eine Verzögerung die Spannung erhöht.

> …/ keinen Fall; (F: ja) \…

Diese Äußerung kann – mit der Stimmsenkung am Ende – nur als Antwort auf eine Frage oder Forderung getan werden. Damit wird deutlich, dass doch zunächst Frau Olescik gesprochen – und eben wahrscheinlich den Wunsch der Kinder mitgeteilt – haben muss. Insofern haben wir es nicht mit einer Verzögerung, sondern mit einer Beschleunigung durch Auslassung zu tun. Von dem Wunsch der Kinder hatte Herr Olescik ja bereits berichtet; nun kommt es auf seine – überraschende – Reaktion an: Er will – definitiv, wie die Betonung markiert – dem Wunsch (immer noch) nicht nach geben.

> …/ kein Hund, nee, nee, (F: ja) nee; \…

Damit macht Herr Olescik deutlich, dass die Beschäftigung mit dem Hundesport keinesfalls auf sein Bestreben zurückgeht; nicht er war es, sondern eben der „Zufall".

…/ da sagte die, is gut, leih mir n Wagen, den neuen, und ich fahre da hin, hol den Hund ab; \…

Nun werden die Erzählstränge zusammengeführt: Frau Olescik will mit dem Wagen ihres Mannes, der offensichtlich nicht Familien-, sondern individueller Besitz ist, einen Hund holen; sie lässt sich von dem Widerspruch ihres Mannes also nicht beeinflussen, ja, der bestimmte Artikel macht deutlich, dass der Hund bereits ausgewählt ist, dass es nur noch um das Abholen geht. Die Apposition „den neuen" lässt allerdings ahnen, dass Herr Olescik dem Leihbegehren nicht zustimmen wird. Dass Frau Olescik hier mit Relativpronomen und nicht mit Personalpronomen bezeichnet wird, kann einerseits eine Empörung darüber ausdrücken, dass die Ehefrau das neue Fahrzeug fahren möchte, hierfür spricht die Apposition; es könnte zudem durch die Nicht-Muttersprachlichkeit[59] mit motiviert sein.

…/ ich sach eeh nee, nee, da fahr ich lieber; (lacht) (F: lacht) \…

Das neue Auto ist Herrn Olescik zu wichtig, als dass er jemand anderen – und sei es seine Frau – damit fahren ließe. Um das zu verhindern, lässt er sich womöglich überrumpeln, was den abgelehnten Wunsch nach einem Hund angeht.

…/ und seitdem haben wir Hunde; (F: aha) \…

Dies ist denn auch der „Zufall" auf den die Geschichte zustrebt. Allerdings muss die Zufallsgeschichte relativiert werden, denn dieser eine Hund der Kinder, der zwanzig Jahre vor dem Forschungsgespräch angeschafft wurde, kann kaum noch am Leben sein und kann als solcher auch nicht als Ursache dafür gelten, dass die Familie Olescik immer noch Hunde hat. Indirekt aber – im Rahmen des inneren Kontextes erhält die Erzählung ja ihre Relevanz als Herleitung für die Beschäftigung mit dem Hundesport – wird der erste, nach Überrumpelung angeschaffte Hund als Grund angeführt – und damit das Moment der Entscheidung getilgt. Was aber ist es, das den ersten Hund zum Grund für die Perpetuierung der Hundehaltung qualifiziert? Herr Olescik müsste die Begründung explizieren – etwa: ‚weil der erste Hund, nachdem die Kinder auszogen, bei uns blieb und ich mich daran gewöhnt habe, nach der Arbeit einen Spaziergang mit Hund zu machen' oder ähnlich. Dann bliebe zwar objektiv immer noch die ‚Gewöhnung' erklärungsbedürftig, subjektiv aber würde dies ausreichen.

---

[59] Im Polnischen wird die Person in der Regel nicht mit Personalpronomen benannt, vielmehr ist sie in der Verbkonjugation repräsentiert.

…/ leider die is leider verstorben vor fünf Jahren, a= (F: ah) \…

An die Stelle der Begründung tritt nun die Mitteilung, dass Frau Olescik fünf Jahre zuvor – also 15 Jahre nach Anschaffung des Hundes – verstorben ist.[60] Was ist damit gesagt? Wir wissen nicht, ob zu dem Zeitpunkt der erste Hund noch lebte, es ist aber unwahrscheinlich.[61] Es könnte also sein, dass Herr Olescik nach dem Tod seiner Frau sich einen neuen Hund angeschafft hat oder – was wahrscheinlicher ist, da er ja zuvor sagte „seitdem haben wir Hunde" – dass sie gemeinsam einen weiteren Hund angeschafft hatten; beides wäre zu deuten als eine Fortsetzung ihrer gemeinsamen Geschichte mit Hilfe des gewissermaßen als Erinnerungsobjekt[62] dienenden Hundes. Dies ist umso plausibler als Frau Olescik die gemeinsame ‚Hundegeschichte' initiiert hat.

…/ kann man nicht ändern; (F: ja) \…

In die Unabänderlichkeit des Todes seiner Frau fügt Herr Olescik sich, realistisch und schicksalsergeben. Dass er aber etwas Selbstverständliches ausspricht, verweist darauf, dass es eine gegenteilige Erwartung gibt: den Wunsch des Sprechers, es möge anders sein. – Was kann hier folgen? Die Benennung des Schicksals, in das Herr Olescik sich fügt, erfordert eine Stellungnahme dazu, die inhaltlich die Perspektive entweder auf die Folgen legen und diese positiv oder negativ werten kann (‚und das ist auch gut so, ergab sich daraus doch…' – ‚und das ist sehr bedauerlich, denn mein Leben ist seitdem trist…'), oder auf die Vergangenheit und die subjektive Beziehung dazu (‚ich vermisse die Zeit mit ihr…').

…/ ach ach ach, [leise] \…

Entsprechend folgt nun mehrfach der Empfindungslaut[63] „ach". Zwar kann diese Interjektion verschiedene Nuancen ausdrücken – so, wie wir oben gesehen haben,

---

[60] Dass „die" sich nicht auf den Hund bezieht, ergibt sich aus dem Geschlecht und aus dem Verb, da man bei Tieren ‚verenden', allenfalls ‚sterben' sagt, keinesfalls aber das „gehobene, feierliche ‚versterben'" (Duden (2001 [RGD], Lemma ‚sterben/versterben') verwendet.

[61] Zur Lebenserwartung von Hunden s. Heger 1976, S. 253 ff.

[62] Analog zu Freuds Rede von „Ersatzobjekt", wenn das ursprüngliche Objekt noch vorhanden ist, aber aus verschiedenen psychischen Gründen nicht zur Verfügung steht (vgl. etwa 1913/1961, S. 40 f.), können wir von ‚Erinnerungsobjekt' dann sprechen, wenn das ursprüngliche Objekt grundsätzlich nicht mehr zugänglich ist.

[63] „Die Interjectionen oder Empfindungslaute" sind „unmittelbare Äußerungen des Gefühls, Ausdruck der unwillkürlich in Laute ausbrechenden Empfindung" (Heyse 1838/1972, S. 910).

Abwiegelung, Betroffenheit (‚ach Gott‘), Bedauern, Erstaunen (‚ach, wirklich?‘;
‚ach so!‘) – muss aber an dieser Stelle wohl als klagend, als Interjektion des
(schmerzhaften) Bedauerns[64] verstanden werden. Als diese richtet sie sich an
den Sprecher selbst (‚ach, ich Armer‘) oder aber an die imaginierte verlorene
Person.

> …/ *ach Paula,* [leise] \…

Anwesend in der äußeren Realität ist die junge Hündin Paula; indem Herr Olescik
diese als ein empfindendes Wesen adressiert, das Trauer mitempfinden, das mit-
leiden kann, unterstellt er ihr diese Empfindungsfähigkeit und setzt sie zugleich
in eins mit seiner verstorbenen Frau, an die als imaginierte, erinnerte Person, die
in seiner inneren Realität als Wunsch aufscheint, er sich richtet. Die Tatsache,
dass es sich bei Paula um ein Tier handelt, wird negiert; es wird behandelt, als
ob es ein Mensch wäre wie die verstorbene Frau.

Es stellt sich nun die Frage, warum die Interjektionsfolge „ach ach ach,“
hier anders verstanden wird als an der vorigen Stelle (s. o.). Hier zeigt sich
die Relevanz der Beachtung der Sequentialität. An dieser Sequenzstelle, d. h.
im Anschluss an das trauernde Bedauern des Verlusts der Gattin ist die Interjektion als klagend und bedauernd zu verstehen, dies ist ihr objektiver Sinn, der
einerseits durch die sprachlichen und pragmatischen Regeln konstituiert wird, die
die objektive Bedeutung der Äußerung konstituieren (s. o. zu den verschiedenen
Nuancen der Interaktion), andererseits durch die Anschlussregeln, die sich aus
der Stellung in der Handlungs-, hier: Äußerungssequenz ergeben (s. o. zu der
Frage ‚Was kann hier folgen?‘).

Exkurs zur Unterscheidung von objektiver Bedeutung und objektivem Sinn

Hier[65] müssen wir die in der terminologischen Unterscheidung von Sinnstruktur und
Bedeutungsstruktur einer einzelnen Äußerung zum Ausdruck gebrachte begriffliche
Unterscheidung erläutern. Sie kann aufschlussreich mit der Unterscheidung von Sinn
und Bedeutung nach Frege analogisiert werden. Bei Frege heißt es: „Es liegt nun nahe,
mit einem Zeichen (Namen, Wortverbindung, Schriftzeichen) außer dem *Bezeichne-*
ten, was die *Bedeutung des Zeichens* heißen möge, noch das verbunden zu denken, was
ich den *Sinn des Zeichens* nennen möchte, worin die *Art des Gegebenseins* enthalten
ist.“ (Frege 1892, S. 26; kursiv von mir, TL) In gleicher Weise kann bei einer Äußerung die unabhängig von ihrer Sequenzstelle ihre durch semantische, syntaktische und

---

[64] „So entsteht aus ach das Verbum ächzen“ (Heyse 1838/1972, S. 910; gesperrt i. Orig.).

pragmatische Regeln generierte *objektive Bedeutung* unterschieden werden von ihrem durch ihre Position innerhalb einer Äußerungssequenz hervortretenden *objektiven Sinn*. Allerdings ist dies nicht kontextualistisch misszuverstehen; vielmehr ist der durch die Position innerhalb einer Äußerungssequenz, *durch „die Art des Gegebenseins"* zum *Vorschein gebrachte Sinn: die Sinnstruktur einer Äußerung*, eine praktische Realisierung der *unabhängig von „der Art des Gegebenseins" vorliegenden, umfassenden objektiven Bedeutung*.

Ulrich Oevermann bezeichnet in seinen Ausführungen die Bedeutungsstruktur einer Sequenz von Äußerungen als ‚objektive Bedeutungsstruktur', die Bedeutungsstruktur einer einzelnen Äußerung hingegen meist als „latente Sinnstruktur" (vgl. insbes. 1993 [supervisorPrx], S. 249 ff.). Diese Unterscheidung amalgamiert drei verschiedene Unterschiede (vgl. hierzu Loer 2016 [objektiv/latent]): *(manifest) vs. latent, (subjektiv) vs. objektiv* und *Bedeutung vs. Sinn* (dabei sind die hier in Klammern gesetzten Relata nur indirekt thematisch). Dass Oevermann bei der Bezeichnung des durch die Position innerhalb einer Äußerungssequenz bestimmten objektiven Sinns das Epitheton ‚latent' verwendet, ist zurückzuführen auf die Entstehung der Objektiven Hermeneutik (s. Einleitungskapitel), für die gerade die Entdeckung der von den Handelnden nicht subjektiv realisierten objektiven Bedeutung entscheidend war – derjenigen Bedeutung, die für die Handelnden wegen des Handlungsdrucks, unter dem sie stets stehen, in der Regel systematisch latent bleibt und nur selektiv in subjektiv-intentionalen Realisierungen manifest wird; die damals erhellende Bezeichnung, die dort ihren guten *Sinn* hatte, wurde aus einer gewissen nostalgischen Laxheit beibehalten.[66] Für den rekonstruierenden Forscher ist die Unterscheidung latent vs. manifest nur als eine Unterscheidung innerhalb seines Gegenstandsbereichs aufschlussreich. Epistemologisch betrachtet hingegen ist auch das Unbekannte, dem er sich untersuchend zuwendet, nicht latent – wie sollte er sich ihm sonst zuwenden? –, sondern eben nur unbekannt, d. h. noch nicht prädiziert. Dazu zählen dann sowohl die Momente der untersuchten Bedeutungsstruktur, die für Praxis latent, wie jene, die für sie manifest sind.

Das Verhältnis von *manifester* und *latenter* Bedeutungsstruktur einer Äußerung müsste also wie folgt ausgedrückt werden: Der Forscher rekonstruiert durch Bestimmung der pragmatischen Erfüllungsbedingungen einer Äußerung die objektive, der handelnden Praxis zum Teil manifeste, zum (meist größeren) Teil latente, durch geltende Regeln konstituierte Bedeutungsstruktur dieser Äußerung.

Das Verhältnis von objektiver *Bedeutungs*struktur und objektiver *Sinn*struktur einer Äußerung hingegen haben wir oben bestimmt: Der Forscher rekonstruiert die objektive Bedeutungsstruktur der Äußerung, die durch geltende Regeln konstituiert wird, durch Bestimmung der pragmatischen Erfüllungsbedingungen dieser Äußerung und auf der Folie dieser Rekonstruktion die objektive Sinnstruktur durch Hinzuziehung des inneren Kontexts der Analyse. Daraus folgt auch, dass bei der Analyse der ersten Äußerung eines Protokolls objektive Bedeutungsstruktur und objektive Sinnstruktur nicht unterscheidbar sind. Dies wiederum zeigt, dass es sich hier um keinen ontologischen, den Dingen anhaftenden Unterschied handelt, sondern um eine methodologische Differenzierung, die Aspekte des Datenmaterials unterschiedlich akzentuiert.

Schließlich kann das Verhältnis von *objektiver* Bedeutung zum von den Handelnden *subjektiv* realisierter Bedeutung so bestimmt werden, dass die Aspekte der Bedeutung, die subjektiv realisiert werden als manifest, die darüber hinausgehenden Aspekte als latent bezeichnet werden können, wobei der Begriff der objektiven Bedeutung beide Typen von Aspekten enthält.

…/ *jawoll*, [leise] \...

Offensichtlich reagiert der Hund auf Herrn Olescik, was von diesem in dem Moment der Trostbedürftigkeit als Zuwendung gedeutet wird, was ja aufgrund des sozialen Entgegenkommens für kulturelle Umdeutung (s. o.) auch möglich ist. Insofern kann man hier von einer Verschmelzung von zwei Bedeutungsaspekten der Interjektion „ach" sprechen. Dass die objektive Bedeutung der Interjektion diese Aspekte enthält, erlaubt es, einerseits – durch den Anschluss an die vorhergehende Sequenzstelle – den Sinn ‚klagend' und andererseits – durch Anschluss an das Verhalten des Hundes – den Sinn ‚abwiegelnd' zu realisieren und damit das Klagen zugleich zum Ausdruck zu bringen und zu verbergen.[67] Die kulturelle Umdeutung des sozialen Entgegenkommens im Verhalten des Hundes scheint es generell zu erlauben eine Wirklichkeit zu fingieren und in der fingierten Wirklichkeit der Beziehung zum Hund kann der Hundehalter verweilen – *als ob* sie wirklich wäre.

---

[65] Vgl. hierzu Loer 2006 [Streit], S. 353 f.

[66] Durch das Epitheton ‚latent' zusätzlich betonen zu wollen, dass die objektive Bedeutungsstruktur „logisch unabhängig von ihrer Manifestation der mentalen Repräsentanz von Subjekten" (Oevermann 2004 [Adorno], S. 194), eben den subjektiv-intentionalen Realisierungen, ist, ist für sich genommen überflüssig, ist doch diese Unabhängigkeit schon im Attribut ‚objektiv' behauptet und im Argument der Regelkonstituiertheit von Bedeutung begründet.

[67] Hätte man hier nachgefragt, so ist zu vermuten, dass für Herrn Olescik der Sinn des Abwiegelns vermutlich manifest, der des Klagens hingegen latent gewesen wäre (vgl. hierzu auch die Diskussion Freuds über die methodische Bedeutung des Erfragens eines latenten Sinns, 1917/1973, S. 58 ff.). Das macht erneut deutlich, dass, wie im Exkurs ausgeführt, die terminologische Unterscheidung Oevermanns zwischen objektiver Bedeutungsstruktur und latenter Sinnstruktur die folgenden Unterschiede amalgamiert: einerseits (a) den zwischen (a.1) einer Bedeutung bzw. einem Sinn, die bzw. der dem Handelnden *manifest,* und (a.2) einer Bedeutung bzw. einem Sinn, die bzw. der ihm *latent* ist, und andererseits (b) den zwischen (b.1) der (umfassenden) *Bedeutung* und (b.2) dem (von der Sequenzstelle abhängigen) *Sinn* einer Äußerung.

…/ aber \…

Mit dem Adversativ-Junktor „aber" wird eine Kontrastierung eingeleitet. Wozu kann das nun Folgende einen Kontrast bilden? Unmittelbar vorher hatte Herr Olescik im Modus der Schicksalsergebenheit sein Bedauern und im Anschluss daran die Empfindung der Trauer und der Klage zum Ausdruck gebracht. Es könnte also etwas zur Trauer in Kontrast Stehendes folgen – etwa: ‚aber wir hatten eine schöne Zeit', womit die bleibende Erinnerung an die schöne Zeit die Trauer über den Verlust aufwöge.

…/ die Hunde sind ja geblieben, \…

Kontrastiert und damit aufgewogen wird die Trauer um den Verlust der Gattin durch das Überdauern der Hunde. Was Herr Olescik in der vorhergehenden Zuwendung zum Hund Paula vollzogen hat, benennt er nun: die Zuwendung zu den Hunden tritt an die Stelle der nicht mehr möglichen Zuwendung zur Gattin.

…/ und die bleiben immer da, und (‘) \…

Damit ist der Vorteil der fingierten Wirklichkeit benannt: Sie kann nicht durch das Schicksal zerstört werden, da die Hunde als Objekte im Modus des Als-Ob in der Realität ja ersetzt werden können, ohne ihren Status in der fingierten Wirklichkeit zu verlieren.[68]

…/ das funktioniert ja;

Das klingt nun fast wie ein Kommentar zu dem von uns rekonstruierten Mechanismus…
    Unsere bereits formulierte erweiterte Fallstrukturhypothese: *dass Herr Olescik sich in seiner Hundewelt absondert und damit etwas zu kompensieren scheint, das zu erreichen ihm nicht (mehr) möglich ist, das erreicht zu haben ihm aber sein Umgang mit den Hunden ersatzweise anzunehmen erlaubt* (s. o.), hat sich bestätigt und kann dahingehend präzisiert werden, dass der die Fallstruktur kennzeichnende rekonstruierte Mechanismus als das Fingieren einer Wirklichkeit bestimmt

---

[68] In der 992. Folge der Krimi-Reihe ‚Tatort' „Die Kunst des Krieges" (ausgestrahlt am 4. Sept. 2016) wird dem grantigen Kommissar Oberstleutnant Moritz Eisner, nachdem der ihm im Laufe der Ermittlungen zugelaufene Mischling (ähnlich einem Brasilianischen Terrier) namens Börsi vergiftet wurde, von seiner Kollegin und seiner Tochter ein Welpe gleicher Rasse geschenkt, den sie ebenfalls Börsi nennen.

wird, bei dem die Hunde aufgrund ihres sozialen Entgegenkommens für kulturelle Umdeutung privilegiert sind, den Status von Objekten im Modus des Als-Ob einzunehmen. Dabei ist die Kommunikation von Herrn Olescik mit der wirklichen Welt stark von der Absonderung in der fingierten Welt bestimmt – auch wenn er gleichwohl nicht die fingierte Wirklichkeit für die wirklich Welt hält, also nicht pathologische Züge einer Psychose mit „Verlust des Kontaktes mit der Realität" aufweist (Laplanche und Pontalis 1967/1982, S. 415). Wenn nun jemand im Bewusstsein, dass sie *nicht* wirklich so ist, handelt *als ob* die Welt wirklich so wäre, so bezeichnen wir diese Welt bzw. dieses Handeln als fingiert. Die Hunde werden also als menschliche Partner des kommunikativen und emotionalen Austauschs fingiert. Hans Vaihinger hat gezeigt, dass „alle Fiktionen schließlich auf die k o m p a r a t i v e A p p e r z e p t i o n zurückzuführen" (1911/1920, S. 95; Sperrung i. Orig.)[69] sind, das heißt auf ein vergleichendes urteilendes Erfassen. Herr Olescik vergleicht also sein reales Leben mit den Hunden mit den objektiv-realen Möglichkeiten eines Lebens, bei dem die Hunde menschliche Partner des kommunikativen und emotionalen Austauschs wären, die gar seine verstorbene Frau ersetzen könnten, und erfährt es *als ob* er diese Möglichkeiten ergreifen könnte. Anders als im Kinderspiel: ‚du wärest jetzt wohl meine Frau und wir würden zusammen kochen', wird den als Kommunikationspartner fingierten Hunden der Modus des Als-Ob nicht mitgeteilt; dies würde dann ja auch strukturell seine Aufhebung darstellen.

Versuch der Falsifizierung der Fallstrukturhypothese

Von der klaren Bestimmung einer Fallstrukturhypothese hängt es ab, ob sich Falsifikatoren benennen lassen. Diese müssen unter Berücksichtigung des Datenmaterials gedankenexperimentell konstruiert und dann in ihm gesucht werden. In unserem Fall müssten wir im Material Stellen finden, an denen Herr Olescik *eine nichtkompensatorische, sondern klarerweise realistische Haltung gegenüber seinen Hunden* an den Tag legt. Hierfür eignet sich das vorliegende Forschungsgespräch

---

[69] Hier geht es nicht um literarische Fiktionalität, weshalb die Einschränkung, die Käte Hamburger an Vaihingers Bestimmung zu Recht vornimmt, unsere Analyse nicht berührt. Hamburger weist darauf hin, dass Vaihinger die Differenz von fingiert und fiktiv nicht beachtet (1957/1987, S. 58), und macht deutlich, dass in literarischen Fiktionen „der Schein von Wirklichkeit erzeugt" wird (a. a. O.: 59), in dem wir, solange wir etwa lesen, „verweilen, doch nicht so, als ob es eine Wirklichkeit wäre" (a. a. O.: 60). In der fingierten Wirklichkeit, hier der des Hundes, jedoch verweilen wir, als ob sie wirklich wäre. Damit ergibt sich eine Wirkmächtigkeit dieser Wirklichkeit.

in besonderer Weise, da ja ein weiterer Hund anwesend ist, und zwar ein ausgewachsener Hund, der u. U. auch weniger soziales Entgegenkommen für kulturelle Umdeutung zeigt. Es wären also Stellen aufzusuchen und einer genauen Analyse zu unterziehen, in denen Herr Olescik sich auf diesen Hund bezieht.

Wir hatten oben bereits die Äußerung „Jola warte;" analysiert; dort verwendet Herr Olescik dem Hund Jola gegenüber Namen und Befehl als Signalwörter, zeigt also eine realistische Haltung, die mit der Haltung gegenüber dem Hund Paula kontrastiert. Dies ist zunächst noch kein Hinweis auf eine Falsifikation, sondern darauf, dass der Umgang mit seine Hunden unterschiedlichen Mustern folgt. Nun ziehen wir die weiteren Stellen heran, in denen das Verhalten des Hundes Jola eine Rolle spielt. Es handelt sich dabei um insgesamt sieben weitere Stellen; außerdem gibt es noch zwei Stellen, an denen Herr Olescik über den Hund Jola spricht.

#00:03:39-4# F: oh das is sicher sehr aufwendig, oder,

#00:03:40-9# HO: ja= aber das macht ja <u>sehr</u> viel Spaß; aha! \...

Über das, worüber der Forscher und Herr Olescik hier sprechen, teilen sie die Einschätzung, dass es „sehr aufwendig" ist, wobei Herr Olescik aber deutlich macht, dass dieser Aufwand für ihn durch den „Spaß", den es ihm macht, aufgewogen wird, und dass dies als geteilt („ja") unterstellt werden kann. Wenn wir gedankenexperimentell mögliche Referenten für das anaphorische Relativum „das" konstruieren – wir analysieren diese erste Sequenz der zur Falsifikatikonsprüfung ausgewählten Stelle wieder kontextfrei –, so finden wir etwa aufwendige Freizeitbeschäftigungen wie Gleitschirmfliegen, bei dem man aufwendig das Material auf den Berg schaffen muss, oder Wildwasserfahren, wo man Material und Fahrzeuge zum Ausgangspunkt und zum Zielpunkt der Tour bringen muss, etc. Hier liegt es natürlich nahe – wie wir wissen, dürfen wir Kontextwissen zum Produzieren von Lesarten benutzen, nicht aber zu deren Ausschluss –, dass der Forscher sich auf den Hundesport bezieht, von dem Herr Olescik beteuert, dass er „sehr viel Spaß" mache; die Betonung wie auch die Modalpartikel ‚ja' (vgl. oben) lassen deutlich werden, dass der ja nur leise Zweifel, der in der Frage des Forschers sich andeutet, Herrn Olescik heftiger umtreibt, er also gewissermaßen sich selbst überzeugen muss. Das verwundert, haben wir doch deutlich gesehen, dass die Hundehaltung für ihn eine eindeutige kompensatorische Funktion hat, die sich mit Zweifel nicht verträgt. Ziehen wir nun den Kontext (#00:03:22–1# HO) heran, so sehen wir, dass das Relativum sich auf die Ausbildung der Hunde durch Herrn

Olescik bezieht, von der dieser zuvor berichtete. Was müssen wir daraus schließen? Die Ausbildung der Hunde hält auch Herr Olescik ohne Frage für sehr
aufwendig („ja = "), aber Zweifel daran, dass es sich lohnt, verbietet er sich.
Woher kommen die Zweifel? Eine mögliche Deutung wäre hier, dass der Hundesport Herrn Olescik als rationalisierende Rechtfertigung für die Hundehaltung
dient, der eigentlich ein anderes, ihm latentes Motiv zugrundeliegt.

Worauf bezieht sich nun die Dialogpartikel „aha!"? Sie drückt ja starke Überraschung aus und besagt zugleich, „daß die überraschende Information einen
bestehenden Informationsmangel oder ein Unverständnis beseitigt hat" (Weinrich 1993, S. 838) Was Herr Olescik selbst geäußert hat, kann nicht sein eigenes
Unverständnis beseitigen. Es muss sich also auf eine hier akustisch nicht präsente
Wahrnehmung beziehen. Herr Olescik muss also etwas gesehen haben, dass ihn
überrascht und zugleich etwas plausibel macht.

> …/ *Jola!* [laut] (..) hier! \…

Hier haben wir das gleiche Muster wie zu Beginn, wo der Name ebenfalls als
Aufmerksamkeitssignal genutzt wurde, dem ein Befehlssignal folgt. Das ein so
bestimmtes und deutliches Befehlssignal gegeben wird, indiziert eine brisante
Situation. Dies passt zu der Partikel „aha!", wird Herr Olescik das überraschende
Verhalten seines Hundes Jola – etwa ein Losstürmen, das er mit dem Berfehlssi-
gnal abbrechen will – zugleich mit dem Anlass dafür, etwa eine läufige Hündin
auf der anderen Straßenseite oder einen flüchtenden Hasen, wahrgenommen
haben.

> …/ (..) hier Fuß! (.) {hier Fuß! (Knurren, Ansatz zu Gebell)} \…

Offensichtlich widersetzt der Hund sich dem Befehl, selbst als dieser wiederholt
wird. Obwohl der Hund hier also einem eigenen Verhaltensimpuls, der den von
den Befehlen seines Herrn ausgehenden entgegensteht, folgt, bleibt Herr Olescik
bei dem Versuch, andressiertes Verhalten auszulösen.

> …/ (4 s wütendes Knurren und Gebell) {(Knurren und Gebell und Winseln) schnell!
> *xxx!* [unverständlich] Platz!} {(lautes Gebell) Platz! (..) Platz! (..) Platz! Komm! (.)
> Platz! (..) \…

Das Hin-und-Her zwischen Herrn Olesciks Versuch, den Hund zu einem
gewünschten Verhalten zu bewegen, und dem widerspenstigen Verhalten des Hundes zieht sich eine Weile hin. Nun wäre es aufschlussreich, mittels eines Videos

das begleitende Verhalten des Hundes zu sehen; so müssen wir davon ausgehen, dass letztlich der Herr dem Hund das gewünschte Verhalten aufzwingt. Das Winseln stammt von einem jüngeren Hund, wir müssen davon ausgehen, von dem Hund Paula. Möglicherweise reagiert Paula damit auf die für sie (noch) ungewohnten, bestimmenden Befehle von Herrn Olescik – oder es findet ein weiteres Ereignis statt, das das Verhalten beider Hunde (mit) beeinflusst.

.../ das tut ja keiner dem Kleinen was,} (..)\\...

In die bisherige sachlich-funktionale Form der Verhaltensbeeinflussung hinein redet Herr Olescik mit seinem Hund beschwichtigend. Nun könnte es sein, dass der Tonfall einen beschwichtigenden Reiz für eine Verhaltensreaktion des Hundes darstellt. Allerdings geht Herr Olescik darüber klarerweise hinaus, indem er dem Hund redet, als könne er ihn inhaltlich verstehen, ja, als könne er ihm mit der Modalpartikel ‚ja' anzeigen, „daß er den Sachverhalt als bekannt ansehen soll" (Weinrich 1993, S. 844), womit er das Verhalten des Hundes zugleich als aus einer Sorge heraus motiviert unterstellt, deren Grund er ihm beschwichtigend zu nehmen versucht. Er versucht also, ihn zur Einsicht zu bewegen, als ob er ein argumentative Zusammenhänge verstehender Mensch wäre. Zugleich müssen wir annehmen, dass hier tatsächlich ein weiteres Ereignis stattfindet, dass, so unterstellt Herr Olescik, der Hund Jola fälschlich als Bedrohung deutet. An dieser Stelle nehmen wir den Kommentar des Forschers hinzu, der für die Stelle festgehalten hat:

F-Kommentar zu #00:03:40-9#:

„Ein anderer Spaziergänger mit einem großen Schäferhund passiert auf der anderen Straßenseite Herrn Olescik und den Forscher."

Nun lässt sich das Verhalten des Hundes Jola vermutlich aus einer natürlichen Rivalität gegenüber dem fremden Hund erklären. Herr Olescik deutet es aber, wie gesagt, in seiner Beschwichtigung als fürsorgliches Verhalten, das sich aus der für den Hund Paula drohenden Gefahr durch den fremden Hund speist.

.../ sitz! \\...

Die Rückkehr zu der sachlich-funktionalen Form der Verhaltensbeeinflussung macht deutlich, dass Herr Olescik sehr wohl sieht, dass es sich bei Hunden um dressierbare und dressierte Tiere handelt, die entsprechend mit Signalen zu steuern sind. Wie wir oben auslegten, bewegt er sich in einer fingierten Welt, die er aber eben nicht pathologischerweise für die wirklich Welt hält.

> …/ ah die hat das schon ausgekikt, dass da einer dem Kleinen was macht (F: ja, ja) \…

Wir kürzen nun ab, nur auf Aspekte achtend, die unserer bisherigen Rekonstruktion etwas hinzufügen oder ihr widersprechen. – Offensichtlich erläutert Herr Olescik hier in einer etwas eigenwilligen Ausdrucksweise dem Forscher das Verhalten des Hundes, als aufmerksame Vorsicht gegenüber einer Gefahr, die von dem fremden Hund für den Welpen Paula ausgehen könnte.

> …/ is ja schon gut; (..) hätt er des ja gemeldet, hätt er \…

Erneut beruhigend wendet Herr Olescik sich dem Hund zu, verbleibt aber im Gespräch mit dem Forscher. Ist damit der Aspekt der Absonderung als Moment der Fallstrukturhypothese falsifiziert?

> …/ {(Winseln) (..) na komm;} (.) Du musst an die Leine, (6 s) \…

Offensichtlich changiert Herr Olescik hier zwischen dem Gespräch mit dem Forscher und der (vermeintlichen)[70] Kommunikation mit den Hunden; dass er sechs Sekunden verstreichen lässt, bevor er das Gespräch wieder aufnimmt, zeigt allerdings, dass eher zu diesem gehörende Äußerungen den Status von Einsprengseln in die laufende Handlung haben und nicht etwa umgekehrt die ‚Kommunikation' mit den Hunden lediglich Beiwerk darstellt.

> …/ gut dass die unter Kontrolle noch stehen, warte! da kommt ein Auto; (F: ja) \…

Hier zeigt sich das Changieren in nuce, deutet der Forscher offensichtlich als an sich gerichtet, was in seinem sequentiellen Anschluss an die Aufforderung „warte!", die möglicherweise zugleich ein Signalwort für den Hund ist, eine Begründung für diese und damit eine als verstehbar unterstellte Adressierung an den Hund darstellt.

Wir brechen hier die Darstellung der weiteren Analyse ab, da sich keine Falsifikation der Fallstrukturhypothese durchführen ließ. Das Ziel unserer Analyse: das

---

[70] S. o. den Exurs zum Terminus ‚Kommunikation'.

Handeln von Herrn Olescik, sofern es den Umgang mit seinen Hunden betrifft, zu verstehen und aus seiner Fallstrukturgesetzlichkeit heraus zu erklären, kann als erreicht gelten. Wir können die oben formulierte Fallstrukturhypothese als eine – explanative – Gesetzlichkeit formulieren: *Wenn immer Herr Olescik in Beziehung zu seinen Hunden tritt, begibt er sich in eine mit den Hunden geteilte fingierte Welt hinein, was zur Folge hat, dass er sich aus der wirklichen Welt absondert ohne diese pathologischerweise auszublenden. Die fingierte Welt dominiert dabei auf eine Weise, dass sie seine Aufmerksamkeit weitgehend absorbiert und dass sein Handeln in der wirklichen Welt durch die fingierte Praxis motiviert ist.* Da Herr Olescik mit dieser habituellen Gestaltung seiner Wirklichkeit etwas kompensiert, das zu erreichen ihm nicht (mehr) möglich ist, das erreicht zu haben ihm aber sein Umgang mit den Hunden ersatzweise anzunehmen erlaubt: nämlich die glückliche Beziehung zu seiner Frau, müsste das Eingehen einer neuen vollgültigen Partnerschaft die Hundehaltung als fingierte Welt in den Hintergrund treten lassen.

Da Herr Olescik in einer Partnerschaft lebt, könnten wir hier nochmals einen Falsifikationsversuch unternehmen. Sollte die prognostizierte Folge der Fallstrukturgesetzlichkeit nicht eintreten, wäre dies ein Indikator für das Fehlgehen der Rekonstruktion. Hier sei aus den Notizen des Forschers zitiert, die nach der durchgeführten Analyse für sich sprechen.

F-Notiz:

> „Um seine Pokale von bestandenen Hundeleistungsprüfungen zu zeigen führt Herr Olescik den Forscher – unter Protest der anwesenden Lebenspartnerin, die den Zutritt mit dem Hinweis auf dort trocknende Wäsche gern verhindern würde – ins Schlafzimmer, wo auf einem Sideboard und einem weiteren Tischchen unzählige Pokale platziert sind.“

Das Gespräch endete wie folgt:

> #00:31:40-6# HO: […] is auch schön, ohne ohne kann man nicht leben, das das geht nicht, (F: hh) die machen zwar viel Dreck und und man verbring ja soviel Zeit mit n Hunden, aber, (F: ja) hh das Holz was ich hier hatte, da wollt ich neue Laube bauen, ja (F: aha) hab ich verwendet für n Zwinger

> #00:32:11-6# F: *ja, haha* [lachend] man muss Prioritäten setzen, ja (HO: lacht) (lacht)

> #00:32:14-7# HO: all alles fü alles für den Hund, alles für den Hund;[71]

---

[71] Vgl. den Vereinsspruch aus der Comedy-Fernsehserie „Hausmeister Krause – Ordnung muss sein" (1999 bis 2010, Sat.1): „Alles für den Dackel, alles für den Club. Unser Leben für den Hund!" (https://www.youtube.com/watch?v=WoR9qqBnfUg; zuletzt angesehen am 10. Nov. 2021).

Zur Genese der Fallstrukturgesetzlichkeit

Eine erste Antwort auf die Frage nach der Genese der Fallstrukturgesetzlichkeit haben wir schon im Schritt 3 erarbeitet, sie drückt sich in der kompensatorischen Funktion der Hundehaltung aus. Darüber hinaus drängt sich von der Analyse her die Frage auf, wie es kommt, dass Herr Olescik gerade Hunde kompensatorisch zu humanisieren[72] versucht, um den Verlust seiner Ehefrau zu bewältigen? Wir haben für die Beantwortung dieser Frage lediglich Anhaltspunkte im Material, die aber aufschlussreich zu sein versprechen. Zum einen haben wir bereits thematisiert, dass Hunde aufgrund ihres sozialen Entgegenkommens für kulturelle Umdeutung prädestiniert sind, was hier heißt, dass sie sich für die Kompensation einer Reziprozitätsbeziehung besonders eignen, weil sie einerseits auf Signale, mit denen der Halter eine Reziprozitätsbeziehung fingiert, reagieren *als ob* sie antworteten, andererseits aber die fingierte Reziprozitätsbeziehung auch nicht stören, da sie selbst nicht gestaltend in sie eingreifen. Zum anderen müssen wir aber angesichts des „komplizierten Aufbau[s] der menschlichen Wunschkompensationen" (Freud 1913/1990a, S. 417) sicherlich in der Bildungsgeschichte des Falles selbst Anknüpfungspunkte für diese Form der Kompensation suchen.[73] Hier bedürfte es weitergehender Forschung, die von einem im Material sich bietenden Anhaltspunkt ausgehen könnte:

#00:31:31-9# F: Wann wann sind Sie gekommen von Oberschlesien?

#00:31:34-4# HO: ähh achtnachtzig

#00:31:36-2# F: achtnachtzig (HO: joa) und hatten Sie da auch da auch schon äh {Hunde, oder,

#00:31:40-6# HO: haben wir auch} Hunde gehabt; (F: ja? ja) haben wir auch Hunde gehabt; (F: ja) (.) zwar nicht Deutsche Schäferhunde aber, (F: ja) auch so große, so Mischling so, (F: ja) Doogge mit mit mit irgendwas drin (F: hh) keine Ahnung, keine Ahnung; aber naja seit dem is das so geblieben so ungefähr, (F: ja)

Auf Nachfrage erfahren wir, dass Herr Olescik auch in seiner Herkunftsfamilie bereits Erfahrung mit Hunden gemacht hat. Es handelte sich dabei einerseits um „große" Hunde, wie es Schäferhunde auch sind, andererseits aber um ‚Mischlinge' „mit mit mit irgendwas drin keine Ahnung, keine Ahnung". Hier wäre

---

[72] Wir lehnen uns hier an eine Formulierung Freuds an (1913/1990b, S. 449).

[73] Vgl.: „Es bleibt also dem Individuum überlassen, auf welchem Wege es sich genügende Kompensation für das ihm auferlegte Opfer verschaffen kann, um sein seelisches Gleichgewicht zu bewahren." (Freud 1925/1991, S. 106).

anzusetzen und herauszuarbeiten, welche Bedeutung die Hunde für den Heranwachsenden hatten; zudem ist die Transformation aufschlussreich, die sich in der Rasse bzw. im Grad der Reinrassigkeit ausdrückt: etwas ist „geblieben so ungefähr".

Überlegungen zu weitergehende Fragen

Neben den weiteren Fragen zur Genese der Fallstrukturgesetzlichkeit ist etwa noch offen, ob wir in der Dimension 4 („Abgestimmtheit von Herrn und Hund") eine Zuordnung vornehmen können und ggf. welche. Auch wenn es aus dem analysierten Material heraus nicht eindeutig bestimmbar zu sein scheint, lässt sich doch vorläufig davon ausgehen, dass wir hier von einer „harmonischen Abgestimmtheit von Herrn und Hund" (Lorenz 1950/1975, S. 44) sprechen und vermuten können, dass es sich dabei um einen „Parallel- oder Resonanzhund" (a. a. O.: 45) handelt.

Dafür, dass Herr Olescik an der Hunderasse festhielt, kann von unserer Fallstrukturrekonstruktion her erklärt werden, ist es doch diese Rasse, die mit der glücklichen Beziehung zu seiner Frau verknüpft ist. Es wäre aber noch zu überlegen, was es bedeutet, dass die Familie von Herrn Olescik sich für diese Hundrasse entschied. Ziehen wir zunächst die Beschreibung von Hunde-Experten heran; die Fédération Cynologique Internationale (FCI) gibt Standards für die verschiedenen Rassen heraus, die auch das Verhalten beschreiben. Für den Deutschen Schäferhund heißt es zum Erscheinungsbild: „Der Deutsche Schäferhund ist mittelgroß, leicht gestreckt, kräftig und gut bemuskelt, die Knochen trocken und das Gesamtgefüge fest." (FCI 2010, S. 2) Und zum Verhalten: „Der Deutsche Schäferhund muss vom Wesensbild her ausgeglichen, nervenfest, selbstsicher, absolut unbefangen und (außerhalb einer Reizlage) gutartig sein, dazu aufmerksam und führig. Er muss Triebverhalten, Belastbarkeit und Selbstsicherheit besitzen, um als Begleit-, Wach-, Schutz-, Dienst- und Hütehund geeignet zu sein." (A. a. O.: 3)[74] Diese Beschreibung gibt einen Hinweis darauf, dass das stattliche Erscheinungsbild

---

[74] Etwas alltagssprachlicher formuliert der Verband für das deutsche Hundewesen: „Sicherheit und Selbstbewusstsein bilden eine Einheit beim Deutschen Schäferhund. Außerdem zeichnet sich die beliebteste aller Hunderassen durch Robustheit und Unbefangenheit aus. Das aufmerksame Wesen ist ebenso charakteristisch für den anhänglichen Familienhund wie eine hohe körperliche und psychische Belastbarkeit. [...] Deutsche Schäferhunde sind ausgesprochen vielseitig. Als Sporthund begeistern sie mit einem hohen Leistungsniveau. Sie sind stets mit Feuereifer bei der Sache und lernen schnell. [...] Der liebenswerte Familienhund bringt beste Voraussetzungen für den Einsatz als Dienst- und Schutzhund mit sich.

bedeutsam gewesen sein könnte. Zwar wissen wir nicht, wie die Entscheidung für die Rasse gefällt wurde, aber wir können doch vermuten, dass Herr Olescik sie fällte, dass sie zumindest nicht gegen seinen Willen gefällt wurde.[75] Insofern wird hier neben der Anknüpfung an die ‚großen Hunde' seiner Herkunft auch der Status des Deutschen Schäferhunds als Symbol für die erfolgreiche[76] Eingliederung in das neue Heimatland eine Rolle gespielt haben – analog zu der Wahl der ebenso symbolhaften Automarke Mercedes: „Kein anderer Hund symbolisiert Deutschland und Deutschtum im guten wie im bösen so wie der Schäferhund. Längst ist er auf der ganzen Welt mindestens ebeso bekannt wie VW und Mercedes, wie diese ein Produkt deutscher Wertarbeit und ein Exportschlager" (Gebhardt/Haucke 1990/1996, S. 140).

Fallanalyse 2

Analyse des Beginns der Aufzeichnung

Vorbemerkung

Auch hier beginnen wir die Analyse mit dem Beginn der Aufzeichnung. Dabei haben wir einen Sonderfall vorliegen, da versehentlich das Aufnahmegerät kurzzeitig bereits lief, bevor es offiziell eingerichtet wurde.

Analyse

Der zweite Fall, den wir nun heranziehen,[77] gehört in Dimension 2 (Wertung des Hundes) demselben, Pol (a α) (positiv, eigene „persönliche" Beziehung zum

---

Als Rettungs- und Therapiehund überzeugt der Hund, der mit insgesamt über zwei Millionen Zuchtbucheintragungen einen Beliebtheitsrekord hält, ebenso wie als Blindenführ- oder Hütehund. Die angeborene Verträglichkeit der Rasse bietet bei entsprechender Sozialisation eine ausgezeichnete Basis für ein tadelloses Sozialverhalten. Da der Deutsche Schäferhund ein aktiver vierbeiniger Partner ist, bieten sich ausgedehnte Spaziergänge, Radtouren oder Wanderungen mit Hund, Joggen, Hundesport oder auch gemeinsames Schwimmen an. Bewegung ist wichtig für mehr Ausgeglichenheit." (https://www.vdh.de/welpen/meinwelpe/deutscher-schferhund-stockhaar; zuletzt angesehen am 10. Nov. 2021) Vgl. auch Gebhardt/Haucke 1990/1996, S. 139–145.

[75] Dafür spricht sein Verhalten bezüglich seines neuen Autos und bezüglich des Ansinnens, den Hund abzuholen.

[76] Vgl.: „Der Deutsche Schäferhund, mit dessen planmäßiger Züchtung im Jahre 1899 nach Gründung des Vereins begonnen wurde, ist […] gezüchtet worden mit dem Endziel, einen zu hohen Leistungen veranlagten Gebrauchshund zu schaffen." (FCI 2010, S. 2).

[77] Eine erste Analyse dieses Materials wurde vorgestellt in Loer 2016 [Hunde]).

Hund), wie der erste betrachtete Fall, unterscheidet sich aber in der Dimension 3 (Lebensumstände bezogen auf die Notwendigkeiten der – artgerechten – Hundehaltung), wo er dem Pol a α i (städtisches Wohnumfeld, Wohnung, Hund klein), und in der Dimension 1 (Funktion), wo er zwar auch dem Pol (b) (Funktion für zweckfreie Lebensgestaltung), aber (zumindest eher) dem Unterpol (β) (innengerichtet) angehört; auch hier kann auf die Einordnung in der Dimension 4 („Abgestimmtheit von Herrn und Hund") erst nach der Analyse geschlossen werden. – Auch bei diesem Gesprächspartner, einer zum Zeitpunkt des Forschungsgesprächs 27-jährigen Frau, finden sich zwei Hunde – zwei Dackel –, die a prima vista aber ähnlich behandelt werden.

#00:00:24-4# HMA♀:[78] macht \...

Es handelt sich hier (1) um ein gebeugtes Verb (machen) im Präsenz 3. Pers. Sing./2. Plur. oder (2) um das Substantiv ‚Macht'. Da wir nicht wissen, ob der Aufzeichnungsbeginn, dessen Verschriftung wir hier vorliegen haben, mit dem Äußerungsbeginn zusammenfällt, könnte es sich im Falle des Verbs (1.a) um einen Aussagesatz handeln (‚Er/Ihr macht das.'), (1.b) um einen Imperativ 2. Plur. (‚Macht endlich!') oder (1.c) um eine Frage, bei der das Verb am Anfang steht (‚Macht er/ihr das?'). Jedenfalls geht es im Falle des Verbs, wenn es also hieße ‚A macht X', um ein noch genauer zu bestimmendes, objektbezogenes Tun (vgl. Eisenberg 1999/2001, S. 258). Im Falle des Substantivs müsste hier eine allgemeine Aussage (‚Macht wird oft missbraucht.'), vielleicht eine Definition („Macht bedeutet jede Chance, innerhalb einer sozialen Beziehung den eigenen Willen auch gegen Widerstreben durchzusetzen, gleichviel worauf diese Chance beruht." – Weber 1922/1985, S. 28) folgen. – Klar ist, dass dieser Äußerung eine Eröffnung der Praxis, in der sie fällt, bereits vorausgegangen sein muss. Selbst wenn jemand mit den Worten „Macht doch 'mal das Fenster auf! Das ist ja vielleicht 'n Smog hier." in einen Raum hineinkäme, könnte er dies nur tun, wenn im Prinzip die Praxis bereits eröffnet wäre; ein Lehrer etwa, der nach einer Pause wieder den Klassenraum betritt, könnte dies äußern – allerdings bliebe auch da die Begrüßung als Aktualisierung der Eröffnung mindestens nachzuholen, was zeigt, dass die begrüßungslose Aufforderung eine Regelabweichung darstellte. Insofern würde es die Sparsamkeitsregel verletzen, wenn wir unterstellten, dass hier eine begrüßungslose Aufforderung vorläge.

Da wir die pragmatische Rahmung eines Forschungsgesprächs expliziert haben und es sich bei dem Sprecher somit entweder um den Forscher oder um seinen

---

[78] HMA = Hanna-Maria Altenburg (Pseudonym).

Gesprächspartner handelt, können wir den Imperativ hier abkürzend zunächst[79] ausschließen. Es wäre eine Regelverletzung bzgl. der Sachorientierung und eine Regelverletzung bzgl. der Forscherdistanz, wenn einer von beiden Sprechern den anderen – und (mindestens) einen Dritten – duzen würde.

Exkurs zum Duzen

Was würde es bedeuten, wenn entgegen der pragmatischen Rahmung eines Forschungsgesprächs (s. o.) der Forscher seinen Gesprächspartner (oder vice versa) duzte? In Anlehnung an Klaus Bayer (1979, s. auch Besch 1996, S. 24) kann man zwei Dimensionen[80] unterscheiden, in denen das Duzen bzw. Siezen jeweils einen Pol darstellen: die Dimension des Vergesellschaftungsgrads der Sozialbeziehung,[81] wo das Duzen für den Pol der Vergemeinschaftung, das Siezen für den Pol der Vergesellschaftung[82] steht: „Die verbreitetere Möglichkeit benützt das *Sie* als Standardanrede, die nach U. Ammon ausdrückt, daß man dem Angesprochenen als mündigem Mitbürger und Träger der bürgerlichen Rechte, zugleich damit aber auch als gesellschaftlich präformiertem Rollenträger begegnet." (Bayer 1979, S. 212; Kursiv. i. Orig.); und die Dimension der Positionsnähe,[83] wo das Duzen für „Solidarität", das Siezen für „soziale Distanz" steht: „Die Standardanrede *Du* dient hier nicht dem Ausdruck einer besonderen persönlichen Intimität mit dem Angesprochenen, sondern dem Ausdruck einer gewissen Solidarität auf der Grundlage gemeinsamer Gruppenzugehörigkeit bzw. gemeinsamer Interessen oder Anschauungen." (a. a. O.: 212; Kursiv. i. Orig.) Es muss also eine Solidarisierungsaffinität („positionsbezogene Solidarität" – ebd.) hinzukommen – wie etwa Genossen, die das Weltbild teilen; Arbeiter auf einer Baustelle, die sich aufeinander verlassen und ggf. gegen Kontrolle vergemeinschaften können; Soldaten der Mannschaftsdienstgrade; etc. Es läge somit in dem konstruierten Fall eines Forschungsgesprächs, in dem Forscher und Gesprächspartner sich duzen, entweder eine diffuse Sozialbeziehung zwischen beiden vor: sie wären dann bereits vor dem Forschungsgespräch miteinander vertraut; oder sie teilten die soziale Position in einer solidarisierungsaffinen Gruppe.[84]

---

[79] Dieses abkürzende Ausschließen aufgrund der pragmatischen Rahmung ergibt sich aus dem Prinzip der Sparsamkeit. Wir dürfen so keinesfalls grundsätzlich die Möglichkeit ausschließen, dass die pragmatische Rahmung durch die Handelnden umgedeutet wird (s. o.). – Zur Unterscheidung von – methodischer – Sparsamkeitsregel und dem Prinzip der Sparsamkeit als Prinzip der Kunstlehre s. Glossar.

[80] Bayer bezeichnet die Dimensionen als „semantische" (1979, S. 213); wir gehen davon aus, dass es sich um pragmatische handelt.

[81] Bayer bezeichnet diese Dimension über ihre Pole: „Formalität" vs. „Intimität" (1979, S. 213).

[82] Zur analytischen Differenz zwischen ‚Gemeinschaft' und ‚Gesellschaft' s. Oevermann 2000 [Gemeinschaft].

Nach diesen Überlegungen bleibt nur die Rede über das Tun von jemandem oder etwas in der dritten Person – sei es (1.a) als Aussage, sei es (1.c) als Frage – übrig.

…/ sich \…

Der nächste Äußerungsteil weist das Verb als Reflexivum aus, womit es zwar eingegrenzt, aber noch nicht näher bestimmt ist. Die Lesarten 1.b und 2 sind nun klarerweise ausgeschlossen. Die Reflexivierung selbst lässt kaum einschränkende Schlüsse zu.[85]

…/ aus \…

Mit der Präposition an dieser Stelle ist eine Frage ausgeschlossen, da auf jeden Fall nach dem Reflexivpronomen das Subjekt genannt werden müsste (‚Macht sich Peter nichts aus Erdbeeren?‘). Allenfalls wäre eine elliptische Nachfrage denkbar (‚Peter macht sich nichts aus Erdbeeren. – Macht sich aus was nichts?‘); da sie aber recht konstruiert wäre, entfällt sie zunächst wegen des Prinzips der Sparsamkeit. Damit ist klar, dass die Verschriftung und die Aufzeichnung – wenn sie, wie hier laut Auskunft des Verschrifters der Fall, vollständig verschriftet ist – in eine laufende Äußerung hineinschneidet. Mit der Präposition sind aber auch die möglichen Anschlüsse stark eingeschränkt: Es kann (1.a.i) einerseits

---

[83] Bayer bezeichnet diese Dimension über ihre Pole: „Solidarität" vs. „soziale Distanz" (a. a. O.: 213).

[84] In der *Schweiz* scheint eine Besonderheit vorzuliegen. Die zweite Möglichkeit nach Bayer: die Standardanrede mit *Du,* scheint hier weit verbreitet zu sein, wenn nicht zu dominieren. Knapp gesagt, wird Schweizer-Sein also als Position verstanden, auf die bezogen man solidarisch miteinander ist. (Interessant wäre es, einmal zu erforschen, ob das in ähnlicher Weise wie in der Schweiz in Norwegen verbreitete Duzen – vgl. Besch 1996, S. 124 – mit weiteren kulturellen Gemeinsamkeiten zwischen beiden Nationen und vergleichbaren historischen Entwicklungen einhergeht. – vgl. Burger 1978: 15 u. 151, Anm. 3) Der Übergang zur differenzierenden Alternative *Sie* bedeutet dann aber nicht unbedingt – wie in dieser abweichenden Möglichkeit 2 nach Bayer (1979, S. 214) – eine Distanzierung und einen Ausdruck sozialer Distanz, sondern kann ebenso Ausdruck von Respekt sein. So teilte Chantal Magnin (Bern/Frankfurt) mit (mdl., 25. Okt. 2014), dass etwa in Bern in Geschäften ab einer gewissen, nicht genau bestimmten sichtbaren Altersdifferenz der Jüngere den Älteren siezt. Zu prüfen wäre also für Forschungsgespräche in der Schweiz, ob das Duzen der schweizerischen Konvention entspricht und eben nicht als Besonderheit des Falles zu verstehen ist.

[85] Vgl. die recht unterschiedlichen Beispiel ‚X macht sich lustig über Peter.‘, ‚X macht sich nichts aus Erdbeeren.‘, ‚X macht sich die Haare.‘ – Jürgen Kunze findet 16 Typen von Reflexivierung (1997) – auch wenn das Verb ‚machen‘ nicht in alle Typen möglich ist.

ein Anfertigen sein (‚A macht sich aus Holz eine Gabel.'), (1.a.ii) andererseits
bleibt die Redewendung ‚A macht sich aus dem Staub.' übrig; (1.a.iii) sich nichts
oder etwas aus etwas machen, ist ausgeschlossen, da dann das entsprechende
Indefinitpronomen vor der Präposition stehen müsste (‚A macht sich etwas/nichts
aus Erdbeeren.').[86]

...∕ m ∖...

Hier haben wir vermutlich einen lautlich reduzierten Artikel vorliegen (‚aus m' =
‚aus dem'). Bezüglich der genannten Lesarten (1.a.i u. ii) können wir noch keine
Entscheidung treffen; allerdings lässt die nicht-hochsprachlich alltägliche Redeweise darauf schließen, dass vom Sprecher die Situation des Forschungsgesprächs
nicht als formelle Redesituation gehandhabt wird. Entweder versucht der Forscher
hier eine ungezwungene Atmosphäre zu schaffen oder die Gesprächspartnerin
verhält sich bereits einer solchen gemäß.

...∕ Staub; ∖...

Nun ist klar, dass die Lesart 1.a.ii vorliegt; was bedeutet diese Redewendung?
Betrachten wir die folgenden Beispielsätze: ‚Der Bote macht sich aus dem Staub,
bevor er die Antwort auf seine Botschaft erhalten hat.' – ‚Der Bote macht sich
aus dem Staub, nachdem er die Antwort auf seine Botschaft erhalten hat.' Der
erste Satz scheint angemessen: Es war zu erwarten, dass der Bote die Antwort
mitnimmt; dieser Erwartung hat er zuwider gehandelt. Beim zweiten müssen wir
eine im Satz nicht enthaltene Bedingung unterstellen, denn es ist ja zu erwarten,
dass der Bote den Ort verlässt, um die Antwort zu überbringen: entweder war aus
zusätzlichen Gründen seine Anwesenheit am Ort, an dem er die Antwort empfing,
noch erwartet worden, oder er kehrte nicht zu dem Ausgangsort zurück, an dem er
als Überbringer der Antwort erwartet wurde. Weitere Beispiele zeigen, dass dies:
dass die weitere Anwesenheit noch erwartet wird, Bedingung dafür ist, dass man
ein Weggehen mit der fraglichen Redewendung bezeichnen kann. Derjenige, der
sich aus dem Staub macht, verlässt also einen Ort vor der Zeit. Zudem verlässt
er ihn auch unbemerkt (man kann nicht sagen: ‚Mit großem Getöse machte er
sich aus dem Staub.') und rasch (man kann nicht sagen: ‚Langsam machte er

---

[86] Die Möglichkeit der kontrastierenden Betonung des Objekts: ‚X macht sich aus Erdbeeren nichts, aus Himbeeren hingegen schon.' wird hier der Einfachheit halber zunächst
zurückgestellt.

sich aus dem Staub.')[87] Es verweist also auf eine Flucht[88] und damit auf eine absichtliche Tätigkeit; derjenige, über den die Aussage getroffen wird, muss also ein handlungsfähiges Subjekt sein.

Was ist nun die Erfüllungsbedingung für eine solche Äußerung? Entweder ist derjenige, über den gesprochen wird, abwesend – dann müsste das Aus-dem-Staub-Machen in einer Zeit liegen, die sich von der Gegenwart der Erzählung unterscheidet, aber Selbsterlebtes vergegenwärtigt[89] – oder er ist anwesend und seine Flucht vollzieht sich im Moment der Aussage – dann wäre sie nicht unbemerkt geblieben; vor allem aber müsste der Sprecher davon ausgehen, dass der Fliehende die Bemerkung nicht hören kann, denn sonst würde über einen Anwesenden in der dritten Person gesprochen, was einer Verdinglichung gleichkäme.

Es muss also hier entweder der Forscher oder der Gesprächspartner eine Bemerkung über einen Dritten machen, dessen Anwesenheit beim Forschungsgespräch erwartet wird, der sich aber unauffällig und rasch entfernt. Das könnte im Prinzip nur ein weiterer Gesprächspartner sein, der sich nach gegebener Zusage dem Gespräch durch Flucht entzieht. Eine Variante davon erscheint als wahrscheinlich: Ein Familienvertreter hat die Zusage zu einem Forschungsgespräch mit der Familie gemacht und ein Kind, das nicht selbst explizit zugesagt hatte, entzieht sich der Zumutung, in die allgemeine Zusage einbegriffen zu werden. Auch ist nun ausgeschlossen, dass der Forscher diese Äußerung tut,[90] da er sonst übergriffig das Verhalten eines seiner Gesprächspartner kommentieren würde. – Jedenfalls ist so eine prekäre Situation entstanden, potenziell krisenhaft.

…/ aber \…

Wie uns leicht zu findende Beispiele: a) ‚Er macht sich aus dem Staub, aber er wird erwischt werden.‘ b) ‚Er macht sich aus dem Staub, aber ich bleibe hier.‘ c) ‚Er macht sich aus dem Staub, aber das macht nichts.‘, rasch zeigen, unterstreicht der adversative Junktor „die Ungleichheit des Gleichartigen" und

---

[87] Wenn man sagt: ‚Wir sollten uns langsam aus dem Staub machen.‘, so ist damit gemeint, dass der Zeitpunkt des – dann raschen – Rückzugs, sich (bedrohlich) nahe rückt.

[88] Der Duden verweist darauf, dass es eigentlich bedeute „sich in einer Staubwolke heimlich aus dem Schlachtgetümmel entfernen" (Duden [DUB] 2001, Lemma ‚Staub‘).

[89] Vgl. hierzu die Ausführungen zum historischen Präsens bei Käte Hamburger (1957/1987, S. 91–101; hier insbes.: 92).

[90] Obwohl wir durch die Sprecher-Sigel wissen, dass das Forschungssubjekt, Frau Hanna-Maria Altenburg, hier spricht, haben wir bisher gemäß dem Prinzip der künstlichen Naivität den Kontext des Sprechers ausgeblendet, um so eine weitestmöglich Explikation der objektiven Bedeutung der Äußerung zu erzwingen.

bringt „einen Kontrast [...] zum Ausdruck" (Weinrich 1993, S. 813; vgl. dort 813 ff.). Was wären hier die möglichen Ebenen der Gleichartigkeit, auf denen kontrastiv Ungleichheit aufgewiesen wird? Das Bezugssubjekt könnte dasselbe sein, die es betreffenden Handlungen kontrastiv (Beispiel a); die Bezugssituation (Forschungsgespräch) könnte dieselbe sein, der in ihr Handelnde ein anderer und sich kontrastiv verhalten (Beispiel b); Die Situationsveränderung könnte dieselbe sein, ihre Bewertung kontrastiv (Beispiel c).

...../ du \...

Wir sehen, dass hier der Typus des Beispiels (b) zutrifft – allerdings wird hier noch eine vierte Person eingeführt. Das gedankenexperimentell entworfene Szenario der Familie wird wahrscheinlicher: Ein Kind macht sich aus dem Staub, ein zweites nicht, was konstatiert wird; da allerdings alle Anwesenden sehen, dass das zweite Kind sich nicht aus dem Staub macht, handelt es sich wohl eher um eine Aufforderung: Es wird noch rechtzeitig zum Bleiben aufgefordert.

...../ bleibst hier! \...

Die letztgenannte Überlegung bestätigt sich hier: Ein Vierter wird energisch aufgefordert, am Forschungsgespräch teilzunehmen.

...../ (4 s) \...

Auffällig ist, dass der Aufgeforderte nicht reagiert; das spricht dafür, dass es sich tatsächlich um eine noch nicht autonome Person handelt, die den Anordnungen stumm Folge leistet. Die Pause ist relativ lang, was durch die potenzielle Peinlichkeit motiviert sein könnte, die dadurch entsteht, dass ein Familienangehöriger vor einer fremden Person autoritativ behandelt wird.

...../ nun geh \...

Mit der auf die Aufforderung zum Bleiben folgenden gegenteiligen Aufforderung zementiert der Sprecher seine Autorität: Nachdem der Angesprochene vier Sekunden lang Gehorsam bewiesen hat, was durch das „nun" markiert wird, wird ihm gnädig Dispens erteilt.

…/ wacker, \…

Der erteilte Dispens wird als ermunternde Aufforderung kaschiert (i. S. v.: ‚Spring nur munter von dannen…‘). Dies könnte eine Korrektur des autoritativen Auftretens sein, zu der der Sprecher sich im Sinne der durch die Situation des Forschungsgesprächs nahegelegten sozialen Erwünschtheit veranlasst fühlt.

…/ geh wacker \…

Wer könnte in welcher Situation so reden? Ein Vater gegenüber seinem Sohn, mit dem er die Straße überquert, wobei der Sohn noch so klein ist, dass er die Situation – die herannahenden Autos – nicht angemessen einschätzen kann. Der Bergführer, der eine gefährliche Rinne wegen drohenden Steinschlags rasch unterqueren will, was sein Berggast nicht angemessen einschätzen kann, könnte gleichwohl nicht so reden; zu den pragmatischen Erfüllungsbedingungen dieser Äußerung zählt also neben der sachlichen Unvertrautheit des Aufgeforderten mit der Situation (bei sachlicher Vertrautheit des Sprechenden damit) auch die (noch) nicht vollgültige Autonomie des Aufgeforderten. Die unmittelbare Wiederholung der Aufforderung, munter zu gehen, bestätigt, dass die vierte Person nicht autonom ist. – Hier ist zu berücksichtigen, dass die adverbiale Verwendung von ‚wacker‘ im Sinne von ‚rasch, schnell‘ ruhrgebietsspezifisch ist;[91] es wird gewissermaßen die sachlich angemessen als ‚rasch‘ bezeichnete Bewegung als persönlich ‚munter‘ ausgewiesen.[92] Dies ist hier jedoch nicht dem Sprecher zuzurechnen, sondern gehört zu den sprachlichen Regeln der Kultur, der er angehört, liegt also auf der Ebene der Eröffnungsparameter.

…/ da rein; (..) \…

Hier erweist sich, dass die Aufforderung, zu gehen, nicht der Gegensatz zu derjenigen, zu bleiben, ist, sondern möglicherweise deren Fortführung. Das modifiziert das bisherige Ergebnis. Möglicherweise ist der Ort, an dem das Forschungsgespräch stattfinden soll, noch nicht erreicht, es ist der Ort, der durch das Positions-Adverb ‚da‘ (Weinrich 1993, S. 557–561) markiert wird. Die ganze

---

[91] Laut telefonischer Auskunft von Robert Damme, Kommission für Mundart- und Namenforschung Westfalens, am 1. Apr. 2015 gibt es Belege für diese Verwendung im Ruhrgebiet in den Kreisen Recklinghausen, Dortmund, teilweise bis Soest reichend, aber sonst in Westfalen klarerweise nicht.

[92] Damit ist, ganz im Sinne des Ausspruchs der Gemahlin des Herkules über Lykus: „qualis animo est, talis incessu" (Seneca 1845, S. 16 [Act. II, sc. 2, v. 330]), ein Gleichklang zwischen Gang und Haltung angedeutet.

Äußerung „geh wacker da rein;" erscheint allerdings nun – vor allem aufgrund
der leichten Stimmsenkung – weniger als Aufforderung denn als begleitende
Kommentierung eines ablaufenden Geschehens, die dann eher eine Zustimmung
ausdrückt: Wenn etwa ein kleines Kind im Begriff ist, von der Straße aus in einen
umfriedeten Hof zu treten, sich unter Umständen noch einmal fragend zu dem
begleitenden Erwachsenen umschaut, könnte dieser sich so äußern.

> …/ nun geh da rein; (..)

Auch diese Äußerung wird, mit gleicher Intonation, wiederholt; sie erweist sich
somit als Bestätigung oder auch Ermunterung des Tuns, womit sie zugleich die
eigene Autorität vollzieht wie das Tun als richtig anerkennt. Im Prinzip ist dies
eine typische Handlung für eine Situation primärer Sozialisation, in der der Sozia-
lisand noch der Vergewisserung und Strukturierung seines Tuns bedarf,[93] aber
gleichzeitig als eigenständig Handelnder sich erweisen muss. Nun ist es sehr
unwahrscheinlich, dass ein Forschungsgespräch mit so kleinen Kindern gemacht
wird bzw. dass deren Anwesenheit erwartet wird. Insofern müssen wir die Kommentierung des wohl erwartbaren Weggehens des Kindes als ‚sich aus dem Staub
machen' als überschüssige Kommentierung deuten, die a) die Handlung des Weggehens dem Subjekt als Flucht intentional zuschreibt, wohl wissend, dass dies
eine Zuschreibung ist – es sei denn, b) das erste Kind wäre wesentlich älter als
sein verbleibendes Geschwister. Sollte (a) vorliegen, kann aus Anzeichen in der
äußeren Realität die Handlung des Weggehens nicht als Flucht gedeutet werden
und wir müssen schließen, dass der Sprecher selbst in seiner inneren Realität die
Situation als eine Flucht motivierende, unangenehme erlebt und dies auf das ‚fliehende' Kind projiziert; auch bei (b) ist dies naheliegend, handelte es sich doch
auch dort um eine Deutung des Weggehens als Flucht. (Er hätte ja z. B. auch
sagen können: ‚Er will nicht stören.').

Wie können wir nun die Deutung dieser Äußerungssequenz zusammenfassen
und möglicherweise bereits eine erste Fallstrukturhypothese bilden? Der Sprecher
hat bzgl. der – ja noch nicht eingerichteten – Situation des Forschungsgesprächs
ein gewisses Unbehagen, das ihm aber latent bleibt und in seinen Äußerungen
indirekt zum Ausdruck kommt. Dabei behandelt er die dritte und vierte Person
als zu sozialisierende Kinder, für die er von der von ihnen (noch) nicht intentional
realisierten Bedeutungsstruktur ihres Handelns spezifische Lesarten realisiert und
damit ihnen bestimmte Intentionen als ihre eigenen verfügbar macht.

---

[93] Vgl.: „das kindliche Meinen […] ist niemals so strukturiert wie das Meinen der Erwachsenen." (Oevermann 1995/96 [Sozialisationstheorie], S. 18 f.).

Wenn wir nun die von uns explizierten pragmatischen Erfüllungsbedingungen mit dem realen äußeren Kontext vergleichen, den wir aus den Feldnotizen des Forschers beziehen, so sehen wir, dass es sich bei den so behandelten ‚Personen' um zwei Hunde handelt. Zwar können wir aufgrund der Sparsamkeitsregel zunächst nicht davon ausgehen, dass der Sprecher die Hunde für Personen hält, aber objektiv behandelt er sie als Personen, und zwar als zu sozialisierende Kinder.[94] Nun liegt mit der Situation des Forschungsgesprächs eine rollenförmige Sozialbeziehung vor, in der ideosynkratisches Verhalten nicht zu erwarten ist, so dass wir aus diesem Handeln, schließen können, dass der Sprecher davon ausgeht, dass sein Handeln sozial anerkannt ist. *Hundehaltung* – so unsere erste Fallstrukturhypothese – *erweist sich in diesem Fall als durch eine uneingeschränkt personalisierende Haltung zum Hund bestimmt.*

#00:00:36-3# F: so= jetzt muss ich mal noch mal eben testen ob das auch ankommt, (.) vorsichtshalber;

Offensichtlich sind Forscher und Gesprächspartnerin nun am Ort des Gesprächs angekommen, was der Forscher mit dem „so = " kommentiert, woraufhin er das Aufzeichnungsgerät überprüft.

[95] #00:00:00-0# F♂: okay, so; gut; jetzt klappt es;

Der Forscher gibt das Signal, dass das Forschungsgespräch beginnen kann; allerdings tut er dies in Form einer (Selbst-) Vergewisserung, die zeigt, dass er bezweifelt hat, ob sein Gerät funktioniert. Dass die Gesprächspartnerin, an die sich die Vergewisserung richtet, es bezweifelte, ist in der im Protokoll festgehaltenen äußeren Realität nicht erkennbar, er hatte auch keinen erkennbaren Anlass dazu; deshalb müssen wir hier wieder auf die innere Realität – diesmal des Forschers – schließen.

#00:00:02-6# HMA: wunderbar

Mit „wunderbar" bezeichnen wir glückliche Fügungen, die eine Wunscherfüllung ermöglichen; etwa: „Ich habe beim Antiquar das Buch erwerben können, das du schon lange gesucht hast. – Wunderbar!", oder: „Das Auto ist repariert, wir können die Reise antreten. – Wunderbar!" Dem entspricht die etymologische Herleitung aus der religiösen Verwendung, der sich dann die Bezeichnung von

---

[94] S. o. die Ausführungen zu Signalwörtern.
[95] Bei der Überprüfung hat der Forscher, in der Annahme, das Gerät sei noch ausgeschaltet, die Aufzeichnung kurz unterbrochen, so dass die Zeitzählung neu einsetzt.

etwas Außerordentlichem gesellte (vgl. Grimm und Grimm 1960/1991: Sp. 1841–1852). Der Kommentar der Gesprächspartnerin behandelt die Mitteilung also als glückliche Fügung, die ihrem Wunsch entgegenkommt. Da dies bezüglich der nüchternen Mitteilung übertrieben ist und wir auch bzgl. der bisherigen Rekonstruktion eher davon ausgehen müssen, dass das Forschungsgespräch eine für sie eher unangenehme Situation darstellt, könnte diese Übertreibung eine Überkompensation[96] darstellen, die, indem sie sich auf die Überwindung des Zweifels des Forschers bezieht, der Schaffung einer Atmosphäre des emotionalen Einverständnisses dient. Die Gesprächspartnerin stellt sich also als zuvorkommend und kooperativ dar; das bestätigt die Bedeutung der sozialen Erwünschtheit in unserer vorhergehenden Analyse.

Hier ist nun ein Nachtrag zur pragmatischen Rahmung vorzunehmen: Frau Altenburg wurde durch die Vermittlung eines Kollegen des Forschers rekrutiert, den sie persönlich kannte. Insofern wird Frau Altenburg sich dem Kollegen gegenüber verpflichtet fühlen, das zugesagte Forschungsgespräch, bei dem ihr offensichtlich unwohl ist, auch durchzuführen.

Analyse einer thematisch einschlägigen Stelle zur Bildung einer ersten Fallstrukturhypothese

Diesen Schritt nehmen wir hier vor, auch wenn wir, wie bei unserem ersten Fall, bereits eine aussagekräftige erste Fallstrukturhypothese bilden konnten, da bisher explizit von Hunden noch nicht die Rede war. Wir können aber an der soeben analysierten Stelle fortfahren.

#00:00:03-7# F: ja, em, ja ich weiß nicht, was Herr Schorleben [pseudonymisiert, Kontaktperson] Ihnen schon ähm gesagt hat, \...

Offensichtlich hat der Forscher Herrn Schorleben gebeten, die Gesprächspartnerin zu kontaktieren; eine solche Kontaktaufnahme lässt sich nicht formalisieren, so dass u. U. die Gesprächspartnerin schon Informationen zum Forschungsgespräch hat, die zu wiederholen dem Beginn des Gesprächs etwas Künstliches

---

[96] Vgl. zu der psychoanalytischen Konzeption der Vermeidung von drohenden peinlichen Äußerungen (Versprechern) durch überkompensierende harmlose Versprecher: Abrahm 1922/1982; interessanterweise spricht Abraham von einer „habituellen Bereitschaft" (a. a. O.: 121) zur Begehung eines peinlichen Versprechers. Ähnlich könnte man hier sagen, dass Frau Altenburg habituell bereit ist, der Situation zu entfliehen, sich aber nun einmal zu dem Forschungsgespräch bereiterklärt hat.

geben würde. Der Forscher spricht dies offen an, wodurch aus dem Gespräch eine authentische Praxis wird.

> …/ er wusste glaub ich auch gar nicht viel,

Damit nimmt der Forscher die Kontaktperson in Schutz, für den Fall, dass sie die Gesprächspartnerin im Unklaren gelassen hat – was für die Führung des Forschungsgesprächs angebracht wäre, was aber in der persönlichen Beziehung von Herrn Schorleben und Frau Altenburg Irritationen ausgelöst haben könnte.

> #00:00:09-3# HMA: nee, \…

Die Verneinung der Gesprächspartnerin bezieht sich gemäß der Rezensregel darauf, dass Herr Schorleben „gar nicht viel" wusste. Um dies verneinen zu können, muss die Gesprächspartnerin dies bei der Kontaktperson festgestellt und also nachgefragt haben. Frau Altenburg war also nicht ohne weiteres – etwa allein aufgrund des persönlichen Kontakts zu Herrn Schorleben – zum Forschungsgespräch bereit. Was hat sie dann aber überzeugt, doch teilzunehmen?

Exkurs zur Rezensregel

Die Rezensregel besagt, dass sich ein anaphorischer Ausdruck immer auf das zuletzt in Genus und Numerus gleiche Objekt oder generell auf das unmittelbar zuvor Gesagte bezieht. Man kann sich diese Regel, die wir im Sprachgebrauch wie selbstverständlich befolgen, an dem Titel des Schlagers „Ich hab noch Sand in den Schuhen aus Hawaii." (Bata Illic, 1975)[97] verdeutlichen. Fragt man sich – nach kurzer sprachlicher Sensibilisierung –, was denn hier aus Hawaii kommt, so sind es fraglos die Schuhe, also „das am kürzesten zurückliegend erwähnte Objekt" das zu „aus Hawaii" passt (Davis, s. u.). Hier ist also die Rezensregel verletzt, was u. U. zunächst nicht bemerkt wird, da wir mit dem im alltäglichen Verstehen wirksamen – und notwendigen – Principle of Charity (s. nachfolgenden Exkurs) unterstellen, dass mit der Beschwörung des Bildes vom „Sand […] aus Hawaii" eine romantische Liebesgeschichte schlagergemäß ihren Lauf nehmen oder doch erinnert werden kann – und auf die Wirksamkeit dieses Cliché vertraut der Schlager, was eine Verfahrensweise des Schlagers enthüllt. Betrachten wir die Formulierung nämlich genauer, so müssen wir uns die Frage stellen, ob es auf Hawaii so herausragende Schumacher gibt, dass das lyrische Ich des Textes dort seine Schuhe gekauft hat, denn das anaphorische Attribut „aus Hawaii" bezieht sich auf das unmittelbar zuvor Gesagte ‚die Schuhe'. Dies lässt sich mit einem analogen Beispiel leicht plausibilisieren: ‚Ich habe noch Geld in der Tasche von Tante Martha.' – Was ist von Tante Martha, das Geld oder die Tasche? Wenn allerdings der semantische Bezug zwischen von der Rezensregel verbundenen Äußerungsbestandteilen sehr unwahrscheinlich ist, werden wir nach dem nächsten Kandidaten suchen:

Auch bei ‚Du hast noch Lehm an den Schuhen vom Feld.' würde der Deutschlehrer die Stellung des Attributs ‚vom Feld' beanstanden, wir würden es aber wegen des semantischen Scheiterns der Anwendung der Rezensregel dem dann als nächsten Kandidaten zur Verfügung stehenden ‚Lehm' zuordnen[98] – allerdings würden wir durch das Weiterwirken der Rezensregel doch bemerken, dass der Sprecher einen Akzent darauf legt, dass die angesprochen Person mit diesen Schuhe auf dem Feld war. – Bezogen auf den Schlager können wir es linguistisch so formulieren: Das Attribut („aus Hawaii") bezieht sich zunächst auf die direkt vorhergehende (links stehende) Nominalphrase („den Schuhen") (Dank an Götz Hindelang [Witzenhausen], der an der Westfälischen Wilhelms-Universität Münster Linguistik lehrte, für einen klärenden Schriftwechsel). Leider konnte ich für diese selbstverständlich geltende Regel keinen Nachweis über ihre linguistische Rekonstruktion finden – nur den folgenden Hinweis auf der Internetseite des New Yorker Computerwissenschaftlers Ernie Davis: „Recency rule (for anaphora). – 85 % of the time of [sic !] so, the referent is the most recently mentioned object of correct gender and number." (https://cs.nyu.edu/faculty/davise/ai/ambiguity. html; zuletzt angesehen am 19. Nov 2019; auf Nachfrage konnte mir Ernie Davis leider keine Quelle nennen; er ist dem Terminus nur in mündlicher Form begegnet – E. Davis an den Autor, E-Mail v. 9. Juli 2019)

Exkurs zum Principle of Charity

Das Principle of Charity wurde zuerst von Neil L. Wilson erwähnt (1959, S. 532).[99] Gemäß diesem Prinzip gilt für praktisches Verstehen: „Charity is forced on us; whether we like it or not, if we want to understand others, we must count them right in most matters." (Davidson 1974/2001, S. 197) Demgemäß korrigieren wir beim *praktischen Verstehen* grammatische Fehler und andere Regelverletzungen im Gesagten, indem wir eine Vermutung über das Gemeinte anstellen, und erhalten so die Kommunikation aufrecht. Dieses die praktische Verständigung regierende Prinzip ist der genaue Gegensatz zu dem Prinzip der Wörtlichkeit beim *methodischen Verstehen,* das verlangt, vom Gesagten auszugehen und dieses auf die Goldwaage zu legen.

---

[97] Unter   https://www.youtube.com/watch?v=j1Kfn3VnV1Y&feature=youtu.be   (zuletzt angesehen am 19. Nov. 2015) kann man sich einen Eindruck von diesem Schlager machen.

[98] Die semantische Nähe von Sand und Hawaii – wenn wir denn wissen, dass es sich bei Hawaii um „the loveliest fleet of islands that lies anchored in any ocean" (Mark Twain, zit. n.: Encoclypædia Britannica 2014: Lemma ‚Hawaii'; vgl. Twain 1872) handelt und folglich Sandstrände dort zu erwarten sind – unterstützt natürlich unsere Barmherzigkeit im praktischen Verstehen dieses Schlagers...

[99] Für weitere Bezüge s. Davidson 1984/2001, S. xviii ff.

…/ nich soo viel; \…

Die Gesprächspartnerin macht deutlich, dass sie noch Informationsbedarf hat, den Herr Schorleben eben nicht decken konnte. Dass „soo" mittels Dehnung betont wird, stellt heraus, dass es eher wenig war, was Herr Schorleben preisgegeben hat.

…/ der hat mir nur erzählt, äh, \…

Dass hier mit dem Relativpronomen statt mit dem Personalpronomen auf Herrn Schorleben referiert wird, markiert eine Kontrastrelation, deren zweites Element der Forscher sein muss: ‚der hat mir nur X erzählt – Sie werden mir sicher Y erzählen'. Darin kommt eine gewisse Ungeduld zum Ausdruck, mit der Frau Altenburg erwartet, zu erfahren, worum es eigentlich geht. Das, was Herr Schorleben erzählt hat, ist, das zeigt der Konsiderator[100] ‚äh', Frau Altenburg offensichtlich nicht unmittelbar gegenwärtig; sie muss einen Moment überlegen. Dies kann dadurch motiviert sein, dass es tatsächlich sehr wenig war.

…/ in höchsten Tönen hat er geschwärmt \…

Nun setzt Frau Altenburg entweder neu ein oder sie macht einen Einschub. Im letzteren Fall könnte sie damit eine Rahmung für das Erzählte setzen, den Modus angeben, in dem erzählt wurde: ‚der hat mir nur erzählt, in höchsten Tönen hat er (dabei) geschwärmt, dass es um ein tolles Gespräch geht'. Im ersteren Fall wäre es eine Korrektur; sie hatte ja ‚erzählen' als Mitteilungsform durch Herrn Schorleben vom Forscher übernommen, was ihr nun, wo sie konkret berichten will, nicht mehr passend erscheint. – Wann sagen wir ‚er hat in höchsten Tönen geschwärmt'? ‚Peter hat in höchsten Tönen von seinem neuen Fahrrad geschwärmt.' – ‚Die Unterkunft war wohl mäßig, aber Manuel hat in höchsten Tönen von der Landschaft geschwärmt.' – ‚Michaela hat in höchsten Tönen von der Geigerin geschwärmt.' – ‚Maria hat in höchsten Tönen von der Technik der Kläranlage geschwärmt.' Wir sagen also normalerweise ‚A hat in höchsten Tönen von X geschwärmt'; dabei muss A von dem, von dem er schwärmt, in besonderem Maße persönlich beeindruckt sein, wobei X aber auch gemäß allgemeingültigen Maßstäben herausragen muss. – Es fragt sich hier nun, wovon Herr Schorleben geschwärmt hat.

---

[100] Als Konsiderator können, so unser Vorschlag in Loer 1996 [Halbbildung]: 124, Fn. 46, jene Partikeln genannt werden, die ein Überlegen indizieren.

…/ und dass \…

Frau Altenburg führt zunächst nicht aus, wovon Herr Schorleben geschwärmt hat;
wie beim dem, was er erzählt hat, scheint die Sache, um die es geht, in den Hintergrund getreten zu sein. Dass Frau Altenburg sich auf das Forschungsgespräch
einließ, liegt also offensichtlich doch an einem persönlichen Vertrauen in Herrn
Schorleben, nicht an einer sachlichen Überzeugung. Ob ‚das(s)‘ hier ein Artikel,
ein Relativpronomen oder tatsächlich eine Konjunktion ist, lässt sich rein lautlich
noch nicht entscheiden; klar ist nur, dass es sich um einen zweiten Neueinsatz
handelt, was bestätigt, dass Herr Schorleben inhaltlich tatsächlich wenig zu dem
Forschungsgespräch gesagt hat.

…/ Sie ne neue, ja Studie machen (F: ja) \…

Es wird also tatsächlich nicht ausgeführt, was Herr Schorleben erzählt und wovon
er geschwärmt hat. Zugleich fehlt aber der Hauptsatz zum mit „dass“ eingeleiteten Nebensatz, so dass das Verb ‚erzählen‘ hierher übertragen wird und wir
die Lesart, dass ‚in höchsten Tönen hat er geschwärmt‘ einen Einschub darstellt,
reaktivieren müssen. Warum aber wird das Verb nicht wiederholt? Es drückt sich
darin sowohl die Kontextgebundenheit der Rede von Frau Altenburg aus (für
sie ist klar, dass sie meint: ‚und erzählt, dass Sie ne neue Studie machen‘), als
auch, dass es rasch zur Sache gehen soll. Dass sie den Terminus ‚Studie‘ nicht
unmittelbar präsent hat, kann, da es sich nicht um einen ungewöhnlichen Ausdruck handelt, nur daran liegen, dass ihr nicht genau klar ist, ob es sich um eine
Studie handelt, um die es geht, und was sie beinhaltet. Auch dies ist ein Anhaltspunkt dafür, dass die oben entwickelte Deutung, dass Frau Altenburg ein gewisses
Unbehagen in der Situation des Forschungsgesprächs verspürt, bestätigt.

…/ zu Hunde(‘)haltern und da (F: genau) quasi die äh= ja= \…

Die zögerliche Aussprache ‚Hundehaltern‘, das Unbestimmtheit signalisierende
Adverb ‚quasi‘ wie auch die Konsideratoren ‚äh‘ und ‚ja‘ bestätigen, dass ihr
nicht klar ist, um was es eigentlich geht; zudem zeigt sich, dass ihr die Bezeichnung dafür fehlt oder unpassend, jedenfalls in irgendeiner Weise problematisch
erscheint.

…/ Beziehung ne,

Eine Beziehung ist zunächst ein wechselseitiges Verhältnis zwischen mindestens
zwei Elementen; dass diese hier nicht genannt werden und nur implizit mit der

vorhergehenden Rede von Hundehaltern angedeutet werden, stützt, dass hier die
Bezeichnung unpassend oder dass so Bezeichnete unklar ist. Das mag wiederum
damit zusammenhängen, dass „Beziehung" im engeren Sinne ein wechselseitiges Verhältnis zwischen zwei Personen meint, was die Anwendung des Terminus
auf das Verhältnis von Mensch und Hund fragwürdig macht. – Hier wäre es nun
interessant, zu wissen, ob Herr Schorleben den Ausdruck verwendet hat oder ob
er von Frau Altenburg stammt.[101] In ersterem Falle müsste man bei Frau Altenburg vorrangig auf eine Skepsis hinsichtlich der Angemessenheit des Ausdrucks
schließen; in letzterem Falle darauf, dass sie das Verhältnis durchaus als „Beziehung" im engeren Sinne zu sehen geneigt ist. Dafür spricht auch, dass sie
keine Relata nennt; wenn wir etwa sagen ‚ich bin nicht verheiratet, lebe aber in
einer Beziehung' oder ‚in seiner Beziehung ist er nicht glücklich', dann benennen wir die Relata auch nicht sondern bezeichnen damit eine gemeinsame (Paar-)
Praxis. Gleichwohl bleibt in der weiteren Analyse zu beachten, dass hier eine
Ambivalenz besteht.

#00:00:21-6# F: Genau \...

Hiermit bestätigt nun allerdings der Forscher, dass es um eine „Beziehung" geht,
wobei diese Bestätigung angesichts der Unbestimmtheit unpassend erscheint.
Selbst wenn es sich hier um „das ungenaue ‚genau'" handeln sollte, mit
dem als „Füllwort [...] Verlegenheit zu überspielen" versucht wird (Nsimba
2015), muss angenommen werden, dass der Forscher hier etwas von seiner For-
schungsabsicht getroffen sieht; allerdings bleibt es angesichts der Unbestimmtheit
erläuterungsbedürftig.

.../ es geht eigentlich darum, was für ne Rolle spielt der Hund (‘) \...

Diese Erläuterung erfolgt hier, wobei sie durch den unmittelbaren Anschluss an
das „Genau" als Spezifikation gerahmt ist, aber durch das modifizierende Adverb
wird eine Korrektur angedeutet. Die nun formulierte Frage neutralisiert die Ambivalenz, nimmt die Bedeutung des Verhältnisses als persönliches zurück. Mit „was
für ne" anstatt von ‚welche' bleibt die „Rolle" sehr unbestimmt. Bei Letzterem
wäre nach einer bestimmten Rolle aus einem Set von möglichen gefragt; hier

---

[101] Der Forscher hat ihn nicht eingeführt und hatte ihn auch gegenüber Herrn Schorleben
nicht verwendet.

hingegen wird es der Gesprächspartnerin überlassen, wie sie die Rolle bestimmen will. Die kurze Pause indiziert, dass, was noch zu folgen hat – etwa: ‚für Sie' – wiederum noch nicht vorformuliert ist.

> …/ in ihrem {*Leben* [lachend] (HMA: *ja* [lachend])} so ähm ja; wie= is er in den Alltag eingebaut, wenn Sie da auch mal erzählen würden, was=

Die gewählte Formulierung ‚was für eine Rolle spielt der Hund in Ihrem Leben' allerdings ist sicher doch vorformuliert, so dass möglicherweise ein akustisch nicht wahrnehmbares Ereignis die Pause und dann möglicherweise auch das Lachen der Gesprächspartner motiviert hat. Methodisch ist diese Annahme durchaus angemessen, gibt es drei Textbestandteile, die sich so erklären ließen: das kurze Zögern könnte dadurch motiviert sein, dass der Hund sich in dem Moment bemerkbar machte, und wenn etwa der Hund sich in diesem Moment bemerkbar gemacht haben sollte, würde es zum Lachen reizen, dass er sich quasi selbst anschickt, eine Antwort auf die Frage zu geben, und so das Lachen von beiden Gesprächsteilnehmern motivieren. Und tatsächlich heißt es in der Forschernotiz zu dieser Stelle: „von den beiden anwesenden Hunden kommt einer zum Forscher und springt mit den Vorderpfoten auf dessen Oberschenkel". – Im dann folgenden thematisiert der Forscher den Hund als eine Sache („eingebaut") und hält, indem er nicht eine spezifische Frage stellt, sondern die Fragewörter in der Schwebe lässt, die Antwortmöglichkeit offen.

> #00:00:34-0# HMA: ja; \…

Dass Frau Altenburg nun nicht eine konkrete Frage abwartet, sondern direkt ihre Zustimmung gibt – die leichte Stimmsenkung indiziert dies –, zeigt nicht nur ihre Gesprächsbereitschaft sondern auch, dass sie gern beginnen würde. Somit wäre zu erwarten, dass sie nunmehr eine Erzählung beginnt.

> …/ joa; \…

Es erfolgt aber eine weitere Zustimmung, die jedoch, trotz der leichten Stimmsenkung, etwas zögerlicher ausfällt und fast als Konsiderator fungiert. Die erste Zustimmung diente offensichtlich der Beschleunigung, ohne dass ihre inhaltliche Füllung: die Erzählung, bereits zur Verfügung gestanden hätte; dies wird nun in der zweiten Zustimmung realisiert, die Zeit zum Überlegen verschafft.

…/ also \…

Frau Altenburg schließt mit „also" an, was – sei es als Adverb oder als davon abgeleitete Partikel – immer etwas Vorausgegangenes zusammenfasst, es erläuternd oder weiterführend aufnimmt und also daraus schlussfolgert bzw. darauf aufbaut. Da in der im Text repräsentierten äußeren Realität bisher nichts Entsprechendes vorausgegangen ist, muss dies in der inneren Realität der Sprecherin vorliegen.

Exkurs zum Adverb resp. zur Partikel ‚also'

Das Adverb resp. die Partikel ‚also' findet sich sehr häufig zu Beginn einer Äußerung bzw. eines Äußerungabschnitts. Betrachten wir die Bedeutungsmöglichkeiten von ‚also', die etwa im Duden aufgelistet sind: „I. <Adv.> 1. folglich, demzufolge, demnach, somit, mithin: er litt um sie, a. liebte er sie; er war Beamter, a. (das heißt) ein gewissenhafter Mensch/ein gewissenhafter Mensch a. 2. a) fasst Vorausgegangenes zusammen, nimmt es erläuternd od. weiterführend auf: Laufvögel, a. Strauße, Nandus, Emus, sind flugunfähig; b) dient der Fortsetzung eines unterbrochenen Gedankenganges: a. ich meine, dass etwas geschehen muss. 3. (veraltet) verstärkend für so; in ebendieser Weise: a. geschah es. II. <Partikel> wirkt verstärkend bei gefühlsbetonten Aussagen, Fragen, Ausrufen, Aufforderungen: a. schön; a., kommst du jetzt oder nicht?; a., gute Nacht!; na a.! (siehst du!; warum nicht gleich!)." (Duden 2001 [UWB], lemma ‚also')[102] Hier wird deutlich, dass die unter I.2.a) angeführte Bedeutung in den anderen mit auftaucht. Wenn aber nun ‚also' am Beginn einer Äußerung steht, so ist in der äußeren Realität kein „Vorausgegangenes" vorhanden, die qua Regel erforderliche pragmatische Erfüllungsbedingung für die Verwendung des Wortes also in der äußeren Realität nicht gegeben. Da die regelkonstituierte Bedeutung aber nicht durch die empirisch vorfindliche Nicht-Erfüllung bestritten werden kann, muss die Erfüllungsbedingung gleichwohl vorliegen. Das macht den Schluss auf die innere Realität des Sprechers erforderlich, in welcher das ‚Vorausgegangene' zu finden ist. Steht ‚also' also zu Beginn einer Äußerung, so zeigt es genau dies an: dass der Sprecher stillschweigend Überlegungen angestellt hat, die er nunmehr zusammenfasst und erläutert oder weiterführt, oder in seiner inneren Realität, also seinem Verständnis der Situation nach, Antezedenzien als gegeben sieht, die den Schluss erlauben.

Frau Altenburg wird also im Folgenden eine Gedanken ausführen, den zu fassen sie sich durch die vorausgegangene verzögerte zweite Zustimmung Zeit verschafft hat. Dass hier keine Stimmhebung oder Stimmsenkung erfolgt, macht deutlich, dass das Auszuführende ihr nun klar ist.

---

[102] Vgl. hierzu auch Grimm/Grimm 1854/1984: Sp. 262 f.; dort auch zur unterschiedenen Bedeutung von also, wenn es wie folgt betont wird: álsó.

…/ ne ganz \…

Mit dem unbestimmten weiblichen Artikel – „ne" als Kurzform von ‚eine' – ist deutlich, dass die Äußerung mit einem femininen Nomen beginnt, das durch ein Adjektiv noch weiter qualifiziert wird, das seinerseits durch das Adverb ‚ganz' näher bestimmt wird. Dieses kann nun gegenteilige Bedeutung haben: ‚Das Wetter war ganz gut', heißt, dass das Wetter ziemlich gut, aber eben nicht voll und ganz gut war; ‚das Essen war ganz furchtbar', heißt, dass das Essen überaus schlecht war. Einmal kann ‚ganz' einschränkend i. S. v. ‚einigermaßen' und einmal intensivierend i. S. v. ‚überaus' oder ‚sehr' gebraucht werden; dabei fällt auf, dass es eindeutig positive Adjektive i. d. R. einschränkt, eindeutig negative i. d. R. intensiviert; v. a. aber scheint es von der Betonung abzuhängen, ob ‚ganz' einschränkend oder intensivierend wirkt: wird ‚ganz' betont, wirkt es intensivierend, wird das Adjektiv betont, wirkt ‚ganz' einschränkend.

…/ normale Rolle \…

Frau Altenburg hat sich also nicht eine Erzählung zurechtgelegt, sondern sich vor Augen geführt, was für eine Rolle ihr Hund in ihrem Leben spielt und ist zu dem dann ausgesprochenen Schluss gekommen. Wann aber bezeichnet man etwas als ‚normal'? Mit ‚normal' wird in der Regel etwas bezeichnet, dass einem Modell entspricht und von ihm nicht in auffälliger Weise abweicht. Allerdings wird es erst dann explizit so bezeichnet, wenn es eine Vermutung der Abweichung gibt. Deshalb finden wir die Bezeichnung von etwas als ‚normal' auch häufig in Verbindung mit der sich gegen eine in Widerspruch dazu stehende Annahme richtende Partikel ‚doch' (vgl. Eisenberg 1999/2001, S. 230). Etwas ungefragt als ‚normal' zu bezeichnen zieht folglich die Vermutung ‚qui s'excuse s'accuse' nach sich. In diesem Sinne drückt sich in der Äußerung von Frau Altenburg einerseits aus, dass für sie die Rolle, die ihr Hund in ihrem Leben spielt, einem akzeptierten Modell entspricht. Nun schränkt sie aber ‚normal' mit „ganz" ein und betont es und grenzt damit die bezeichnete gegen eine andere Vorstellung ab; somit betrachtet sie andererseits die Normalitätsvorstellung als infrage gestellt und ist sich darin folglich nicht sicher. – Dies kann man sich verdeutlichen, wenn man es mit der folgenden möglichen Äußerung konfrontiert: ‚Was soll er schon für eine Rolle spielen; er ist mein Hund.' Diese Formulierung würde ebenfalls die Normalität der Rolle des Hundes behaupten – aber als selbstverständlich, also ohne Skepsis.

…/ eigentlich, \…

Wenn wir von jemandem sagen, er sei ‚eigentlich normal‘, gestehen wir damit zugleich zu, dass er es in (mindestens) einer bestimmten Hinsicht nicht ist. Somit zeigt in dem Adverb die erwähnte Skepsis nochmals; darin, dass es nachgestellt ist, kommt die Denkbewegung zum Ausdruck: Hinter der Thematisierung ihrer Beziehung zu den Hunden in dem Forschungsgespräch vermutet sie die Annahme eine Besonderheit dieser Beziehung; angesichts dessen betont sie die Normalität der Beziehung; was aber die Zweifel daran wieder aufkommen lässt. Dies zeigt, dass sie die Zweifel nicht nur bei dem Forscher vermutet, sondern auch bei sich selbst verspürt: Was hat es nur mit meiner Beziehung zu den Hunden auf sich?

> Dies verwundert nicht und ist in Teilen der pragmatischen Rahmung durch das Forschungsgespräch zuzurechnen. Aufgrund der Relevanzregel (s. o.) verleiht allein das Sprechen über ein Thema diesem eine gewisse Relevanz. Dies hat zur Folge, dass Forschungssubjekte als Teilnehmer an einem Forschungsgespräch über Themen nachdenken, die in ihrem Alltag vor dem Forschungsgespräch eher im Hintergrund verblieben und von verborgener Relevanz waren. Allerdings ist die Haltung zu dieser nun mehr oder weniger überraschend zutage tretenden Relevanz durchaus als fallspezifisch anzusehen.

…/ ne, (F: ja) \…

Mit der dann noch nachklappenden Frage – „ne,“ ist ja die Kurzform von ‚nicht wahr?‘ – fordert Frau Altenburg das Einverständnis des Forschers ein, das sie auch erhält.

…/ also ich muss sagen \…

Es wird nun eine weitere Erläuterung, und zwar hier eine der Aussage, der Hund spiele eine „ganz normale Rolle“, eingeleitet. Die Formulierung „ich muss sagen“ richtet sich in der Regel gegen eine gegenteilige Erwartung; sagt man: ‚Ich muss sagen, der Film war gut.‘, so hatte man wenig erwartet von der Qualität des Films. Das Modalverb drückt einen Zwang aus, der sich daraus ergibt, dass man eine Haltung korrigiert[103] oder sich gegen eine Erwartung stellt, und somit eine

---

[103] Dies ist eine unscheinbare, aber aussagekräftige Stelle, an der wir einen Einblick in die Konstitution von Praxis erlangen. Es zeigt sich hier, dass man nicht umhin kann, eine Selbstrechtfertigung seines Handelns öffentlich zu machen (vgl. die Ausführungen zu Entscheidung und Selbstrechtfertigung in der *Einleitung*).

Rechtfertigungspflicht[104] übernimmt. Für Frau Altenburg spielt der Hund also eine andere Rolle, als sie bisher annahm bzw. als man erwarten würde.

…/ (') ja, \…

Die kurze Pause und das leicht fragende „ja" markieren, dass Frau Altenburg sich von dem, was sie ‚sagen muss' gewissermaßen noch selbst überzeugen muss.

…/ im Endeffekt \…

Aber auch nun sagt sie, was sie zu sagen hat, noch nicht direkt, sondern modifiziert es indem sie es als letztlich erzielten Effekt, als Endergebnis kennzeichnet, worin auch die erwähnten Zweifel zum Ausdruck kommen – als überwundene: Wir sagen ‚Im Endeffekt war es eine gelungene Veranstaltung', wenn wir am Ende zwischenzeitliche Bedenken überwunden haben bzw. zwischenzeitlich auftretende Momente des Misslingens geringer werten als das Endergebnis.

…/ fast wie \…

Die Abschwächung setzt sich fort: Was immer der „Endeffekt" ist, er stellt kein voll gültiges Ergebnis dar („fast") und kann offensichtlich auch nicht direkt, sondern nur mittels eines Vergleichs („wie") ausgedrückt werden. Nehmen wir die bisher analysierten Sequenzen als inneren Kontext hinzu und sehen, dass es ja um die Rolle des Hundes geht, so zeigt sich, dass diese für Frau Altenburg nicht ohne weiteres eigenständig zu bestimmen ist. – Handelte es sich etwa um einen Wachhund, so wäre zu erwarten, dass gesagt würde: ‚Der Hund spielt die Rolle des Wächters.' Oder: ‚Der Hund fungiert als Wächter.' – Womit könnte er nun stattdessen verglichen werden? ‚Der Hund spielt eine Rolle fast wie…?' Es muss sich um eine uneigentliche Rolle handeln, um etwas, dass von seiner Funktion als Hund, welche immer diese sein mag, abweicht oder über seine Funktion als Hund hinausweist. So würde etwa: ‚im Endeffekt fast wie eine Alarmanlage' nicht passen, da das die Funktion als Wachhund träfe – es sei denn, die Erwartung wäre gewesen, dass der Hund dieser Funktion nicht gerecht werden würde.

---

[104] Hier sehen wir das Zugleich von *konstitutiver* Selbstrechtfertigung und sich in *bestimmten* Erwartungen ausdrückender kulturspezifischer Begründungsverpflichtung (s. o.).

…/ n Familienmitglied \…

Der Vergleich des Hundes mit einem „Familienmitglied" ist[105] – um die bisherigen Rekonstruktionsergebnisse als inneren Kontext heranzuziehen – nach der Analyse der Eingangssequenz nicht überraschend. Frau Altenburg hat dort die Hunde ja als Kinder der Familie angesprochen. Aufschlussreich ist die Art und Weise, wie sie diesen Vergleich durchführt: sehr zögerlich, zurückhaltend und gegen angenommene anderweitige Erwartungen. Nach dem direkten Umgang anzunehmen, dass Frau Altenburg die Hunde für Familienangehörige hält, hatte uns nur die Sparsamkeitsregel abgehalten; nunmehr bestätigt sich dies. Die erste Strukturhypothese als Ergebnis der obigen Analyse muss nun erweitert werden. Wenn jemand im Bewusstsein, dass es sich *nicht* um die Wirklichkeit handelt, handelt *als ob* die Welt wirklich so wäre, so bezeichnen wir, wie wir oben bereits bzgl. unseres ersten Falles ausführten, diese Welt bzw. dieses Handeln als fingiert. Die Hunde werden also als zu sozialisierende Kinder fingiert. Frau Altenburg vergleicht[106] ihr reales Leben mit den Hunden mit den objektiv-realen Möglichkeiten eines Lebens, bei dem die Hunde zu sozialisierende Kinder wären und erfährt es *als ob* sie diese Möglichkeiten ergreifen könnte.[107] Auch hier können wir festhalten, dass es sich anders als im Spiel verhält, wo ein Kind etwa zu seinem Spielkameraden sagen könnte: ‚du wärest jetzt wohl mein Kind und ich würde dir ein Eis kaufen'. Hier nämlich wird den als Kinder fingierten Hunden der Modus des Als-Ob nicht mitgeteilt; dies würde sonst auch strukturell seine Aufhebung darstellen.

…/ schon, \…

Das nachgestellte ‚schon' fungiert hier als Adverb, was bedeutet, dass der Hund früher als erwartet zum „Familienmitglied" wurde (vgl. Weinrich 1993, S. 579). Da eine solche Erwartung nicht thematisiert wurde, wird sie als generalisierte unterstellt: Dass ein Hund sich zum Familienangehörigen entwickelt, wird grundsätzlich als Möglichkeit gedacht. So wie etwa bei einem Schüler, von dem gesagt

---

[105] Der Ausdruck ‚Familienmitglied' für Familienangehörige ist durchaus üblich (s. 2001 [SVW], Lemma ‚Familienmitglied'), gehört also hier zum Parameter I (Eröffnungs- bzw. Erzeugungsparameter) und nicht zum Parameter II (Auswahl- bzw. Entscheidungsparameter).

[106] Wir haben oben bereits gesehen, dass dieses vergleichende urteilende Erfassen von Hans Vaihinger als „komparative Apperzeption" bezeichnet wird (1911/1920: 95).

[107] Vgl. zu einer weiteren, inhaltlich ganz anders gelagerten Als-Ob-Gegenständlichkeit des Hundes: Loer 2016 [Sander].

wird, er führe sich schon auf wie ein Lehrer, es grundsätzlich als möglich angesehen wird, dass er Lehrer wird, und er sich entsprechendes Verhalten weitgehend angeeignet hat.[108] Zusammengenommen mit der konstatierten Abschwächung haben wir hier eine aufschlussreiche Bewegung vorliegen: Frau Altenburg realisiert, dass der Hund eine Rolle spielt, die über die kulturelle Erwartung hinausgeht, was deutlich werden lässt, dass das für sie Selbstverständliche in Spannung zu von ihr geteilten kulturellen Vorstellungen steht. Diese Vorstellungen sind Moment ihrer Selbstdeutung, deren Dissonanz zu ihrem Handeln sich ihr hier, angestoßen durch den Thematisierungszwang, den die pragmatische Rahmung des Forschungsinterviews auslöst, bemerkbar macht. So gerät Frau Altenburg in eine kognitive Dissonanz. Leon Festinger bestimmt in seiner Theorie der kognitiven Dissonanz: „two elements are in a dissonant relation if, considering these two alone, the obverse of one element would follow from the other." (Festinger 1957/1966, S. 13) Hier ist dies a) ihr ihr nun bewusst werdendes Handeln:[109] der Hund wird nicht als Tier, sondern *als Familienangehöriger behandelt*, und b) das von ihr geteilte kulturelle Deutungsmuster, dass Hunde Tiere und *nicht Familienangehörige sind.*

    …/ ne, (F: hh) \…

Darin, dass Frau Altenburg hier das Einverständnis des Forschers zu einem Sachverhalt anfragt, den er ja gar nicht beurteilen kann, drückt sich eine Unsicherheit aus, was zu der rekonstruierten Spannung passt.

    …/ also klar, \…

Diese Redeformel hat etwas Konzedierendes: ‚Ich spreche Arabisch. Also klar, ich könnte jetzt keine große Rede halten, aber im Alltag mich verständigen – das geht.' In Frau Altenburgs Konzession könnte erneut die gegenläufige Erwartung: dass Hunde keine Familienangehörige sein können, zum Tragen kommen. Dies müsste dann im Folgenden zu einer abschwächenden Modifizierung der Deutung des Hundes als Familienangehörigen führen (‚also klar, ein richtiges Familienmitglied ist er nicht, …').

---

[108] Durch die Nachstellung ist ausgeschlossen, dass ‚schon' hier als Abtönungspartikel fungiert und die vorangehende Aussage somit eingeschränkt (vgl. a. a. O.: 850) wird.

[109] Handeln und Wissen treten nicht unmittelbar in einen Gegensatz, sondern als Kognitionen, d. h. erst dann, wenn die Vorstellung des Handelns oder auch seine Begründung dissonant zu zu ihm in relevanter Relation stehenden kognitiven Elementen wird (vgl. hierzu Loer 2007 [Region], S. 141–164).

…/ wo ich hingeh geht der Hund hin, (F: ja)

Der Inhalt der Konzession ist das Gegenteil des Erwarteten: Es wird die Enge
der Bindung an den Hund betont. Damit muss die Konzession sich gegen die
Erwartung richten, der Hund wäre *kein* Familienangehöriger. Es zeigt sich die
Wirkmächtigkeit der fingierten Wirklichkeit gegenüber dem gleichzeitig präsenten kulturellen Deutungsmuster: Auch wenn Frau Altenburg in ihrer Deutung die
Fingiertheit anerkennt, zeigt sich doch in den praktischen Konsequenzen ihres
Handelns, dass die fingierte Wirklichkeit wirkmächtig und in diesem Sinne real
ist. Es kommt hier also das sogenannte Thomas-Theorem zum Tragen: „If men
define situations as real, they are real in their consequences." (Thomas/Thomas
1928, S. 572; vgl. hierzu Loer 2006 [Streit]: 367–370) Aufschlussreich zu sehen
ist dabei, dass „define" nicht im Sinne einer kognitiven, begrifflichen Bestimmung, sondern als ‚eine Haltung zur Welt einnehmen' verstanden werden muss.
Frau Altenburgs ‚defining her dog' lässt sich als Haltung explizieren, zu ihrem
Hund die Haltung wie zu einem realen Familienangehörigen einzunehmen. Nachdem in dem direkten Umgang mit den Hunden diese als zu sozialisierende Kinder
behandelt wurden, wird jetzt die Ehepartnerschaft aufgerufen, wie sie in einem
oft verwendeten Trauspruch formuliert ist: „Wohin du gehst, dahin gehe auch
ich, und wo du bleibst, da bleibe auch ich." (Bibel 1980/1985, S. 335 [Ruth
1,16]) Durch die verdichtende Formulierung (die Ellipse sowohl des Positions-
Relativs ‚da' als auch des Adverbs ‚auch') und das Präsens, das ja nicht eine
aktuelle Handlung markiert und sich somit hier auf „zeitlos Gültiges" (Weinrich 1993, S. 2014) bezieht, wird die Aussage apodiktisch und so die besondere
Enge der Beziehung und ihre Unverbrüchlichkeit deutlich. So setzt sich hier die
praktische Haltung, also der Habitus: ein Set von (meist unausgesprochenen)
Maximen der Lebensführung, denen im Zweifel gefolgt wird (vgl. den nachfolgenden Exkurs), gegenüber dem geteilten kulturellen Deutungsmuster (vgl. hierzu
Oevermann 1973/2001 [DM] u. 2001 [DM Aktualisierung]) durch.

Exkurs zum Begriff der Habitusformation

Etymologisch hängen die Begriffe des Habitus und der Gewohnheit eng zusammen.[110] Fragt man der Gewohnheit nach, so ist eine erste Definition, die Charles
Camic referiert,[111] durchaus angemessen und führt gleich zu einer wichtigen Differenzierung: „‚habit' generally denominates a more or less self-actuating disposition or
tendency to engage in a previously adopted or acquired form of action" (1986, S. 1044).
Gewohnheit in diesem Verständnis ist repetitiv und steuert Handeln in bekannten Situationen: nur für (vorab) bekannte Situation kann die ‚form of action', verstanden als

deskriptive Kategorie,[112] vorab auf irgendeine Weise erworben worden sein. Gewohnheit bedeutet zunächst, aus den konkreten, durch Regeln eröffneten Optionen in einer
bestimmten, bekannten Situation stets eine bestimmte konkrete Möglichkeit zu sele-
gieren. Wenn aber dies Gewohnheit eine formative Kraft bekommt, die das Handeln
auch in neuen Situationen strukturiert, sprechen wir von Habitus. Diese Strukturierung
erfolgt, indem aus durch Eröffnungsparameter eröffneten Handlungsoptionen systematisch typengleiche Optionen gewählt werden. In unserem ersten Fall präferiert Herr
Olescik immer die als persönliche gelebte Beziehung zu seinen Hunden gegenüber
der Sozialbeziehung zu einem (menschlichen) Gesprächspartner; in unserem zweiten Fall drückt sich bei Frau Altenburg eine praktische Haltung aus, ihren Hunden
stets als Familienangehörgen zu begegnen. Die jeweils selegierten Optionen in verschiedenen konkreten Handlungssituationen, unter denen auch solche sein können,
die dem handelnden Subjekt unbekannt sind, bilden nun, wenn man sie jeweils auf den
je durch Regeln eröffneten Möglichkeiten abbildet, ein spezifisches Muster: ‚form of
action‘ so verstanden, bedeutet dann eine Systematik der Selektion. Diese wird auf der
Ebene der Habitusformation generiert; der Habitus ist insofern eine generative Struktur, die unterschiedliche aber strukturhomologe Praktiken hervorbringt.[113] Will man
die Habitusformation rekonstruieren, so muss man also zunächst das konkrete Handeln untersuchen, dessen Systematik zu bestimmen ist. Lassen sich *unausgesprochene
Maximen der Lebensführung* rekonstruieren, denen der Handelnde im Zweifel folgt,
und die dieser Systematik zugrunde liegen und sich in ihr ohne Willen und Bewusstsein
ausdrücken, so sind diese auf der Ebene der Habitusformation anzusiedeln. Diese geht
also als ein Moment in die Fallstrukturgesetzlichkeit ein.

Schon bei dem, was Weber als ‚dumpfe Gewohnheit‘ (1922/1985, S. 182) bezeichnete, geht es nun aber nicht lediglich um individuelle Gewohnheiten und seien sie
auf die genannten unausgesprochenen Maximen der Lebensführung zurückzuführen –
erst recht geht es nicht lediglich um individuelle Gewohnheiten, die mehr oder weniger
zufällig eine gewisse statistische Häufigkeit aufweisen. Schon Weber weist darüber hinaus, wenn er von der „Gewohnheit an die als Sitte eingelebten Regelmäßigkeiten des
Lebens" (ebd.) spricht. Es geht also darum, wie Pierre Bourdieu formulierte, „de décou-
vrir la collectivité au cœur même de l'individualité sous la forme de la culture" (1967,
S. 142). Will man nun die kollektive Einheit finden von der man Anlass hat zu vermuten,
dass die gleiche Habitusformation bei allen ihr angehörenden Personen sich ausge-
formt hat, so muss man unter diesen möglichst kontrastive Fälle auswählen und von
ihrem Handeln in für die Maximen möglichst aufschlussreichen Situationen Protokolle
erheben und die entsprechenden Fallstrukturgesetzlichkeiten rekonstruieren.

Wenn man dann aber die Genese der jeweiligen Habitusformation untersucht, die
an einem Handlungsproblem sich ausgebildet hat (vgl. exemplarisch: Loer 1999 [Zwi-
schengen]), lässt sich letztlich klären, ob die vermutete Einheit eine real als solche
strukturierte ist, oder lediglich ein Beobachtungsartefakt: das Handlungsproblem ist
das Einheit Stiftende. Durch diese Konzeptualisierung wird die Strukturierungsebene
der Habitusformation von psychischen Dispositionen und von Strategien unterschieden. Über die hier nur in Auszügen dargestellte Studie hinausgehend muss für

die Untersuchung einer bestimmten Habitusformation zunächst einmal deren jeweilige Struktur bestimmt werden, bevor gefragt werden kann, ob sie gruppen- bzw. klassenspezifisch (Miller 1989, S. 197) ist.[114]

Nunmehr müsste in der mit der konzedierenden Formulierung „also klar" eingeleiteten Gedankenbewegung das ‚aber' folgen: ‚Also klar, wo ich hingeh geht der Hund hin, aber ins Bett nehme ich ihn nicht mit.' Wir sehen auch an diesem Versuch, einen möglichen Gegensatz zu formulieren, dass Frau Altenburgs Beziehung zu ihrem Hund sich hier als sehr eng erweist.

…/ und wenn \…

Statt der zu erwartenden adversativen erfolgt eine zusammenfassende Konjunktion verbunden mit einer konditionalen, so dass zu erwarten ist, dass hier entweder eine verdeutlichende Exemplifizierung erfolgt (‚Wohin du gehst, gehe ich hin, und wenn es die Hölle wäre.') oder die (generalisierende) Zurückweisung eines Zweifels (‚Wohin du gehst, gehe ich hin, und wenn Du [jemand] das bezweifeln solltest [sollte], werde ich es beweisen.').

…/ jemand von vornherein sagt \…

Frau Altenburg führt hier generalisierend ein Beispiel ein; angesichts des zuvor Gesagten kann es sich nur auf eine Situation beziehen, in der sie und ihr Hund gemeinsam irgendwo hingehen. Da es mit „und" anschließt so muss es zu dem

---

[110] Diese Ausführungen gehen zurück auf: Loer 1996 [Halbbildung]: 310 ff.

[111] In seinem sehr informativen, historisch fundierten Essay bietet Charles Camic (1986) methodisch sorgfältig ein Stück Begriffsgeschichte der Soziologie.

[112] Vgl.: „forms of action that are frequently practiced tend over time to become habitual." (Camic 1986, S. 1044, Fn. 2).

[113] Dies entspricht der ersten Konzeption von Bourdieu, die einerseits an Erwin Panofsky Begriff der „habitudes mentales" (Bourdieu 1967, S. 151) als generative Struktur einer Kultur, die sich etwa im architektonischen Stil ebenso ausdrückt wie in der Schrift (a. a. O.: 153) anschließt, andererseits an Chomskys Begriff der generativen Grammatik (a. a. O.: 152; s. Chomsky 1965). Dabei ist bei Bourdieu noch ungeschieden, dass die „habitudes mentales" Auswahlparameter einer Kultur darstellen, die generative Grammatik hingegen als Erzeugungsparameter die Bedeutungsmöglichkeiten konstituiert.

[114] Der späte Bourdieu dagegen geht von statistischen „Korrelationen zwischen sozialer Position und Lebensstil" (a. a. O.: 203) aus, und führt als theoretisches Konstrukt einen vermittelnden Habitus als strukturierende Struktur ein, ohne diesen in seiner spezifischen generativen Funktion zu bestimmen und als nächstes seine Genese zu klären.

Inhalt des Vorhergehenden passen – eben als Exemplifizierung. Was immer derjenige sagt, so ist klar, dass er eine Voreinstellung, wenn nicht ein Vorurteil
äußert, und nicht zu dessen Modifikation aufgrund konkreter Erfahrung bereit ist.
Mit ‚wenn‘ wird dies als Bedingungsrahmen aufgespannt, dem eine feststehende
Folge zugeordnet wird: ‚Wenn jemand von vornherein sagt, dass X, d. h., wenn er
da ein X-Vorurteil oder eine unerschütterliche X-Voreinstellung hat, wird Y folgen.‘ Beides muss sich auf die Tatsache beziehen, dass Frau Altenburg den Hund
mitnimmt, wohin immer; welcher Voreinstellung sie auch immer begegnet, sie
wird sich dann vermutlich ihrerseits keinesfalls von der sich in der permanenten
Begleitung ausdrückenden unverbrüchlichen Treue abbringen lassen.

> …/ er möchte nicht dass der Hund \…

Es geht also[115] um eine Situation, in der jemand offensichtlich die für Frau
Altenburg nicht vorstellbare Trennung von ihrem Hund wünscht. Wie soeben ausgeführt, kommt klar zum Ausdruck, dass sie diesem Wunsch nicht nachkommen
wird.

> …/ dann überleg ich mir \…

Die Auslassung des Verbs im dass-Satz, der den Inhalt des Negativ-Wunsches
(„er möchte nicht") bestimmt, macht aus dem Wunsch geradezu einen nach der
Verneinung der Existenz des Hundes überhaupt. Da dies dem mit dem Indefinitpronomen bezeichneten generalisierten Subjekt nicht zugeschrieben werden
kann – wollte Frau Altenburg dies explizit tun, hätte sie ein entsprechendes
Verb (‚lebt‘, ‚existiert‘, …) anfügen müssen –, muss geschlossen werden, dass
sich hier ausspricht, dass Frau Altenburg einen Affront empfindet:[116] Wer nicht
möchte, dass ihr Hund mitkommt, möchte wohl, dass der Hund gar nicht existiert. Dementsprechend kann sie nur mit Ablehnung des Wunsches oder gar mit
Abbruch des Kontaktes reagieren. Es ist eher verwunderlich, dass sie hier noch
überlegen muss; es wäre möglich, dass etwas folgt wie: ‚dann überleg ich mir

---

[115] Wenn wir hier auf die gegebene Situation schließen, so geht es uns nicht darum, zu „zeigen, wie es eigentlich gewesen" (von Ranke 1824/1957, S. 4). Wir haben oben bereits auf das
häufige Missverständnis hingewiesen, das Analyseziel der Objektiven Hermeneutik bestünde
darin, „den tatsächlichen Kontext zu *erraten*" (vgl. Wernet 2021, S. 50; kursiv i. Orig.). Vielmehr haben wir vorab auf Basis der Rekonstruktion der objektiven Bedeutung der Äußerung
deren möglichen objektiven Sinn bestimmt, der hier eben in dem Bezug auf die Tatsache,
dass Frau Altenburg den Hund mitnimmt, wohin immer, besteht.

[116] Wir schließen hier also auf ihre innere Realität.

ernsthaft, ob ich den Kontakt mit dem abbreche'. Das würde ihrer Empörung Ausdruck verleihen.

…/ jetzt \…

Es muss nun eine direkte Rede erfolgen: ‚dann überleg ich mir: jetzt rede ich nicht mehr mit dem'. Damit würde der Moment der Empfindung des Affronts aktualisiert; Frau Altenburgs lebhafte Vorstellung des Affronts, die sie hier aufruft, fällt zusammen mit dem Jetztpunkt des (Wieder-) Erlebens (vgl. Hamburger 1957/1987, S. 93).

…/ zweimal \…

Nun zeigt sich, dass es sich nicht um direkte Rede handelt, die Zeitdeixis markiert umso deutlicher die Gegenwart der vorgestellen Empfindung. Der Inhalt der sorgfältigen und vorraussichtlich negativ ausgehenden Überlegung muss aber nun das Gegenteilige sein: doch noch mit demjenigen, der sie so kränkt, zu sprechen. ‚Ich überlege mir zweimal, ob ich einem so unzuverlässigen Menschen noch einmal Geld leihe'. Dasjenige, was eher skeptisch zu betrachten ist, wird nicht leichtfertig, sondern allenfalls nach reiflicher Überlegung getan.

…/ ob ich fahr; (F: ah ja; mmh) \…

Vom Fahren war bisher nicht die Rede; Frau Altenburg hat offensichtlich ein Szenario vor Augen (innere Realität), bei dem sie zu jemandem eingeladen ist, aber den Hund nicht mitbringen soll. Dieser jemand ist durch seinen Wunsch schon so disqualifiziert, dass er gar als Zielort des Fahrens (angebbar durch ein Direktionsadverb: ‚dorthin', oder durch ein richtungsanzeigendes, hier nachzustellendes Verbaffix: ‚hin') getilgt ist; es handelt sich um eine sehr grundsätzliche Überlegung. Darin kommt nochmals die fundamentale Bedeutung der Beziehung zum Hund zum Ausdruck. Sehr schön können wir hier die Differenz des Sich-zum-Ausdruck-Bringens und des Zum-Ausdruck-Kommens sehen – obwohl beider Inhalt hier keine Diskrepanz aufweist: Für Frau Altenburg ist die Grundsätzlichkeit der Entscheidung als Bedeutung ihrer Äußerung keinesfalls latent; aber sie teilt sie nicht lediglich mit und *bringt* sie manifest *zum Ausdruck*, sondern in der Art ihres Sprechens[117] *kommt* diese Grundsätzlichkeit als eine sie habituell bestimmende *zum Ausdruck*. Zwar können wir hier nicht von einer ‚vollständigen

---

[117] Wir sehen hier, wie wichtig es ist, Sprechen als Handeln zu begreifen.

Koinzidenz der intentionalen Repräsentanz mit der objektiven Sinnstruktur der Äußerung, die prinzipiell möglich ist, aber den idealen Grenzfall der vollständig aufgeklärten Kommunikation in der Einstellung der Selbstreflexion darstellt' (vgl. Oevermann et al. 1979 [Methodologie], S. 380; s. o., Kap. Einleitung), sprechen, gleichwohl handelt es sich um den interessanten Fall einer vollständigen Kongruenz von manifestem und latentem Sinn der Äußerung.

> .../ ja also wenn ich jetzt irgendwo auf ne Feier geh oder so \...

Nunmehr wird erläuternd aus der allgemeinen Überlegung ein Beispiel gefolgert. Die Zeitdeixis verweist hier offensichtlich auf den beispielhaften Gedankengang (‚wenn ich jetzt einmal annehme, ich ginge...‘); mit dem unbestimmten Positionsrelativ „irgendwo" bleibt die generelle Bedeutung des Beispiels deutlich.

> .../ und jemand sagt von vornherein den Hund will ich nich \...

Es wiederholt sich im Beispiel die generelle Ablehnung des Hundes und zwar wiederum als feststehende Haltung. Die Ablehnung des Hundes wird damit auch als Ausdruck einer gewissen Borniertheit markiert.

> .../ und ich hab (') niemandn der auf mein_n Hund aufpasst \...

Nunmehr wird eine Zusatzbedingung angefügt, die die Absolutheit modifiziert, wobei die kurze Pause indiziert, dass diese Zusatzbedingung nicht als in alltäglicher Erfahrung gründend für die Erzählung bereitliegt: Nicht eine Trennung vom Hund erscheint nun als das Problem, sondern dass er nicht beaufsichtigt werden kann. Damit wird die Beziehung zum Hund als einem Kleinkind reaktiviert, denn anders als auf den Partner muss man auf ein noch nicht genügend autonomes Kind aufpassen. Einen Hund hingegen kann man normalerweise entsprechend unterbringen, so dass er unbeaufsichtigt zurückgelassen werden kann.

> .../ oder (F: mhm) \...

Die Alternative, die mit der Konjunktion angekündigt wird, muss sich, das liegt jedenfalls zunächst nahe, auf den Sachverhalt beziehen, dass Frau Altenburg niemanden hat, der auf ihren Hund aufpasst. Was könnte das sein? Bestandteil der Alternative muss sein, dass sie jemanden hat, der auf ihren Hund aufpasst, dass dies aber dennoch nicht genügt – weil der nicht genügend qualifiziert ist, der Hund kränkelt o. ä.

…/ das dauert mir zu lange, \…

Die Alternative besagt, dass Frau Altenburg ihren Hund niemandem über einen gewissen Zeitraum hinaus anvertrauen will. Dies passt zu dem zu beaufsichtigenden Kleinkind. Allerdings ist das Nichtüberschreiten eines gewissen Zeitraums kein sachliches Erfordernis, sondern durch Frau Altenburgs („mir") Empfindung gesetzt: Sie hält die Trennung vom wohlbeaufsichtigten Hund nicht über eine gewisse Zeit hinaus aus. Das spricht für eine, ja nach dem bisher Rekonstruierten nicht überraschende hohe emotionale Bindung an das Tier.

…/ dann fahr ich auch nicht; (F: mhm) \…

Nun wird die Konsequenz ausgesprochen: dass Frau Altenburg nicht zu der Feier geht. Allerdings wird dabei durch das Fokus-Adverb „auch" der Hund dem „ich" gleichgestellt, die Partnerbeziehung wird implizit wieder aktualisiert. Wie bereits oben ist auch hier der Zielort des Fahrens (angebbar durch ein Direktionsadverb: ‚dorthin', oder durch ein Richtungsanzeigendes Präfix: ‚hinfahre') getilgt, was die Grundsätzlichkeit der Haltung betont.

…/ entweder kommt der Hund mit oder ich bleib zu Hause; (F: ah ja; mmh) \…

Entsprechend landet Frau Altenburg wieder bei der grundsätzlichen, ausschließlichen Alternative: Sie „gibt […] ausdrücklich zu verstehen, daß eine binäre (alternative) Wahl zu treffen ist, daß es also außer den zwei Möglichkeiten, wie sie in den beiden Konjunkten [‚der Hund kommt mit' vs. ‚ich bleibe zu Hause'] ausgedrückt sind, keine weiteren Wahlmöglichkeiten gibt" (Weinrich 1993, S. 812): τῶν δ' ἀντικειμένων ἀντιφάσεως μὲν οὐκ ἔστι μεταξύ.[118] Hier ist nun die durch die sequenzielle Analyse aufgedeckte Bewegung der Rede sehr aufschlussreich. Es gibt offensichtlich einen Widerstreit zwischen der – letztlich obsiegenden – apodiktischen Haltung der engen Bindung an den Hund, die auf der Habitusebene angesiedelt werden muss, setzt sie sich doch als Handlung letztlich durch, und dem Versuch, sich einer kulturell akzeptierten Deutung anzupassen, in der Hunde durchaus als Tiere und nicht als Personen gesehen werden

---

[118] „Unter den Entgegensetzungen aber hat der Widespruch kein Mittleres" (Aristoteles 1984, S. 166/167 [Buch X, Kap. 7, 1057a, 33] – vgl. Stekeler-Weithofer 1992).

und entsprechend behandelt werden könnten. Dieses Deutungsmuster, dessen Geltung Frau Altenburg argumentativ nicht bestreitet,[119] hat aber gegen die praktisch wirksame Maxime des Handelns[120] keine wirkliche Chance.

> …/ das geht dann halt nicht anders; \…

Abschließend wird die Alternativlosigkeit mit einer Feststellung, der durch die Modalpartikel „halt" der „Charakter eines offensichtlich erwartbaren Sachverhalts" verliehen wird (a. a. O.: 848), als quasi schicksalhaft[121] und unabänderlich nochmals bekräftigt. Wir haben es hier also, wie soeben bereits gesagt, mit einer aufschlussreichen Gedankenbewegung zu tun, die von der engen, ausschließlichen Partner-Beziehung über eine etwas lockerere Eltern-Kind-Beziehung zur engen, ausschließlichen Partner-Beziehung zurückführt. In dieser Bewegung scheint sich zwar kein Akzeptieren, aber doch ein duldendes Umgehen mit der Ablehnung des Hundes anzudeuten, das möglicherweise durch das geteilte kulturelle Deutungsmuster gestützt wird; die habituelle, tief verankerte Bindung an das Tier gewinnt aber die Oberhand.

> …/ die sind halt relativ ge noch klein, ne, \…

Das Pronomen muss, da ein Bezugswort für einen Rückverweis nicht gegeben ist, entweder kataphorisch sein oder sich hier auf die thematisch – und, wie wir dem Kontextwissen des Forschers entnehmen können, physisch – anwesenden Hunde beziehen; aus dem ersten Teil der Aufnahme wissen wir schon, dass es sich um zwei Hunde handelt, von denen aber vermutlich nur einer Frau Altenburg gehört, da sie in den obigen Äußerungen vom Hund nur im Singular spricht. Was ist nun die Relevanz dieser, durch die Modalpartikel „halt" als unausweichlich markierten, Aussage? (Vgl. oben den Exkurs zur Relevanzregel.) Dass die Hunde klein sind, kann als Begründung dafür gelten, dass sie nicht alleingelassen werden. Da wir allerdings schon gesehen haben, dass die apodiktisch vertretene Entscheidung,

---

[119] Deutungsmuster müssen durch Argumente bzw. argumentativ explizierbare konkurrierende Deutungen erschüttert werden, sind sie doch „krisenbewältigende Routinen, die sich in langer Bewährung eingeschliffen haben und wie implizite Theorien verselbständigt operieren, ohne das jeweils ihre Geltung neu bedacht werden muß." (Oevermann 2001 [DM Aktualisierung], S. 38).

[120] Diese Maxime bestimmt die Wirklichkeit der jeweiligen Situation, stellt also die im oben erwähnten Thomas-Theorem angesprochene ‚Definition' der Wirklichkeit dar.

[121] „Ein Appell an die Erwartung mit *halt* […] nimmt manchmal […] eine etwas resignative Konnotation an." (a. a. O.: 849; kursiv i. Orig.).

die Hunde bzw. den eigenen Hund nicht alleinzulassen, auf einer habituell verankerten Haltung beruht, hat diese Begründung den Charakter einer ungefragten Entschuldigung: qui s'excuse s'accuse, sagt der Volksmund; es drückt sich also hier wieder die Spannung zwischen Habitusformation und Deutungsmuster aus. Das kulturell geteilte Deutungsmuster, dass es durchaus normal ist, Hunde, die ja Tiere sind, allein zu lassen, wird hier von Frau Altenburg als gültig unterstellt, indem sie eine Begründung für die Abweichung von ihm liefert.[122]

.../ also neun Monate (F: ja) \...

Frau Altenburg nimmt hier implizit auf einen Sachverhalt bezug, der sich wie folgt umschreiben lässt: Neun Monate alte Hunde dürfen resp. können nicht lägere Zeit allein gelassen werden. In solch einem Falle, wo vom Gesprächspartner eine Tatsachenbehauptung aufgerufen wird, sind wir bei der Analyse gehalten, diese zu prüfen. Für das von Frau Altenburg Angeführte ist nun relevant, dass ein Haushund mit neun Monaten in der Regel bereits die wesentliche Erziehung durchlaufen hat, und also auch längere Zeit allein bleiben können sollte (vgl. Heger 1976: 37 f.). Auch von hierher erweist die Begründung sich als vorgeschoben.

.../ und auch wild und (') ja, \...

Dass Junghunde mit neuen Monaten noch relativ wild sind, trifft sachlich zu; allerdings ist nicht klar, inwiefern dem nicht durch entsprechende Erziehungsund Einrichtungsmaßnahmen Rechnung getragen werden kann. Auch diese Rechtfertigung ist also sachlich nicht gedeckt. Frau Altenburg will nun die Reihung von Elementen der Begründung noch erweitern, aber über ein passendes Element muss sie erst nachdenken; die Begründung läuft gleichsam leer.

.../ und ich bin, \...

Nun verlässt Frau Altenburg die Ebene der sachlichen Begründung und kehrt zu ihrer Perspektive zurück; gleichwohl steht das noch in der Reihung mit den vorangehenden Elementen der Begründung. Auch dieses Element wird aber nicht

---

[122] Erneut sehen wir hier die Dialektik von Entscheidung und Selbstrechtfertigung operieren, die Frau Altenburg hier bewegt, ohne dazu aufgefordert worden zu sein, ihr Handeln zu rechtfertigen.

direkt ausgeführt. Offensichtlich bemüht sie sich um eine Rechtfertigung, ohne dass diese ihr zweifellos gelingt.

...../ ich denk einfach \...

Die subjektive Perspektive wird nun noch deutlicher herausgestellt. „Ich denk einfach" markiert den folgenden Gedankengang als persönlich valide: ‚Ich fahre immer mit der Bahn; ich denk einfach, Autofahren ist umweltschädlicher.' Die Begründung wird für gültig und für allgemein akzeptiert gehalten und, dies markiert die Modalpartikel, nicht hinterfragt.

...../ wenn ich n mal alleinlasse, \...

Nunmehr scheint sich wieder eine Gegenbewegung anzubahnen: ‚wenn ich n mal alleinlasse, ist das nicht so schlimm', die dem Deutungsmuster entspricht.

...../ wenn ich arbeiten bin oder wenn ich an er Universität bin \...

Sofort wird aber eine weitere Bedingung eingeführt: Die Abwesenheit muss ihrerseits durch Verpflichtungen gerechtfertigt sein.

...../ dann is das lang genug, \...

Zudem wird jetzt nicht die dem Deutungsmuster entsprechende Zulässigkeit des den Hund ‚mal Allein-Lassens' betont, sondern genau das Gegenteil: Die durch Verpflichtungen bedingte Abwesenheit ist „lang genug" fast könnte man sagen: ‚schlimm genug'. Was ist die Bezugsgröße des Schätz-Adverbs „genug"? Wiederum ist es offensichtlich das – zur Haltung konkurrierende – Deutungsmuster, das besagt, dass man Hunde ruhig allein lassen kann – und zwar längere Zeit. Frau Altenburg versucht zwar, den Anforderungen des Deutungsmusters zu genügen, hält aber dafür eine kürzere Zeit für ausreichend.

...../ dann muss ich s nicht auch noch in meiner Freizeit machen (F: ja) ne,

Die Anforderungen des Deutungsmusters, die möglicherweise auch von den sie – ohne Hund – einladenden Personen gestellt werden, weist sie hier zurück. Durchaus vergleichbar ist dies einer Auseinandersetzung unter Partnern, wenn der eine dem anderen vorhält, dass er schon durch Verpflichtungen oft abwesend sei und dass er ersteren nicht noch unnötigerweise allein lassen solle.

#00:01:25-6# F: Aber das heißt, wenn Sie arbeiten sind, dann ist der Hund hier alleine, u äh in der Wohnung, {oder

Der Forscher spürt offensichtlich die Ambivalenz in der Äußerung von Frau Altenburg, und weist auf eine Implikation in der zuletzt gemachten Äußerung hin, die ihrem manifesten Gehalt widerspricht. Es wird thematisiert, dass der Hund doch offensichtlich – hundegemäß – durchaus allein bleiben kann; also eine Implikation die der engen Bindung widerspricht. Auffällig ist, das Frau Altenburg sofort antwortet; vom inneren Kontext her ist zu vermuten, dass sie den Widerspruch nun zurückweisen wird. Möglich wäre auch eine überraschte Zustimmung, die eine geweckte Einsicht anzeigte. Dies wäre aber gemäß unserer Fallstrukturhypothese der habituellen Fixierung auf eine enge Beziehung zum Hund dann als Falsifikation zu werten oder würde eine Transformation anzeigen.

#00:01:29-0# HMA: nicht} zwangsläufig, \…

Es bestätigt sich die Erwartung: Der Widerspruch wird zwar nicht direkt zurückgewiesen, aber die Schlussfolgerung des Forschers relativiert. Das entspricht wieder der Ambivalenz zwischen Deutungsmuster und Haltung.

…/ weil äm also \…

Die Zurückweisung wird nun begründet, wobei die Begründung ihrerseits nicht direkt zur Verfügung steht, nicht offensichtlich ist, sondern erläutert werden muss; aus den entsprechenden Überlegungen präsentiert Frau Altenburg nun einen Schluss.

…/ wir habn ja dann jetzt zwei, also meine Mutter und ich (F: mhm) jeder einen, und die sind dann auch halt zusammen (F: mhm) ne, was ja dann auch schon mal gut ist wenn se wirklich alleine sind; […]

Dass dies auch für ihre Abwesenheit in der Freizeit gelten würde und damit ihre fundamentale Zurückweisung der Zumutung relativieren würde, sieht Frau Altenburg offensichtlich nicht. – Es bestätigt sich also die Spannung zwischen Deutungsmuster und Habitus und, dass Letzterer obsiegt.

Anreicherung und Präzisierung der Fallstrukturhypothese

Wir können hier zunächst einmal die Analyse abbrechen und auf die Anreicherung und Präzisierung der Fallstrukturhypothese als ausgewiesenen dritten Schritt verzichten, da diese bereits erarbeitet wurde.[123] Natürlich kann man unter Nutzung von mehr Material die Fall*darstellung* immer weiter anreichern. Es geht aber ja in der Wissenschaft darum, seinen Gegenstand auf den Begriff zu bringen und nicht darum, ihn in einem exhaustiven Sinne vollständig abzubilden.[124] In der Fall*rekonstruktion* geht es also darum, die Fallstrukturgesetzlichkeit zu explizieren und auf den Begriff zu bringen. Wir können nun entsprechend unsere oben formulierte erste Fallstrukturhypothese aufgrund der bisherigen Rekonstruktion in einem Sinne präzisieren und erweitern, der sich auch an den letzten Sequenzstellen immer wieder bestätigt hat: Nicht nur *erweist Hundehaltung sich in diesem Fall als durch eine uneingeschränkt personalisierende Haltung zum Hund bestimmt,* diese ist vielmehr auch eine Variante der Behandlung der *Hund als Objekte im Modus des Als-Ob,* hier eben: als ob sie enge Familienangehörige wären. Darüber hinaus ließ sich bei Frau Altenburg feststellen, dass *ihre Deutungen durchaus und relativ stark von einem allgemeinen Muster bestimmt sind, demgemäß Hunde als Tiere anzusehen sind, das in Spannung zu der genannten Haltung steht, und dass sie diese Spannung permanent austarieren muss* (s. oben die Anmerkungen zur kognitiven Dissonanz). – Insofern bildet diese Fallstrukturgesetzlichkeit einen Kontrast zu der unseres zunächst analysierten Falles, der dadurch bestimmt ist, dass er, wie wir formulierten, in seiner Hundewelt geradezu aufgeht.

Versuch der Falsifizierung der Fallstrukturhypothese

Beim Anhören der kompletten Audioaufnahme des Forschungsgesprächs war keine Stelle zu finden, die sich eindeutig für eine mögliche Falsifikation eignet; das Changieren zwischen Deutungsmuster und Haltung findet sich allenthalben.

---

[123] Es zeigt sich, was wir oben bei der expliziten Auflistung von Schritten der Analyse sagten: dass diese nicht immer streng voneinander geschieden werden können und müssen und dass sie folglich eher Momente der Analyse darstellen als diskrete Schritte.

[124] Unter den sogeannten qualitativen finden sich viele nicht-rekonstruktive Methoden, die deskriptive Exhaustivität an die Stelle der zu explizierenden begrifflichen Totalität setzen. Ein solches Vorgehen erinnert sehr an „un Mapa del Imperio, que tenía el Tamaño del Imperio y coincidía puntualmente con él", von dem Jorge Luis Borges in seinem Text „Del rigor en la ciencia" berichtet (Miranda 1658).

Die im Folgenden betrachtete Stelle ist der wahrscheinlichste Kandidat für einen Falsifikator:

00:10:42.1 F: und wie oft müssen sie so also em mal zum Tierarzt mit denen?

00:10:46.3 HMA: also mit ihm jetzt eigentlich selten ne, (F: mhm) \...

Hier findet sich auf eine sachliche Frage eine sachliche Antwort; einzig das Personalpronomen statt eines Demonstrativ-Artikels (‚dem‘, ‚diesem‘) indiziert die Personalisierung des Tieres. – Dass das Pronomen sich auf den in der Frage genannten Tierarzt bezieht, ist ausgeschlossen, da die Ellipse aus der Frage ergänzt werden muss: ‚mit ihm muss ich jetzt eigentlich selten zum Tierarzt‘.

...../ wir haben jetzt die ganzen Impfungen gemacht, (F: mhm) die man machen muss, \...

Am Beispiel wird eine Erläuterung der Tierarztbesuche vorgenommen. Allerdings fragt sich, wer hier das „wir" ist. Als eine Lesart bietet sich an, (1.a) dass es sich um Frau Altenburg und den Tierarzt handelt, und sie beide gemeinsam oder nacheinander die Impfungen des Hundes vorgenommen haben. Da es aber gerade um den Tierarzt geht, ist dies unwahrscheinlich. Als eine weitere Lesart bietet sich an, (1.b) dass es sich um Frau Altenburg und ihren Hund handelt. Dies ist wiederum – wenn wir die bisherige Rekonstruktion außen vorlassen – unwahrscheinlich, vermenschlichte sie doch dann den Hund zu einem Agenten und würde ihn in eine gemeinsame Praxis einbeziehen. Die Nicht-Berücksichtigung der bisherigen Analyse an dieser Stelle ist künstlich, da wir ja gerade nach einem Falsifikator für die Fallstrukturhypothese suchen, die wir folglich berücksichtigen müssen. Es geht hier aber darum, nach Lesarten zu suchen, die der Fallstrukturhypothese widersprechen. Deshalb haben wir die genannten Lesarten zunächst als unwahrscheinlich anzusehen. Als eine dritte Lesart bietet sich an, (1.c) dass es eine weitere, im vorhergehenden Gespräch benannte Person gib, mit der gemeinsam Frau Altenburg die Tiere betreut. Dies können wir prüfen: im unmittelbaren Umfeld der hier herangezogenen Sequenzstelle findet sich keine Erwähnung, allerdings hat Frau Altenburg einige Minuten vorher ihre Mutter erwähnt, die hier mitgemeint sein könnte. Dann verbliebe sie in der sachlichen Antwort, insofern wäre das hier die zunächst naheliegende Lesart. Aufschlussreich ist dabei, dass Frau Altenburg die Beziehung von sich und ihrer Mutter zum Tierarzt nicht wie zu einem Dienstleister konzipiert (etwa analog zu ‚Wir haben die Bremsen machen lassen.‘ – ‚Wir haben die Hunde impfen lassen.‘), sondern wie zu einem Arzt, wo der Patient Moment des Wirkbündnisses ist, weshalb er nicht lediglich

ein beauftragender Kunde, sondern selbst als Handelnder eingebunden ist.[125] Hier
berühren sich die Lesarten 1.a und 1.c, wobei die Tiere tendenziell personalisiert
als Patienten gedacht werden.

…/ und \…

Im Rahmen der Frage müsste im Folgenden nun eine weitere Inanspruchnahme
des Tierarztes genannt werden. Aufschlussreich wird sein, welche der genannten
Lesarten sich nun durchhält.

…/ äh jetzt hab ich n halt em (') \…

Wenn das Pronomen ‚ihn' (lautlich reduziert vorliegend: „n" = ‚ihn') sich auf den
Hund bezieht, wird dieser nun als Objekt des Handelns konzipiert: ‚jetzt hab ich
n halt hingebracht…'. Wenn wir nunmehr uns fragen, in welchen Kontext diese
sehr zögerliche („äh", „em", „(')") und zugleich durch die Modalpartikel „halt"
das Folgende als erwartbar markierende Äußerung passen würde, so muss das
Folgende etwas Unangenehmes sein – etwa wenn man den Schlüssel zu einem
Schrank nicht findet, könnte man sagen ‚und äh jetzt hab ich n halt em (') aufge-
brochen', oder wenn man des Unkrauts in seinem Garten nicht mehr Herr würde,
könnte man sagen ‚und äh jetzt hab ich n halt em (') zum Schottergarten umge-
staltet'. Es handelt sich also um ein Problem, das auf eine Weise gelöst wird,
die nicht einem für allgemeingültig gehaltenen Lösungsmuster folgt, sondern von
anerkannten oder wünschenswerten Lösungen abweicht.

…/ heute kastriern lassen, \…

Inwiefern weicht das Kastrieren von anerkannten oder wünschenswerten Lösungen ab? Eine fachgerechte Durchführung unterstellt, könnte es Frau Altenburg
(2.a) unangenehm sein, mit einem (männlichen) Fremden darüber zu sprechen;
oder aber (2.b) sie nimmt Anteil an dem Schicksal des Hundes, für den die
Kastration eine Einschränkung der Lebensmöglichkeiten und Veränderung seiner
Verhaltensdispositionen mit sich bringt. Die Lesart 2.a erfordert eine fallspezifische Zusatzannahme, nämlich, dass Frau Altenburg in ihrer Autonomie, zu der

---

[125] Zu der Arzt/Patient-Beziehung s. Oevermann 1996 [profess], S. 109–134. – Oevermann spricht, wie in der Literatur seit der Übersetzung von Ralph Greensons einschlägigem
Aufsatz (1965/1966) üblich, von Arbeitsbündnis; die Übersetzung des Terminus ‚Working
Alliance' (Greenson 1965) als ‚Wirkbündnis' erscheint uns aber angemessener (vgl. Loer
2013 [Auxilium]: 17, Endn. 12).

eben auch der sachliche Umgang mit neutralen Gesprächspartnern gehört, eingeschränkt ist; diese Zusatzannahme ist gemäß der Sparsamkeitsregel zu vermeiden.
Die Lesart 2.b bedarf aber ebenfalls einer fallspezifischen Zusatzannahme; allerdings wurden wir zu dieser Zusatzannahme der Deutung der Beziehung zum
Hund als ob sie eine zwischen Personen wäre, schon zuvor genötigt, können sie
also zum inneren Kontext unserer Analyse zählen und insofern eher zulassen als
die Lesart 2.a.

Nun scheint aber die Tatsache, dass Frau Altenburg angesichts des konkreten Eingriff der Kastration jetzt allein den Tierarzt als Ausführenden konzipiert,
für eine sachliche Haltung zu sprechen. Betrachten wir die Formulierung einmal genauer und vergleichen sie mit einer anderen möglichen Formulierung
desselben Sachverhalts. So hätte sie etwa sagen können: ‚haben wir die Sterilisationsbehandlung gemacht'. Damit würde sie die Angleichung der Tierarzt/Tier-
Beziehung an die Arzt/Patient-Beziehung reproduzieren. Aber obwohl ‚kastrieren
lassen' und ‚Sterilisationsbehandlung machen' synonym zu sein scheinen, haben
sie doch völlig andere Handlungsimplikationen als konkrete Operation einerseits
und umfassende Behandlungspraxis andererseits. Wenn der Eingriff als diese konkrete Operation thematisiert wird, ist klar, dass nur der Tierarzt als Ausführender
infrage kommt. – Wir sehen hier, dass die Befolgung des Wörtlichkeitsprinzips
dazu führt, den Widerspruch zu der obigen Deutung der Personalisierung des
Hundes als Patienten als scheinbaren Widerspruch aufzulösen.

…/ weil \…

Es folgt eine Begründung, was bestätigt, dass die Lösung für Frau Altenburg eine
nicht wünschenswerte darstellt.

…/ er schon ja n kleiner Casanova war; (F: mhm) \…

Der Inhalt der Begründung steckt voller Anerkennung,[126] was auch gegen die
o. g. Lesart 2.a und für die Lesart 2.b spricht.

---

[126] Vgl. die sogenannte Register-Arie in Mozarts ‚Don Giovanni': „In Italia seicento, e qua-
ranta / In Lamagna duecento, e trentuna, / Cento in Francia, in Turchia novantuna, / Ma in
Ispagna son già mille e tre." (1787/2004: 14.578 [1. Akt, 5. Szene]).

…/ muss m \…

Die Fortführung der Äußerung, das sei vorweggenommen,[127] bricht ab. Jedenfalls verweist Frau Altenburg hier auf eine Notwendigkeit, vermutlich auf ein allgemein erforderliches Müssen: „muss m[an x]", oder: „muss m[anchmal sein]" wären Kandidaten für die Vervollständigung der abgebrochenen Äußerung. Ein solches allgemein erforderliches Müssen eigenete sich nun sehr gut, die sachliche Notwendigkeit zu benennen und so die Peinlichkeit (Lesart 2.a) zu beseitigen, was die Äußerung motivieren könnte. Dass Frau Altenburg dies aber nicht ausführt, zeigt, dass dies nicht ihr primäres Deutungsproblem ist – im Gegenteil: Wir können sagen, dass die Benennung der sachlichen Notwendigkeit die Ebene der spezifischen Anerkennung ihres Hundes durch den Vergleich mit Casanova mindern würde; der Abbruch könnte also dadurch motiviert sein, diese im Aussprechen realisierte Minderung zu vermeiden. – Wir sehen hier, wie wichtig die Befolgung des Totalitätsprinzips[128] in der Analyse ist.

…/ also er is mir auch ausgebüchst letzte Woche, und äh da wurds dann wirklich Zeit; ne, \…

Wir sehen hier, dass Frau Altenburg hier erläuternd ausführt, was in dem nicht ausgesprochenen Äußerungsteil enthalten war (vgl. oben den Exkurs zum Adverb resp. zur Partikel ‚also'). Diese konkrete Beschreibung des Verhaltens des Hundes, aus dem die Indikation der Kastration sich für sie ergibt, wird dem konkreten Hund in ihren Augen offensichtlich eher gerecht als eine abstrakte Benennung allgemeiner Notwendigkeiten.

…/ und grad bei zwei Rüden is es halt n bisschen wegen den Machtkämpfen wenn die (F: ja) emm rattig werden sach ich jetzt mal n bisschen schwierig ne, (F: ja) aber em ja, anson xxx [unverständlich] hier (') pfui (5 sec)

---

[127] Manche Verschriftungsregeln führen ein separates Zeichen für den Abbruch einer Äußerung ein. Da aber die Deutung eines Äußerungsteils als Abbruch, so offensichlich sie sich auch aufdrängt, eben eine Deutung ist, gehört sie nicht in die Verschriftung, sondern in die Analyse. Den Äußerungsabbruch, wie hier geschehen, vorgreifend als solchen zu benennen, ist lediglich eine Frage der der Darstellungsökonomie.

[128] „Welches Protokoll auch immer analysiert wird – für den zur Sequenzanalyse ausgewählten Protokollabschnitt gilt grundsätzlich, daß darin alles, das heißt jede noch so kleine und unscheinbare Partikel, in die Sequenzanalyse einbezogen und als sinnlogisch motiviert bestimmt werden muß." (Oevermann 2000 [Fallrek], S. 100).

Trotz der bereits gegebenen Begründung liefert Frau Altenburg hier noch eine weitere; sie muss sich quasi selbst überzeugen, dass die Kastration, die sie gemäß obiger Lesart 2.b wegen der Einschränkungen für nicht wünschenswert hält, durchgeführt werden musste.[129] Wie Frau Altenburg hier die weitere Begründung einführt, zeigt durchaus wieder einen personalisierenden Blick auf die Hunde, widerspricht ihm zumindest nicht. – Hier zeigt sich übrigens auch, dass die obige Lesart 2.a unwahrscheinlich ist, und zwar daran, dass Frau Altenburg – zwar nach kurzem Zögern („emm") und nachträglich als ungewöhnlich markiert („sach ich jetzt mal") – den saloppen[130] bis despektierlichen Ausdruck „rattig" verwendet, was mit einer Verlegenheit nicht vereinbar ist.

Wir können also festhalten, dass die Falsifikation der Fallstrukturhypothese nicht gelungen ist und wir unsere Rekonstruktion der Fallstrukturgesetzlichkeit bis auf weiteres als gültig betrachten dürfen. Das Handeln von Frau Altenburg, sofern es den Umgang mit ihren Hunden betrifft, können wir mithilfe folgender, aus der oben formulierten Fallstrukturhypothese heraus formulierbaren Fallstrukturgesetzlichkeit erklären: *Wann immer Frau Altenburg in Beziehung zu ihren Hunden tritt, nimmt sie eine uneingeschränkt personalisierende Haltung ein und behandelt die Hunde, als ob sie enge Familienangehörige wären wobei sie aber gleichzeitig einem allgemeinen Muster der nüchternen Deutung von Hunden als Tieren folgt, dessen Spannung zu ihrer Haltung sie permanent austarieren muss.* Anders als bei Herrn Olescik ist die fingierte Welt der Familie somit nicht so dominant, dass ihr Handeln in der wirklichen Welt durch die fingierte Praxis motiviert ist. Die Genese dieser Haltung konnten wir nicht rekonstruieren. Hier wäre weitere Forschung erforderlich. Im Material gibt es dafür Anhaltspunkte. Dem soll im Folgenden noch etwas nachgegangen werden.

Zur Genese der Fallstrukturgesetzlichkeit

Zunächst sei eine Stelle herangezogen, in der Frau Altenburg die Selbstdeutung ihrer Motivation für die Anschaffung eines Hundes vorträg; hier geht es darum, dass sie, ohne danach gefragt zu sein, begründet, warum sie sich, nach dem erforderlichen Einschläfern des vorherigen, schon 16 Jahre alten Hundes, wieder einen Hund angeschafft hat.

---

[129] Wir kürzen hier die Darstellung der Analyse ab und heben die für die Rekonstruktion der Fallstruktur entscheidenden Aspekte hervor.

[130] Vgl.: https://www.redensarten-index.de, Suchbegriff 'rattig' eingeben; zuletzt angesehen am 20. Nov. 2021.

00:16:17.2 HMA: […] und ich hab halt immer gesagt ich m<u>ag</u> nicht gerne ohne Hund, (F: mhm) \…

Frau Altenburg bringt hier *manifest* einen Wunsch zum Ausdruck: nicht ohne Hund zu sein. *Latent* aber wird deutlich, dass dies viel mehr ist, denn dadurch dass sie den Infinitiv der Modalklammer auslässt und somit potenziell jedes Verb an die Stelle treten und damit alles für sie ausgeschlossen ist, bringt sie eine fundamentale Haltung zur Welt zum Ausdruck. Diese Aussage als explizit und manifest ausgesprochene (etwa: ‚ich m<u>ag</u> nicht gerne ohne Hund sein' oder ‚ich m<u>ag</u> nicht gerne ohne Hund leben') könnte ihr angesichts des geteilten Deutungsmusters, dass Hunde nüchtern betrachtet Tiere sind, als zu fundamental erscheinen.

…/ weil ich das halt nicht anders kenne; \…

Diese Äußerung zeigt das Bemühen um eine Begründung, die aber einerseits inhaltlich leer ist und andererseits, würde sie ernst genommen, einem Offenbarungseid gleich käme, als könne der Mensch nur das mögen, was er kennt, und keine Beziehung zu etwas Neuem beginnen. Was sie begründet: ihr Angewiesensein auf einen Hund, ist so essentiell, dass sie, obwohl sie die strukturelle Unumgänglichkeit der Selbstrechtfertigung verspürt, es inhaltlich nicht begründen kann.

…/ und für mich ist das n Stück Lebensgefühl; wenn ich nach Hause komme, und da ist halt jemand der sich freut; (F: mhm) oder wenn s mir schlecht geht, und, ja der Hund merkt das einfach! (F: mhm) der legt sich dann, wenn {man auf der Couch (winselndes Geräusch) sitzt,} der kommt dann zu einem= ja der will jetzt nach hinten; (lacht) und der der kommt dann halt zu mir (F: ja) und ja und schaut dann einfach ob s mir gut geht ne? (.) xxx [unverständlich] (F: mhm) *so geh wacker geh wacker* [leise] {(Geräusch von laufendem Hund, Hundekrallen auf glattem Untergrund) (3)} (F: ja) und ähm= ja der is dann einfach <u>da</u> ne, das find ich (.) halt schön an nem Tier, grad an nem Hund weil ich find n Hund m<u>er</u>kt das immer ganz gut, (F: ja) wie s einem <u>geht</u>= und= ja, der macht halt dann einem Freude (F: mhm) ich freu mich halt wenn ich nach Hause komme, (F: mhm) wenn ich vonner Arbeit komme, ich freu mich drauf; ich weiß mein Hund ist da, dann äh geh ich raus, (F: ja) dann beweg ich mich, und dann ja dann spieln wer halt, weil wir nehmn ja immer n Tennisball mit, (F: mhm) ja und dann erlebt man was; zusammen

Es wird hier aber nun das Nicht-anders-Kennen inhaltlich gefüllt – und zwar ganz in dem Sinne der rekonstruierten Fallstruktur. Das muss hier nicht weiter ausgeführt werden; die Lektüre mit dem Scheinwerferlicht der Fallstrukturhypothese lässt die Sinnstruktur des Textes deutlich hervortreten. Allerdings muss man bei solchem abkürzenden, der Vergewisserung und der Darstellung dienenden Vorgehen die Vorkehrung treffen, nicht auf eine Weise selektiv zu lesen, die es verhindert, Momente im Text zu übersehen, die nicht zur Fallrekonstruktion passen. Insofern muss man, während man einerseits mithilfe des durch die prägnante Fallstrukturbestimmung fokussierten Blicks die Fallgestalt wahrnimmt, andererseits gleichzeitig gezielt darauf achten, Stellen an dieser Fallgestalt zu entdecken, die die Fallstrukturrekonstruktion erschüttern könnten; man könnte sie als unschöne Stellen bezeichnen und diese auf der Ebene der Kunstlehre liegende Vorkehrung das *Prinzip des bösen Blicks* nennen.[131] Man könnte diese Stelle auch für eine Übung nutzen, die Fallstruktur bzgl. des Umgangs mit Hunden[132] herauszuarbeiten. – Die Frage nach der Genese dieser Fallstruktur, nach der Bildungsgeschichte des Falles soll noch etwas weiter verfolgt werden. Woher kommt es, so könnte man fragen, dass Frau Altenburg Geborgenheit und Anerkennung im Umgang mit Hunden sucht?

Hierzu ziehen wir nun einerseits testierbare Daten aus dem Fragebogen und aus den die Ausfüllung des Fragebogens begleitenden Äußerungen heran.[133]

---

[131] Man könnte sagen: „Wie der Blick des Basilisken Steine sprengt" (Seligmann 1910: 227; Sperrung i. Orig.), so sprengt der böse Blick des Forschers die gleichzeitig mit der und durch die Fokussierung gesetzten Beschränkungen der eigene Rekonstruktion.

[132] Obwohl Frau Altenburg hier einmal von allgemein „nem Tier" spricht, ließe sich an einer Passage, an der sie sehr sachlich über ihre Schildkröte spricht, zeigen, dass es Hunde im besonderen sind, zu denen sie eine Beziehung im Modus des Als-Ob unterhält: „00:21:21.8 F: und andere Tiere so haben Sie nicht? also nur den {Dackel 00:21:23.9 HMA: doch xxx [unverständlich]} ich hab ne Schildkröte noch; (F: achso, ja) ja, die schläft aber noch macht Winterschlaf (lacht) (F: ja, aha, ja, mmh) 00:21:31.1 die das äh die Schildkröte war ne Anschaffung in der Zeit wo wir keinen Hund hatten, (F: ja) da wollt ich halt gerne n Tier und wir fanden Schildkröten halt schön = ne Freundin von mir hatte eine = (F: mhm) und äh einfach ja wir habn auch n Garten, (F: ach so, ja;) ne, ja hier gegenüber sind ja die Schrebergärten (F: ja) und da habn wir n Garten (F: aha) und da xxx [unverständlich] gesagt ach so ne Schildkröte ist auch mal was anderes ne, (F: mhm) das fand ich halt gut, und ja; (F: mhm) jetzt schläft se halt. 00:21:54.8 F: ach können Sie die denn da auch draußen äh halten, die Schildkröte? 00:21:58.0 HMA: ich nehm se mit, also wenn wir im Garten gehn, (F: ja) dann nehm ich se mit ne, (F: mhm) ähm ansonsten is se auch aufm Balkon da habn wir was abgeteilt extra für das Tier, (F: mhm) das se im Sommer da draußen laufen kann, wenn wir im Garten gehn dann nehm wir sowieso die Hunde mit (F: ja) und dann kommt die Schildkröte auch mit; muss man nur aufpassen, die sind schneller als man denkt."

[133] Da es in dem vorliegenden Band v. a. um die Auswertung des Datentyps ‚Forschungsgespräch' geht, werden hier die testierbaren Daten nur in dessen Rahmen herangezogen und

Dabei werden wir nicht die lebensgeschichtlichen Daten unseres Falles sequenziell analysieren, sondern gezielt Daten nutzen, die a prima vista für die Frage der Genese der rekonstruierten Fallstrukturgesetzlichkeit aussagekräftig sind. Die testierbaren Daten werden hier in beiderlei Rolle betrachtet (vgl. Loer 2019 [testierbar]): a) einerseits als Ausdrucksgestalt der Lebenspraxis der Herkunftsfamilie von Frau Altenburg, insofern sie Angehörige dieser Familie ist; b) andererseits als als Indikator für „die Hemmungen und die Chancen" (Mannheim 1928/1964: 542), denen Frau Altenburg begegnet.

1977
Anschaffung des ersten Hundes (Rüde, Mischung aus Lang- und Rauhaardackel) durch die Eltern zu ihrer Hochzeit[134]

Die Heirat ist in der Regel der erste Schritt zur Familiengründung, so dass a) sich hier an ihrem Beginn die Praxis der Familie, deren Angehörige Frau Altenburg ist, ausdrückt. Was bedeutet nun die Anschaffung eines Hundes zur Hochzeit? Die im Vorfeld eingerichtete und mit der Hochzeit auf Dauer gestellte gemeinsame Praxis eines Paares steht unter „Gestaltungszwang" (Allert 1998, S. 221). Die Eltern von Frau Altenburg kamen diesem „Gestaltungszwang" nach, indem sie sich als Paar in dem Hund als einem Dritten objektivierten. Ein Kind nun würde eine aus dem Paar hervorgehende Objektivierung und praktische Fortsetzung seiner selbst im Sinne seines „Entwurfs von Einzigartigkeit" (a. a. O.: 222, Fn. 22) darstellen; insofern folgt der Heirat als erstem Schritt zur Familiengründung in der Regel bald die Geburt des ersten Kindes. Hier aber tritt sozusagen der Dackel an die Stelle des ersten Kindes; er bietet somit eine Art Projektionsfläche für das Selbstverständnis des Paares, *als ob* es ein Kind hätte, ohne dass es sich angesichts eines wirklichen Kindes und der damit verbundenen Krisen[135] praktisch bewähren müsste. Gewissermaßen wird so der Grundstein für eine Art Familientradition des entsprechend personalisierten Umgangs mit Hunden gelegt, diese Tradition führt Frau Altenburg fort und reproduziert damit das uno actu mit der Heirat ihrer Eltern gestiftete Selbstverständnis der Familie.

In dem hier in Rede stehenden Datum drückt b) sich auch ein Aspekt der biographischen Konstellation, in die Frau Altenburg hineingeboren wird, aus.

---

nicht dere Analyse selbst systematisch dargestellt; dies ist einem – eher gegenstandsbezogenen – Band zur Analyse von Biographien vorbehalten.

[134] 00:05:30.5 HMA: ja, wir haben} immer n Hund (F: ach so, ja) gehabt; also meine Eltern habn sich damals den ersten Hund zur Hochzeit gekauft.

[135] Dies betrifft v. a., aber nicht nur die „vier großen Ablösungskrisen im Sozialisationsprozess" (vgl. dazu Oevermann 2014 [Sozialisationsprozesse], S. 60 f.).

Was sind „die Hemmungen und die Chancen" die sich daraus für die Bildung der Fallstruktur ergeben? Ein später geborenes Kind tritt zu dem Hund in eine Art Geschwisterbeziehung – und zwar in eine Beziehung wie zu einem Erstgeborenen, der die älteren Rechte hat. Die übliche „Konkurrenz um die eigene Bevorzugung [...] wenn Geschwister vorhanden sind" (Hansert 1998, S. 206), erfährt eine merkwürdige Ambivalenz, ist es doch einerseits *nur* ein Hund, gegenüber dem die Konkurrenz besteht, andererseits aber gegenüber einem *fingierten* Erstgeborenen, dessen Nimbus durch *wirkliche* Krisen nicht beeinträchtigt werden kann. Was folgt daraus? Diese Ambivalenz wird sich außer in der Beziehung zu den Eltern u. U. auch in der Frage der „Eingliederung in die eigene Altersgeneration" zeigen.[136] Der gemeinsame Tenor wird sein, dass die wirklichen innerfamilialen Beziehungen mit denen zu dem fingierten Familienangehörigen Hund interferieren. Welche konkrete Ausprägung diese Interferenz hatte, kann hier natürlich nur vermutet werden. Dass die Fallstruktur, die wir im Interview rekonstruiert haben, hier ihren Ursprung hat, ist allerdings naheliegend – s. insbesondere die Ausführungen o. zu den Stellen „wo ich hingeh geht der Hund hin," und „und ich hab halt immer gesagt ich mag nicht gerne ohne Hund,".

Was lässt sich nun über den spezifischen Hund, den die Eltern von Frau Altenburg sich zur Hochzeit kauften, sagen? Ziehen wir wieder die Beschreibung der Fédération Cynologique Internationale heran. Für den Dackel heißt es zum Erscheinungsbild: „Niedrige, kurzläufige, langgestreckte, aber kompakte Gestalt, sehr muskulös, mit keck herausfordernder Haltung des Kopfes und aufmerksamem Gesichtsausdruck mit einem Körperbau, der ihm ein bewegliches, flinkes Arbeiten über und unter der Erde ermöglicht." (FCI 2019, S. 2) Und zum Verhalten: „Im Wesen freundlich, weder ängstlich noch aggressiv, mit ausgeglichenem Temperament. Passionierter, ausdauernder, feinnasiger und flinker Jagdhund." (A. a. O.: 3)[137] Da der Hund nicht als Jagdhund eingesetzt wird, ist

---

[136] Vgl. Andreas Hansert (ebd.): „Geschwister stellen [...] die wirksamste Form der Eingliederung in die eigene Altersgeneration dar."

[137] Etwas alltagssprachlicher formuliert der Verband für das deutsche Hundewesen: „Sein Blick wirkt aufgeweckt und in der Tat verbirgt sich hinter den unternehmungslustigen Augen ein ganz helles Köpfchen. Dackel wissen genau, was sie wollen. Und sie verstehen es, ihre Ziele auch zu erreichen. [...] Alle Dackel sind passionierte Jagdhunde. Sie zeigen tollkühne Arbeit unter der Erde. Und sie zeichnen sich über der Erde durch spurlautes Jagen und Stöbern aus. [...] Die Herausforderung liegt darin, die ausgeprägte Persönlichkeit des Dackels in gewünschte Bahnen zu lenken. Der mit einer durchschnittlichen Lebenserwartung von 13 Jahren recht langlebige Hund stellt seine Menschen täglich auf die Probe. Er hat seinen eigenen Kopf und ist stets bedacht, diesen auch durchzusetzen. [...] Es gibt eine kurzhaarige, eine rauhaarige und eine langhaarige Version des Charmeurs auf kurzen Beinen. Dazu noch

die Tatsache, dass er sich von seiner Größe und seinem „Wesen" her sehr gut als fingiertes Kind eignet, als latentes Motiv naheliegend.

1987
Geburt von Frau Altenburg

Leider wissen wir nur, dass Frau Altenburg eine Schwester hat, nicht aber, wann diese geboren wurde. Unabhängig davon besteht entweder zwischen der Eheschließung und der Geburt eines Kindes, oder zwischen der Geburt des ersten und des zweiten Kindes ein relativ großer Abstand. Der erste Fall, der aufgrund bestimmter Äußerungen von Frau Altenburg der wahrscheinlichere ist,[138] passt zu der obigen Deutung und lässt vermuten, dass die Paarbeziehung sich eher vermittelt über den Hund denn als gemeinsame eheliche und familiale Praxis realisierte. – Diese Deutung ist spekulativ und hoch riskant, ist aber im Hinblick auf die Konstellation, in die Frau Altenburg hineingeboren wurde, gut konturiert. Wie ihre Eltern, so war der Hund für sie immer schon da (s. Fn. 134), gehörte zur Familie. Die Beziehung zu ihm war der zu den Kindern nicht nur gleichrangig, sondern aufgrund seiner Position bei der Familiengründung vorgeordnet. Dass der Hund nun für die Kinder sowohl als Spielkamerad wie als Beschützer relevant war,[139] zeigt, dass die Bedeutung des Hundes für das Selbstverständnis des Paares wie für das der Familie sich praktisch fortsetzte.

Zwerg- und Kaninchenteckel, die kleineren Varianten. Ihre Eigenschaften sind ganz ähnlich. Es ist der Look, der den feinen Unterschied macht." (https://www.vdh.de/welpen/meinwelpe/dackel; zuletzt angesehen am 20. Nov. 2021) Vgl. auch Gebhardt/Haucke 1990/1996: 124–131.

[138] 00:05:53.0 HMA: […] der [sc.: der erste Hund] hat also immer auf uns aufgepasst, also als wir noch Kinder warn und aber der hat sich wirklich alles gefallen lassen […].

[139] 00:05:53.0 HMA: ja = also der war wirklich also der hat also immer auf uns aufgepasst, also als wir noch Kinder warn und aber der hat sich wirklich alles gefallen lassen; den konnten wir verkleiden = (F: ach) den, der wurd auch mal geschminkt = also der (F: ja) der hat alles verkraftet; (F: aha) als der musste wirklich ab und zu da schon durch einige Sachen durch. (F: ja) aber wenn meine Mutter den mal am Kinderwagen gelassen hat, wenn se wenn se sich unterhalten hat oder so und einer wollt reingucken oder so das hat er schon = (F: ja) vermieden; also das woll wusst er wie er das vermeiden konnt dass da jemand rankommt.

1995
Einschläfern des ersten Hundes
1998[140]
Anschaffung des zweiten Hundes (Weibchen, Zwerglanghaardackel)

Leider wissen wir nicht, was in den Jahren ohne Hund geschah, als Frau Altenburg zwischen acht und elf Jahren war. Eine naheliegende Deutung, die die
bisherige Rekonstruktion aufnimmt, wäre, dass eine Art Trauerzeit verging bis
ein neuer Hund angeschafft wurde. Allerdings haben wir aus dem Forschungsgespräch Hinweise darauf, dass hier zunächst eine familiale Auseinandersetzung
bewältigt werden musst:

> 00:13:59.6 F: und bei der (.) Anschaffung dieser Dackeldame, waren Sie da auch
> schon beteiligt?

> 00:14:03.2 HMA: ja; ja sicher, das haben wir damals das war n Familienprojekt *des-
> wegen mein* [schwer verständlich] mein Papa wollte nicht mehr, also nach dem ersten
> Dackel hat mein Papa immer gesagt er will kein <u>Hund</u> mehr; […] das war= n Zufall
> auch, also die war damals inner Zeitung annonciert und dann äh (F: mhm) hatte meine
> Mutter das gesehn und dann sind wir hingefahrn, und äh ja, dann hat dann wurd die
> quasi ausgesucht; also mein Papa hat die damals ausgesucht, der hat gesagt den oder
> keinen, (F: mhm) hat quasi die Entscheidung getroffen, ja (F: ja) und dann dann war
> se halt dann da; haben we se direkt mitgenommen;

Offensichtlich war die Anschaffung eines Hundes Gegenstand der Auseinandersetzung zwischen dem Vater und den weiblichen Familienangehörigen, die von
der Mutter nicht konfrontativ geführt, sondern geschickt zu Gunsten der Famili-
enmehrheit entschieden wurde. Dass sie als „Familienprojekt" bezeichnet wird,
obwohl faktisch ein Teil der Familie, eben der Vater, dagegen stand, verweist
darauf, dass in dem Konflikt um die Anschaffung sich eine sehr tiefliegende
Spannung Geltung verschaffte. Der Vater reintegriert sich in die Familie, indem
er sich nachträglich nicht nur an dem „Familienprojekt" beteiligt, sondern gleichsam die Projektleiterstelle okkupiert. Hier zeigt sich, was eine genauere Analyse
detaillierter nachzuweisen hätte, erneut die *Bedeutung des Hundes für die Familie:*
Er stellt *eine Art Totem* dar, indem er – so lässt sich mit Bezug auf eine Definition

---

[140] Hier handelt es sich um ein zwar testierbares, aber hier von uns erschlossenes Datum;
wir könnten es ggf. anhand eines Kaufvertrags überprüfen, haben es aber der Fragebogener-
hebung am Ende des Forschungsgesprächs entnommen, wo Frau Altenburg es rückwärts aus
dem Alter des Hundes bei der Einschläferung (16 Jahre) errechnet. Es könnte nach allem, was
sich dem Gespräch entnehmen lässt, auch ein Jahr früher sein, da der Kauf der Folgehunde
2014 bei einem Züchter erfolgte, wo man mit einer gewissen Wartezeit rechnen muss.

des Totemismus durch Radcliffe-Brown formulieren – eine besondere Beziehung zwischen den Familienangehörigen stiftet und deren Dauer garantiert.[141]

2014[142]
Einschläfern des zweiten Hundes
Anschaffung des dritten und vierten Hundes (beide Rüden, beide Langhaardackel)

Hier erfolgte die Anschaffung eines neuen Hundes relativ rasch; zugleich wurde gezielt – im Rahmen der beibehaltenen Rasse – ein anderes Aussehen gewählt:

> 00:04:35.9 HMA: […] man will ja noch mal n bisschen also den Hund nich ersetzen= ne, (F: mhm) deswegen wolltn wir auch keinen schwarzen mehr, sondern halt dann so bräunliche; […]

Dies verdeutlicht gesteigert, dass nicht der Hund als Hund, sondern der Hund als ob er eine je spezifische Person wäre, zentral für seine Rolle in der Familie ist.

> Frau Altenburg ist ledig, wohnt seit ihrer Geburt im selben Haus; in der Wohnung ihrer Eltern

Dass Frau Altenburg als längst erwachsene Frau bei ihren Eltern lebt, ist erklärungsbedürftig. Dass das familiale Zusammenleben über das fingierten Familienmitglied: den Hund, gestiftet wird, erscheint auch von hierher plausibel. Auch die rasche Anschaffung neuer Hunde könnte dadurch motiviert sein, die familiale Konstellation (Eltern und mehre Kinder) wiederherzustellen.

Wir brechen die Analyse der testierbaren Daten hier ab; sie sind sehr lückenhaft. Wir können auf dieser Grundlage aber doch erste deutliche und klar konturierte Vermutungen über die Genese der rekonstruierten Fallstrukur anstellen. Bei der *Bedeutung des Hundes für die Familie* als *eine Art Totem* können wir statt von einer „magisch-religiösen Beziehung" (Radcliffe-Brown) hier von einer *überdeterminierten familialen Beziehung des Als-Ob* sprechen: der Hund ist Als-Ob-Erstgeborener, Als-Ob-Geschwister, Als-Ob-Verbündeter in familialen Konflikten, Als-Ob-Versöhner sowie Als-Ob-Partner.

Allerdings ist damit nicht das Moment der Fallstruktur geklärt, das Frau Altenburg deutlich von Herrn Olescik unterscheidet: das Festhalten an dem

---

[141] „Totemism is a specific and permanent magico-religious relation between a person or a social group on the one hand and a species or a number of species of natural object on the other." (Brown 1914, S. 622 f.).
[142] Vgl. Fn. 140.

Deutungsmuster, dass Hunde nüchtern betrachtet Tiere sind, obwohl dieses Deutungsmuster in Spannung zu ihrer praktischen Haltung zu ihrem Hund steht und sie diese Spannung permanent austarieren muss. Es sei hier noch eine Stelle aus dem Forschungsgespräch herangezogen, die darüber Aufschluss zu geben verspricht.

> 00:24:17.9 HMA: ich teil mit meiner Mutter eigentlich dieselben Ansichten, (F: ja) xxx [unverständlich], mein Papa is manchmal son kleiner (F: hhhh) Revolutionär sagen wir mal; (F: hhhh) ja aber zur Zeit kann man sich da ganz gut gegen (F: ah ja) durchsetzen; (lacht)

> 00:24:29.1 F: und was sind jetzt mal so am Beispiel was sind so andere Vorstellungen, was er hat?

> 00:24:31.9 HMA: hhhh ja zum Beispiel, ähm (.) ja mein Papa wollt zum Beispiel nicht, dass die Hunde halt frei laufen, wenn wir nicht da sind? weil die machen halt sch schon ab-n-zu was kaputt, (F: mhm) (lacht) ja= und deswegen mussten wir uns dann darauf einigen dass wir dann halt äh in den Auslauf gehen wenn= wenn wir halt nicht da sind für längere Zeit; ähm mir macht (F: mhm) dat jetzt nix, ich bin immer d ich bin der Meinung man kann Sachen ersetzten, (F: mhm) ja, sieht mein Papa n bisschen anders, da musste man leider n Kompromiss finden; (F: ja)

Wir sehen hier – was in einer detaillierten Analyse der Stelle zu prüfen und weiter zu entfalten wäre –, dass der Vater von Frau Altenburg die Hunde realistisch als Tiere deutet, die eben ihren Impulsen folgen. Der Schaden, der aus ihrem Verhalten – Verhalten eben im engeren Sinne (s. o.) – folglich entstehen kann, ist in seinen Augen vermeidbar, wenn man sie entsprechend behandelt. Dass Frau Altenburg diese – doch eher konservativ zu nennende – Haltung ihres Vaters als ‚revolutionär' gegenüber den von ihr und ihrer Mutter geteilten Ansichten einführt, ist nun aufschlussreich für die bereits oben herausgearbeitete Familiendynamik; dass aber das realistische Deutungsmuster für Frau Altenburg relevant ist, ist sicherlich darauf zurückzuführen, dass ihr Vater es vertritt. Die Spannung, die sie zwischen ihrer Haltung und dem von ihr geteilten Deutungsmuster auszutarieren hat, entspricht der Spannung, die offensichtlich in der Familie besteht. Frau Altenburg hat hier gewissermaßen die Familiestruktur inkorporiert.

Überlegungen zu weitergehende Fragen

Auch in dem Material unseres zweiten Falles ergab die Analyse weitere Fragen, für die weiteres Material erhoben werden müsste. So wäre es insbesondere für die Genese der Fallstruktur in der familialen Konstellation aufschlussreich, von den Eltern von Frau Altenburg Ausführungen über ihre Eheschließung und über die Anschaffung des ersten Hundes zu erheben. Auch Erzählungen über die Kindheit von Frau Altenburg wären hilfreich, um hier weiteren Aufschluss zu erlangen. Sodann wäre es für die weitere Ausdifferenzierung der Fallstrukturhypothese hilfreich, von Frau Altenburg Äußerungen zu möglichen Partnerschaften zu erheben, ließe sich hieraus doch die These des Hundes als Familientotem in dem oben herausgearbeiteten Sinne prüfen. Um es hochspekulativ zu formulieren: Ein potenzieller Partner müsste gewissermaßen zwar einem anderen Clan entstammen,[143] aber doch bereit sein, sich dem Hundetotem zu unterwerfen und dem neuen Clan einzufügen. Damit würde er gewissermaßen die Position des Vaters von Frau Altenburg in der nächsten Generation einnehmen.

Strukturgeneralisierung

„Jede abgeschlossene Fallrekonstruktion stellt in sich eine Strukturgeneralisierung dar, insofern sie einen Typus repräsentiert, dessen Allgemeinheit unabhängig davon gilt, wie häufig er in einer Grundgesamtheit als ‚token' vorkommt." (Oevermann 2004 [quanti]: 469)[144] Insofern können wir festhalten, dass sowohl die aus dem Forschungsgespräch mit Herrn Olescik als auch die aus dem mit Frau Altenburg jeweils rekonstruierte Fallstruktur zwar als Fallstrukturgesetzlichkeiten diese beiden Fälle prägen, aber zugleich Bildungsmöglichkeiten für viele andere Fälle darstellen: Auch andere Fälle könnten mittels eines Fingierens einer Hundewelt etwas kompensieren und auch andere Fälle können eine personalisierende Haltung zu ihren Hunden entwickeln, die in Spannung zu einem allgemein anerkannten nüchternen Deutungsmuster stehen und genötigt sein, diese Spannung auszutarieren. – Weiterhin „stellt jede rekonstruierte Fallstruktur eine je konkrete Variante einer einbettenden, übergeordneten Fallstrukturgesetzlichkeit dar und liefert über sie eine allgemeine Erkenntnis" (Oevermann 1996/2002 [Manifest], S. 16) Hier haben wir zwei konkrete Personen jeweils als Fall von Hundehaltung untersucht, die je eine „konkrete Variante" von hundehalterischer

---

[143] „Wherever a society is organised into clans there is a rule that a man may not marry a woman of his own clan." (Brown 1914: 623).

[144] Oevermann unterscheidet an der Stelle „Strukturgeneralisierungen in sechs verschiedenen Dimensionen" (ebd.; vgl. Oevermann 2000 [Fallrek], S. 116–129); diejenigen, die quasi „nebenbei vorgenommen" werden und sich lediglich unvermeidlicherweise mit ergeben (## 2, 3, 4 u. 6) nehmen wir hier nicht auf; vielmehr fokussieren wir diejenige Strukturgeneralisierung, auf die als allgemeine Erkenntnis abgezielt wird – s. u. den entsprechenden Eintrag im Glossar.

Praxis darstellen; die Fallrekonstruktionen lieferten insofern über Hundehaltung „eine allgemeine Erkenntnis", als wir beiden entnehmen konnten, dass *Hunde als Objekte im Modus des Als-Ob* es erlaubten, eine *je spezifische Wirklichkeit zu fingieren.* Dadurch, dass die beiden Fälle in gegenstandsrelevanten Dimensionen kontrastieren, haben wir eine relativ große Sicherheit erreicht, durch die Analysen der besonderen Fälle den Gegenstand in seiner Allgemeinheit auf den Begriff gebracht zu haben (s. o. zur Validität und zur kontrastiven Fallauswahl). – Zudem stellte jede der beiden Fallrekonstruktionen „eine lebenspraktische Problemlösung vor, die in einem Bildungs- und Individuierungsprozeß entwickelt wurde" (Oevermann 2004 [quanti], S. 469). Indem wir die Genese der jeweiligen Fallstrukturgesetzlichkeit zu bestimmen versuchten, haben wir also herausgearbeitet, dass diese jeweils eine Antwort auf ein je spezifisches Handlungsproblem darstellt: zum einen auf den Verlust des Ehepartners, zum anderen auf eine spezifische familiale Konstellation des Aufwachsens. Zu diesen Handlungsproblemen ließen sich nun jeweils andere mögliche Antworten entwerfen. – Schließlich wurde bei dem ersten analysierten Fall auch eine nicht im Fokus unserer Forschung stehende ‚übergeordnete Fallstrukturgesetzlichkeit' thematisch, nämlich die Pragmatik der Integration von Zugewanderten; diese ließe sich nun ebenfalls weiter verfolgen.

Zur Ergebnisdarstellung

Den Begriff, auf den der Gegenstand in einer wissenschaftlichen Untersuchung gebracht wurde, klar und deutlich darzustellen, heißt stets, den Begriff zu explizieren und in dieser Explikation die Sache zum Sprechen zu bringen, nicht aber lediglich den Begriff zu benennen und die Sache ihm zu subsumieren. Es geht darum, die Entfaltung des Begriffs aus der Sache, die im Laufe der Untersuchung erfolgt, sichtbar und die Argumentation transparent zu halten, ohne andererseits aber die begriffliche Explikation und damit die begriffliche Explizitheit und die begriffliche Prägnanz einer vermeintlichen Lebendigkeit der Sache zu opfern. Wir haben oben (s. Fn. 124) darauf hingewiesen, dass viele nicht-rekonstruktive unter den sogenannten qualitativen Methoden die deskriptive Exhaustivität an die Stelle der zu explizierenden begrifflichen Totalität setzen. Eine diesem unergiebigen Verfahren analoge Gefahr besteht bei objektiv-hermeneutischen Fallanalysen darin, die Detailliertheit der Analyse, die wesentlich auf das Erwägen und

Verwerfen einer Vielfalt von Lesarten angewiesen ist, in der Darstellung zu reproduzieren;[145] dies führt nicht nur dazu, dass der Leser ermüdet, sondern bewirkt vor allem, dass die Prägnanz verlorengeht und eine begriffliche Bestimmung der Sache kaum entfaltet wird.

Um die detaillierte Lesartenpräsentation abzukürzen, haben wir oftmals grammatische Termini verwendet und uns auch bei der expliziten Benennung der im Sprechen wirksamen Regeln grammatischer Darstellungen bedient. Dies dient, darauf haben wir verwiesen, (s. o., Fn. 4) lediglich der Abkürzung.

Bei der Anonymisierung als einem Aspekt, der bei der Darstellung zu beachten ist, kann unterschiedlich verfahren werden. Nicht nur der Lesbarkeit dienlich ist es, wenn Namen pseudonymisiert werden; vielmehr sollte in einer gelungenen Darstellung einer Fallrekonstruktion der Fall dem Leser anschaulich vor Augen treten, was durch eine (deck-) namentliche Benennung unterstützt wird. Bei der Pseudonymisierung sollte zudem auf Bedeutungshomologie geachtet werden – so haben wir Herrn Olescik so benannt, weil einerseits der polnische Klang des Klarnamens erhalten bleiben und andererseits die Herkunft aus Oberschlesien (nach der Ortschaft Rosenberg/O. S., poln. Olesno) angedeutet werden sollte. Abkürzungen, die keine identifizierenden Rückschlüsse erlauben dürfen, oder technisch-formale Bezeichnungen (bei uns etwa ‚A-Stadt‘, ‚Kampfsport B‘) sollten nur gewählt werden, wenn sie nur wenig vorkommen und in den Ausführungen der Analye nicht auftauchen.

Reflexionen zum methodischen Vorgehen

Vorbemerkung

Bei der Durchführung von Fallrekonstruktionen tauchen immer wieder Probleme für die Analyse auf, die häufig in objektiv-hermeneutischen Studien bereits bewährte Lösungen gefunden haben, aber für den gerade betroffenen Forscher eine neue Herausforderung darstellen. Deshalb ist es hilfreich, diese Herausforderungen und ihre Bewältigungen zumindest in knappen Notizen festzuhalten. Manchmal ergeben sich daraus Klärungen für Unklarheiten, die bis dahin eher unterschwellig Probleme bereiteten oder gar nicht als solche gesehen wurden

---

[145] Solche wenig aufschlussreichen Ergebnisse finden sich manchmal in Qualifikationsarbeiten (durchaus bis zu Habilitationen), wenn diese auf gemeinsame Analysesitzungen zurückgehen und sich in großem Maße oder gar im wesentlichen darauf beschränken, die Sitzungsprotokolle wiederzugeben.

(vgl. etwa Loer 2015 [AG], 2016 [objektiv/latent], 2018 [Sqa]), 2018 [Lesarten]), 2018 [objDat], 2019 [testierbar]).

Zu einigen Schritten des methodischen Vorgehens

Im Folgenden benennen wir einige Schritte des methodischen Vorgehens, was für Leser, die mit der Objektiven Hermeneutik Forschungsgespräche analysieren wollen, hilfreich sein könnte. Es handelt sich dabei nicht um eine systematische Darstellung, sondern eben um eine Benennung von Schritten, die wir im Laufe der hier vorgestellten Analyse gegangen sind.

- Wenn wir bei der Analyse einer Äußerung *Beispiele für Situationen* bilden, *in denen die Äußerung hätte fallen können,* so bestimmen wir auf diese Weise die pragmatischen Erfüllungsbedingungen der Äußerung. Demgleichen Zweck dient die *Bildung von Kontrastbeispielen,* in denen die Äußerung als unpassend bemerkt wird (s. o., zur Äußerung „#00:07:07-1# HO: hhä \…"). Bei manchen Äußerungen gibt es typische Beispiele für ihre Verwendung (etwa: „Ich komm' ja schon" für die Verwendung von „ja schon" – s. o.), die die pragmatischen Erfüllungsbedingungen direkt erkennen lassen. – Haben wir die pragmatischen Erfüllungsbedingungen expliziert, fragen wir, ob sie in der gegebenen Situation erfüllt sind bzw. auf welche Weise sie in der gegebenen Situation erfüllt sein könnten.
- *Lesarten, zwischen denen* wir an der Stelle ihrer Bildung *nicht entscheiden konnten,* haben wir als Optionen mitgeführt, bis eine Lesart durch bekannt werdende Bedingungen der gegebenen Situation hinfällig wurde. Wenn es sich dabei unm eine Lesart handelt, die an der Stelle ihrer Bildung mit dem Text kompatibel und von ihm indiziert ist, so bleibt sie auch dann für die Analyse von Bedeutung, wenn sie im Verlauf der analysierten Handlung ausscheidet; denn eben als von der analysierten Praxis ausgeschiedene Lesart, als Lesart, gegen die die analysierte Praxis sich entschieden hat, ist sie Moment der objektiven Sinnstruktur des untersuchten Handelns.
- Was a) die Explizitheit *der Analyse* und b) die *Explizitheit der Darstellung der Analyse* angeht, so ist nach dem Herausarbeiten einer Fallstrukturhypothese zunächst das Augenmerk auf deren Anreicherung und Präzisierung zu legen, was (ad a) zur Folge hat, dass nicht jede Äußerung in der anfänglichen Detailliertheit analysiert werden muss. Es lässt sich allerdings kein standardisiertes Maß der Detailliertheit festlegen; hier bedarf es vielmehr einer aus der sorgfältigen Analyse sich speisenden Sensibilität, die (α) Offenheit für

neue Aspekte mit (β) der Aufmerksamkeit auf Anreicherungs- und Präzisierungschancen verbindet (s. dazu auch im Glossar zum Prinzip des bösen Blicks). Auch gemessen an der weniger expliziten Analyse späterer Stellen wird (ad b) die Darstellung dieser Analyse nochmals eher ergebnisorientiert erfolgen und v. a. diejenigen Lesarten anführen, die die Reichhaltigkeit und Anschaulichkeit der Fallstrukturhypothese zu steigern in der Lage sind, ohne ihre detaillierte Herleitung zu entfalten (s. etwa die Ausführungen zu den Stellen „.../ ich sagte zu meiner Frau, *ich sach auf* [verschliffen, hauchend] \...“ und „.../ wir wohnten ja in A-Stadt damals; \...“ aus dem ersten Forschungsgespräch). Hierbei ist zu beachten, dass unter den neuen Aspekten sowohl (α.i) ergänzende sein können als auch (α.ii) Kandidaten für eine Falsifikation.

- Wir haben in der Darstellung der Analysen immer wieder *auf linguistische Werke und* Nachschlagewerke *zurückgegriffen*. Dies hatte einerseits und v. a. die Funktion, die Benennung zu erleichtern (etwa wenn vom Adversativ-Junktor ‚aber‘ die Rede ist), andererseits Abkürzungsfunktion (s. o. zur Ergebnisdarstellung). Wichtig bleibt hier aber, festzuhalten, dass die Bedeutung der Äußerungssequenzen nicht durch die in den genannten Werken wiedergegebenen – teils präskriptiv gewendeten (s. etwa Duden 2001 [RGD]) – Regelrekonstruktionen konstituiert wird und dass bei der Rekonstruktion der Bedeutung nicht diese Regelrekonstruktionen die Ableitungsbasis darstellen, sondern dass es die geltenden Regeln selbst sind, die sowohl die Bedeutung konstituieren als auch der Bedeutungsrekonstruktion und auch der in den grammatischen Werken wiedergegebenen Regelrekonstruktionen zugrundeliegen.

- Wenn wir während der Analyse auf ein *Handeln* stoßen, dass *auffällig widersprüchlich* ist, so ist es immer hilfreich, noch einmal zu prüfen, ob die pragmatische Rahmung bestimmte Optionen eröffnet oder ausschließt, die zu dieser Widersprüchlichkeit führen. Dies war in der Analyse des Forschungsgesprächs mit Frau Altenburg der Fall, als sie die zunächst festgestellte latente Deutung der Situation als unangehm überkompensierte. Eine Explikation eines spezifischen Aspekts der pragmatischen Rahmung: hier des Rekrutierungsweges, konnte zumindest zur Erklärung beitragen.

- Wenn vom Gesprächspartner eine *Tatsachenbehauptung* aufgerufen wird, sind wir bei der Analyse gehalten, diese anhand geeigneter Informationen zu *prüfen*. In unserem Fall hatte die Gesprächspartnerin implizt behauptet, dass ein Haushund mit neun Monaten nicht längere Zeit allein bleiben könne; eine fachliche Darlegung kommt zu einem anderen Ergebnis, weshalb nach einer Motivation für die falsche Behauptung gesucht werden musste (vgl. oben).

- Wenn die Fallstruktur prägnant herausgearbeitet und auf den Begriff gebracht worden ist, so stellt dies oftmals eine Art Brennglas dar, in dem die Fallgestalt auch bei der *bloßen Lektüre von weiteren Stellen* im Forschungsgespräch deutlich vor Augen tritt. Insofern kann an späteren Stellen der Analyse, bei denen es um das Auffinden weiterer Aspekte der Fallstruktur oder auch das Auffinden von Hinweisen zu ihrer Genese, also zur Bildungsgeschichte des Falles geht, auf genaue Analyse verzichtet werden. Allerdings muss man hier die Vorkehrung treffen, nicht auf eine Weise selektiv zu lesen, die es verhindert, nicht zur Fallrekonstruktion passende Momente im Datenmaterial zu übersehen. Bei der genauen Analyse wird dies durch das Wörtlichkeitsprinzip und das Totalitätsprinzip verhindert. Hier achtet man nun, während man einerseits durch das Brennglas der prägnanten Fallstrukturbestimmung die Fallgestalt wahrnimmt, andererseits gleichzeitig gezielt darauf, Stellen, man könnte sagen: unschöne Stellen[146] an dieser Fallgestalt zu entdecken, die die Fallstrukturrekonstruktion erschüttern könnten. Diese ebenfalls auf der Ebene der Kunstlehre liegende Vorkehrung könnte man das *Prinzip des bösen Blicks* nennen.
- In den beiden Analysen stießen wir auf *weitergehende Fragen,* insbesondere, was die Genese der Fallstrukturen angeht. Es zeigt sich, dass es sehr hilfreich ist, zu Beginn der Bearbeitung einer Forschungsfrage einen ersten Fall ausführlich zu analysieren und die Rekrutierung weiterer tatsächlich sequenziell vorzunehmen; dies erlaubt es, sowohl die Aufmerksamkeit während der je folgenden Forschungsgespräche zu schärfen und entsprechende Nachfragen zu stellen als auch die Erhebung testierbarer Daten zu verfeinern und ggf. auszuweiten.
- Wenn wir *vorliegende soziologische oder andere wissenschaftliche Erkenntnisse heranziehen,* so ist zu beachten, dass diese theoretisch abgesicherten Erkenntnisse ähnlich wie die Beiziehung von vorliegenden grammatischen oder konversationsanalytischen Regelrekonstruktionen eine abkürzende Funktion für die Analyse haben. Wenn wir etwa mit Tilman Allert davon ausgehen, dass die im Vorfeld eingerichtete und mit der Hochzeit auf Dauer gestellte gemeinsame Praxis der Eltern von Frau Altenburg als Paarpraxis unter „Gestaltungszwang" (1998, S. 221) steht, so stehen die daraus gefolgerten Schlüsse ebenso unter Falsifikationsvorbehalt wie die Schlüsse aus unseren Bedeutungsrekonstruktionen. Wir müssen hier, wie bei allem wissenschaftlichen Forschen einerseits die Erweiterung unserer Erkenntnisse im Blick

---

[146] Es kann diese unschönen Stellen, die ja nicht unschön in Bezug auf einen äußeren Maßstab sind, freilich nur entdecken und als unschön bestimmen, wer zugleich strukturell liest.

haben und zielen jene u. a. dadurch an, dass wir auf vorliegenden gesicherten Erkenntnissen aufbauen; andererseits müssen wir aber auch hier die oben bereits einmal zitierte wichtige Einsicht Max Webers berücksichtigen: „Wissenschaftlich aber überholt zu werden, ist [...] nicht nur unser aller Schicksal, sondern unser aller Zweck. Wir können nicht arbeiten, ohne zu hoffen, daß andere weiter kommen werden als wir." (1919/1985, S. 593) Denn jede Fallrekonstruktion kann – insbesondere wegen der unvermeidlichen Strukturgeneralisierung – dazu führen, dass bis dahin als gesichert erscheinende Erkenntnisse erschüttert werden und zu reformulieren, zu erweitern oder gar zu ersetzen sind.

- Im Versuch die *Genese der Fallstruktur* zu bestimmen, kommen wir häufig zu *Vermutungen,* die genauer zu prüfen das vorliegende Datenmaterial nicht erlaubt. Idealiter würde man aus diesem Grunde mit dem Gesprächspartner jeweils die Möglichkeit eines zweiten Forschungsgesprächs vereinbaren, das geführt werden sollte, *nachdem* die Fallrekonstruktion erfolgte, um dort Material zu erheben, aus dem offen gebliebene Fragen geklärt werden könnten. In der Forschungspraxis ist dies i. d. R. nur möglich, wenn die Analyse zeitlich nahe an die Erhebung anschließt und eine weitere Erhebung projektökonomisch vorgesehen ist; auch die Bereitschaft des Gesprächspartners muss natürlich gegeben sein, was nicht immer der Fall ist.

Epilog und Glossar

Schlagwörter

Methode und Gegenstand • Begrifflichkeit der Objektiven Hermeneutik • Terminologie der Objektiven Hermeneutik

Der vorliegende Band, mit dem die Reihe zur Objektiven Hermeneutik in Wissenschaft und Praxis einsetzt, ist ein Versuch, exemplarisch in eine Methode einzuführen, zu deren zentralen Merkmalen die Sachangemessenheit gehört. Das bedeutet, dass Kompromisse, die für ein solches Unterfangen ohne Frage erforderlich sind, weder dazu führen dürfen, dass das Verständnis der Methode und ihrer Begründung, ohne Einsicht in die die Sachangemessenheit nicht vernünftig reflektiert gewährleistet werden kann, noch dazu, dass der Aufschluss des Gegenstandes, dessen Untersuchung als Beispiel dient, darunter leidet. Ob dies gelungen ist, ob sie also nach Lektüre dieses Bandes in der Lage sind, mit der Objektiven Hermeneutik in auf methodologischer und konstitutionstheoretischer Einsicht ruhender Weise Forschungsgespräche zu analysieren, und zugleich einen Einblick in die Habitus von Hundehalter erlangt haben, der es ihnen erlaubt, diesen Gegenstand sich weiter zu erschließen, bleibt dem Urteil der Leser überlassen. Rückmeldungen an den Autor dazu sind sehr erwünscht, können sie doch dazu beitragen, dass die Folgebände der Reihe ihrem angestrebten Ziel näher kommen.

Innerhalb der exemplarischen Analyse, die hier den Gegenstandsbezug des methodischen Vorgehens herstellen sollte, wurde das Erwägen und Verwerfen einer Vielfalt von Lesarten, auf das die objektiv-hermeneutische Sequenzanalyse wesentlich angewiesen ist, seinerseits nur exemplarisch dargestellt (s. o. zur Ergebnisdarstellung); insofern ist diese Einführung nicht als eine detaillierte Einführung in die Analyse*technik* der Objektiven Hermeneutik zu verstehen; eine solche bietet die frühe Einführung von Andreas Wernet (2000/2009), auf die für einzelne technische Aspekte zurückzugreifen für den Leser des hier vorgelegten Bandes hilfreich sein könnte.

Um sich einen Einblick in die Vielfalt der Gegenstände, die mittels objektiv-hermeneutischer Analyse von Forschungsgesprächen bereits erschlossen wurden, und einen Einblick in die Vielfalt des konkreten Vorgehens dabei zu erlangen, sei der Leser auf die reichhaltigen entsprechenden Veröffentlichungen verwiesen, die im ersten Teil des Literaturverzeichnisses aufgeführt sind.

Derartige Einführungen wie die hier vorliegende mögen der Entwicklung entgegenwirken, die Ulrich Oevermann auf folgende Weise beschrieb: Es „wird Wissen für die Studenten in zunehmendem Maße zu etwas degradiert, das auf dem Regal steht, an dem man vorbeigeht und das man sich dort bei Bedarf holt. Dass Wissenschaft etwas ist, das man als ganze Person betreibt, wird nicht mehr gesehen. Das ist ein Aspekt der Verschulung." (Oevermann et al. 2010 [Gegenbegriff], S. 387) Stattdessen möge befördert werden, so unsere Hoffnung, was Oevermann an derselben Stelle als zentral für die Wissenschaft bezeichnet: „Respekt vor der geistigen Leistung".

Glossar

In dem hier vorgelegten Glossar werden v. a. die für die Objektive Hermeneutik spezifischen, aber auch einige weitere in dem vorliegenden Band relevante Termini und Begriffe erläutert; es dient dabei der abkürzenden Erinnerung an die Explikationen dieser Termini und Begriffe im laufenden Text. Dabei ist zu beachten, dass dort, wo wir Formulierungen aus anderen Texten heranziehen, insbesondere aus Texten aus der Entstehungszeit der Objektiven Hermeneutik,[1] Termini auftauchen, die später korrigiert wurden bzw. die wir für korrekturbedürftig halten;[2] darauf wird in Fußnoten hingewiesen – außerdem sei der Leser auf die entsprechenden Einträge in diesem Glossar verwiesen.

Ausdrucksgestalt – „Das Gesamt an Daten, in denen sich die erfahrbare Welt der Sozial-, Geistes- und Kulturwissenschaften präsentiert und streng methodisch – im Unterschied zu: praktisch – zugänglich wird, in denen also die

---

[1] Es ist dies v. a. Oevermann et al. 1979 [Methodologie].

[2] Es sind dies vor allem ‚latent' und ‚latente Sinnstruktur', ‚Interaktion' (nebst Komposita und verwandten Ausdrücken) und ‚Interpretation' (nebst Komposita und verwandten Ausdrücken).

sinnstrukturierte menschliche Praxis in allen ihren Ausprägungen erforschbar wird, fällt in die *Kategorie der Ausdrucksgestalt.*" (Oevermann 1996/2002 [Manifest], S. 3; Kursivier. i. Orig. unterstr.) Ausdrucksgestalten sind also Objektivationen von Handeln, in denen die Bedeutung des Handelns zum Ausdruck kommt.[3] Jede Lebenspraxis (s. dort) hinterlässt in ihrem Handeln Spuren, die *qua Spuren von Handeln* Ausdrucksgestalten sind. Nur über Ausdrucksgestalten ist die sinnstrukturierte Welt „der methodisch kontrollierten Erkenntnis" zugänglich (Oevermann 1991 [GenetStrukturalism], S. 302). „Im Sinne der Romantik kann man diese Spuren und Protokolle generell als *Ausdrucksgestalten* bezeichnen. Immer drückt sich in ihnen eine je historisch konkrete *Lebenspraxis* aus." (Oevermann 1993, S. 113; kursiv i. Orig.) Die Lebenspraxis und ihr Handeln kommt vermittelst eines je spezifischen Ausdrucksmaterials bzw. einer Ausdrucksmaterialität (s. dort) und ihrer Regeln resp. Prinzipien zum Ausdruck. – s. auch: *Lebenspraxis, Protokoll, Text.*

Ausdrucksgestalt, aufgezeichnete – „Aufgezeichnete Protokolle entstehen dadurch, daß eine Aufzeichnungsapparatur, also eine nicht-intelligente, rein technische Prozedur ohne eigene interpretierende oder erkennende Subjektivität, also ein Film- oder Fotogerät, ein Tonbandgerät oder auch ein Meßgerät, das Protokoll ausdrucksmaterial gesehen erzeugt. Die Subjektivität eines Protokollanten ist hier nur bei der Bedienung und Ausrichtung des Geräts beteiligt und – primär als Fehlerquelle – bei der Notierung der rein technischen Aufzeichnung." (Oevermann 2000 [Fallrek], S. 84) Videoaufzeichnungen von Handlungsverläufen sind exemplarische Fälle dieses Typus von Ausdrucksgestalten.[4]

Ausdrucksgestalt, beschreibende – „beschreibende und/oder gestaltete Protokolle [gehen] immer durch eine subjektive Wahrnehmung der protokollierten Wirklichkeit, deren subjektive Interpretation und eine darauf folgende Gestaltung bzw. Objektivierung des Wahrgenommenen und Interpretierten in einer bestimmten Ausdrucksmaterialität hindurch. Solche Protokolle sind zwar einerseits intelligent und als solche schon eine außerordentlich komplexe Erkenntnisleistung, sie sind aber andererseits für den methodischen Zugriff auf die protokollierte Wirklichkeit gerade deswegen viel weniger geeignet, weil sie in sich schon mehrfach

---

[3] Einige Autoren engen den Begriff der Ausdrucksgestalt auf solche Objektivationen des Handelns ein, in denen die Praxis *sich zum Ausdruck bringt* (etwa Zehentreiter 2008, s. dazu Loer 2015 [AG]) und schließen solche aus, in denen die Praxis (lediglich) *zum Ausdruck kommt* (etwa Wenzl und Wernet 2015, auch Wernet 2021, S. 18, s. dazu Loer 2015 [Diskurs]).

[4] Jörg R. Bergmann spricht bzgl. der aufzeichnenden Form der Protokollierung – eine andere Terminologie als die Objektive Hermeneutik verwendend – von einer *registrierenden Konservierung* mithilfe audiovisueller Reproduktionsmedien (1985, S. 305).

gestuft diese Wirklichkeit umgeformt und in eine Wirklichkeit des Protokollierenden verwandelt haben." (Oevermann 2000 [Fallrek], S. 84) Ethnographische
Berichte sind exemplarische Fälle dieses Typus von Ausdrucksgestalten, die als
„ein nach Möglichkeit zu vermeidender Ersatz für eine Aufzeichnung" (a. a. O.:
113) gelten müssen.[5]

Ausdrucksgestalt, ediert – Edierte Ausdrucksgestalten sind „solche Protokolle,
bei denen die Protokollierungshandlung und die zu protokollierende Wirklichkeit
als Praxis gewissermaßen zusammenfallen und – damit zusammenhängend – die
Protokollierungshandlung bzw. der Protokollierungsvorgang vollständig in der
Kontrolle der protokollierten Wirklichkeit verbleibt, so daß auch die Eröffnung
und die Beschließung dieser Wirklichkeit mit der Eröffnung und Beschließung
des Protokolls vollständig koinzidert – einfacher ausgedrückt: Rahmung und
Umfang, also die Abgrenzung der zu analysierenden Ausdrucksgestalt von vornherein vollständig definiert ist." (Oevermann 2000 [Fallrek], S. 83) Kunstwerke
sind exemplarische Fälle dieses Typus von Ausdrucksgestalten.

Ausdrucksmaterial/Ausdrucksmaterialität – Als *Ausdrucksmaterial* bezeichnen wir das Material, welches gemäß geltender Regeln, Prinzipien und Verfahrensweisen Bedeutungsoptionen bietet und in dem Ausdrucksgestalten vorliegen.[6]
Dies ist am einfachsten explizierbar an den beiden abstrakten Typen des Ausdrucksmaterials – bei denen man wegen ihrer Abstraktheit sinnvollerweise von
Ausdrucksmaterialität spricht –: Sprache und Handlungssequenzen. Wenn etwa
jemand statt „das war ein Irrtum meinerseits" sagt „das war eine Täuschung meinerseits", so bringt er damit (meist ungewollt) zum Ausdruck, dass zwei Seelen
in seiner Brust wohnen und eine Instanz in ihm die andere getäuscht hat, denn
‚täuschen' ist im Gegensatz zu ‚(sich) irren' ein transitives Verb. Die Spur, die das
Handeln hier hinterlässt, ist eine authentische Ausdrucksgestalt insofern, als sie
sich mit Hilfe der Regeln, die die Bedeutungsoptionen der Ausdrucksmaterialität
konstituieren, lesen und sich damit die objektive Bedeutung des Handelns methodisch gültig rekonstruieren lässt. Die Regeln, Prinzipien und Verfahrensweisen
gemäß derer das Material Bedeutungsoptionen bietet, müssen nicht notgedrungen solche der Ausdrucksmaterialität Sprache, sondern können auch solche der
sinnesmodalitätenspezifischen Ausdrucksmaterialien, des ikonischen etwa, sein.

---

[5] Jörg R. Bergmann, der eine andere Terminologie als die Objektive Hermeneutik verwendet,
spricht bzgl. der beschreibenden Form der Protokollierung von einer *rekonstruierenden Konservierung* durch „sprachliche Vergegenwärtigung eines abgelaufenen Geschehens " (1985,
S. 305).

[6] S. hierzu: Loer 2015 [AG]; vgl. den Exkurs zum Begriff des Ausdrucksmaterials und zum
Problem der Synästhesien in Loer 1996 [Halbbildung], S. 291 ff.

„Sprache ist hier eine Ausdrucksmaterialität unter mehreren verfügbaren. Oder anders gesprochen: Ein Medium der symbolisch interpretierbaren Realisierung von Handlungen unter mehreren. – Zum anderen […] ist natürlich Sprache als das ausgezeichnete System von Regeln und Elementen der Symbolisierung und des Ausdrucks anzusehen, das überhaupt erst die Konstitution von Bedeutungsfunktionen naturgeschichtlich gesehen ermöglicht und damit die voll ausgebildete sinstrukturierte soziale Handlung allererst in die Welt treten läßt. Von da an auch wird es erst möglich, daß andere, vorsprachliche Ausdrucksformen vollgültig Handlungen zu realisieren und entsprechend auch zu protokollieren vermögen. Das können sie nur, weil die sinnstrukturierte Handlung als solche durch Sprache, eben als Sprechhandlung grundsätzlich eingerichtet ist, so daß das, was sie realisieren, als Struktur außerhalb ihrer selbst schon immer vorliegt." (Oevermann 1986 [Kontroversen], S. 48) „Sinn- und Bedeutungszusammenhänge [sind] grundsätzlich abstrakt […], das heißt als solche der sinnlichen Wahrnehmung entzogen. Dem entspricht kehrseitig, daß sie in verschiedenen Ausdrucksmaterialien funktional äquivalent realisiert werden können. Diese Verhältnisse von Abstraktheit der Bedeutungsstruktur und Konkretheit der ausdrucksmaterialen Realisierung" sind stets zu berücksichtigen (Oevermann 2000 [Fallrek], S. 85, Fn. 16).

Auswahlrahmen, dimensionaler – Vor der Erhebung von für die Fragestellung relevantem Datenmaterial sind die relevanten Dimensionen des Forschungsfeldes zu bestimmen , auf deren Grundlage dann ein *dimensionaler Auswahlrahmen* zu entwerfen ist. Mithilfe dessen werden mögliche Personen oder auch Organisationen etc. – etwa Gesprächspartner – als Fälle des Gegenstandes ausgewählt werden. Hierbei empfiehlt es sich in Form einer kontrastiven Fallauswahl, die Pole der relevanten Dimensionen mit Untersuchungssubjekten zu belegen, um so den Raum der möglichen Typen abzudecken.

Bedeutung, latente – Als latente Bedeutung wird diejenige objektive Bedeutung des untersuchten Handelns bezeichnet, die den beteiligten handelnden Subjekten nicht bewusst ist (vgl. Loer 2016 [objektiv/latent]). – s. auch: *Sinnstruktur, latente.*

Bedeutung, manifeste – Als manifeste Bedeutung wird diejenige objektive Bedeutung des untersuchten Handelns bezeichnet, die den beteiligten handelnden Subjekten bewusst ist (vgl. Loer 2016 [objektiv/latent]). – s. auch: *Sinn, manifester.*

Bedeutungskonstitution – Konstitutionstheoretisch betrachtet wird Bedeutung durch Regeln konstituiert, indem diese Handlungsoptionen eröffnen, die ihrerseits bestimmte Implikationen in Form von Anschlussmöglichkeiten haben. Zentral für die Konstitution von Handlungsbedeutung ist damit Sequentialität (s. dort) als „die mit jeder Einzelhandlung als Sequenzstelle sich von neuem vollziehende, durch Erzeugungsregeln generierte *Schließung vorausgehend eröffneter Möglichkeiten und Öffnung neuer Optionen in eine offene Zukunft.*" (Oevermann 1996/2002 [Manifest], S. 6; Kursivier. i. Orig. unterstr.) Die Auswahl einer bestimmten Handlungsoption eröffnet gemäß einer Regel generell ihrerseits jeweils weitere bestimmte Handlungsoptionen. Diese Formulierung ist als eine Spezifizierung der Maxime des Pragmatismus[7] zu verstehen, die deutlich macht, dass die Bedeutung eines Objekts durch das Gesamt der Handlungen gegeben ist, die durch es geregelt ermöglicht werden. Bei Bedeutung handelt es sich aufgrund der Regelkonstitution um eine „Realitätsebene eigener Art [...], die der methodischen Operation der Rekonstruktion als abstrakter, bloß lesbarer Gegenstandsbereich vorliegt." (Oevermann 2013 [Erfahrungswiss], S. 73).

Bedeutungsstruktur, objektive – „Interaktionstexte[8] konstituieren aufgrund rekonstruierbarer Regeln objektive Bedeutungsstrukturen [...]. Die objektiven Bedeutungsstrukturen von Interaktionstexten [...] sind Realität (und haben

---

[7] „But the Maxim of Pragmatism, as I originally stated it, *Revue philosophique* VII, is as follows: Considérer quels sont les effets practiques que nous pensons pouvoir être produits par l'objet de notre conception. La conception de tous ces effets est la conception complète de l'objet. [p. 48.] Pour développer le sens d'une pensée, il faut donc simplement déterminer quelles habitudes elle produit, car le sens d'une chose consiste simplement dans les habitudes qu'elle implique. Le caractère d'une habitude dépend de la façon dont elle peut nous faire agir non pas seulement dans telle circonstance probable, mais dans toute circonstance possible, si improbable qu'elle puisse être. [...] [p. 47.]" (Peirce 1903/1973, S. 4, 6, 8; kursiv i. Orig.) und: „196. [...] every conception is a conception of conceivable practical effects" (ebd.: 266).

[8] Zur „Kategorie der Interaktion" heißt es kurz nach der hier zitierten Stelle: Wir „gehen [...] davon aus, daß die elementarste Einheit menschlichen Handelns und damit auch die kleinste analytische Einheit der Handlungstheorien die Interaktion ist. Bezogen darauf stellt das individuelle Handeln schon eine Abstraktion dar. [...] Insofern ist der Begriff der Interaktion rein terminologisch im Grunde nicht haltbar und irreführend, weil er den Primat der einzelnen, isolierten Aktion präsupponiert, aus der sich als kleinste Einheit die Interaktion aggregiere. Zum anderen verwenden wir den Begriff der Interaktion [...] zur Bezeichnung von Bedeutung tragenden Relationen zwischen Handlungseinheiten immerhalb eines Zeitintervalls. In dieser allgemeinen Sicht meint die Kategorie der Interaktion einen stetigen, ununterbrochenen zeitlichen Strom von Ereignissen in einem Beziehungssystem, unabhängig davon ob diese Ereignisse konkret Konstanz oder Veränderung, Ruhe oder Bewegung bedeuten, und sie bindet die sozialwissenschaftliche Relevanz dieser Ereignisse [...] an deren objektive Bedeutsamkeit." (Oevermann et al. 1976 [Methodologie], S. 379 f.; vgl. Oevermann 1986 [Kontroversen], S. 60 ff.).

Bestand) analytisch (wenn auch nicht empirisch) unabhängig von der je konkreten intentionalen Repräsentanz der Interaktionsbedeutungen auf seiten der an der Interaktion beteiligten Subjekte. Man kann das auch so ausdrücken, daß ein Text, wenn er einmal produziert ist, eine eigengesetzliche, mit eigenen Verfahren zu rekonstruierende Realität konstituiert, die weder auf die Handlungsdispositionen und psychischen Begleitumstände auf seiten des Sprechers noch auf die innerpsychische Realität der Rezipienten zurückgeführt werden kann." (Oevermann et al. 1976 [Methodologie], S. 379) Im technisch engeren Sinne bezeichnen wird als objektive Bedeutungsstruktur die durch geltende Regeln konstituierte Bedeutungsstruktur der einzelnen Sequenzstelle. – s. auch: *Sinnstruktur, objektive.*

Daten, objektive – „Zu den objektiven Daten zählen wir alle Daten, zu deren Gewinnung man nicht auf bezweifelbare interpretative Schlüsse angewiesen ist. Dazu gehören das Geburtsdatum, Geburtsort, Geschlecht, Wohnort, Ausbildung, Beruf, Heiratsdaten, Kinderzahl, Einwohnerzahlen, Wohnraumaufteilung und dergleichen. Bei der Rekonstruktionsarbeit interessieren die Daten nun nicht an sich, vielmehr aufgrund der Annahme, daß die hierin objektivierten Lebensumstände auf lebenspraktische Entscheidungen verweisen, die sich zu einer Typik des Handelns sukzessive verdichten. Das Verhältnis von objektiver Möglichkeit und faktisch gewählter Option unterliegt selbst wiederum einem kumulativen Prozeß. In dieser Kumulation liegt die objektive Einzigartigkeit eines biographischen Verlaufs. Beide Gegenüberstellungen sind des weiteren Basis für die Rekonstruktion der Selbstthematisierung der Person oder der Familie. Selbstthematisierungen sind, wie vielfach begründet, ihrerseits selektiv, sie dienen dem Konsistenzbedarf der Person und sichern die Ansprechbarkeit in Austauschbeziehungen – als objektiv motivierte Bestandteile der Selbstvergewisserung müssen die entsprechenden Texte in den Biografieverlauf stimmig übersetzbar sein." (Allert 1993, S. 332) – s. aber: *Daten, testierbare.*

Daten, testierbare – In der Objektiven Hermeneutik wird für einen bestimmten Datentypus der Terminus ‚objektive Daten' (s. dort) verwendet. Am klarsten hat dies bisher Tilman Allert formuliert: „Zu den objektiven Daten zählen wir alle Daten, zu deren Gewinnung man nicht auf bezweifelbare interpretative Schlüsse angewiesen ist." (Allert 1993, S. 332) Es handelt sich also um eine Bestimmung des Datentypus von seiner Erhebungsform her: der Erhebung aus (nicht nur vom Fall sondern überhaupt von subjektiver Selektivität) unabhängigen Quellen: „Dazu gehören das Geburtsdatum, Geburtsort, Geschlecht, Wohnort, Ausbildung, Beruf, Heiratsdaten, Kinderzahl, Einwohnerzahlen, Wohnraumaufteilung und dergleichen." (ebd.) Dabei müssen die Daten nicht aktuell faktisch so erhoben worden sein, müssen aber grundsätzlich anhand solcher unabhängiger

Quellen überprüfbar sein. Die begriffliche Bestimmung der als objektive Daten bezeichneten Daten, wie sie von Ulrich Oevermann und nachfolgend hier Allert vorgenommen wurde, ist konsistent und ausreichend. Allerdings stellt sich die Frage, ob der Ausdruck ‚objektive Daten' terminologisch hinreichend prägnant ist. So legt der Terminus es ja durchaus nahe, den ‚objektiven Daten' ‚subjektive Daten' zur Seite stellen zu wollen.[9] Die Rede von subjektiven Daten ist aber in sich unsinnig, da Daten die Grundlage methodischer Analysen bieten und methodische Analysen auf die Objektivität der Daten: die „Objektivität des Protokolls" (Oevermann 2004 [Objektivität]), angewiesen sind. Was auch immer also ‚subjektive Daten' sein mögen, für eine methodische Rekonstruktion sind sie unerheblich. Deshalb werden diejenigen Daten, die unabhängig von subjektiver Selektivität erhoben und mittels unabhängiger Testate überprüft werden können, sinnvollerweise mit dem Terminus ‚testierbare Daten' auf den Begriff gebracht. – Testierbaren Daten können nun in Abhängigkeit von der Fallbestimmung zwei unterschiedliche Rollen spielen (vgl. Loer 2019 [testierbar]). Wenn etwa Ulrich Oevermann die ‚lebensgeschichtlichen Ausgangsbedingungen des Künstlers Delacroix' auslegt (1990 [Delacroix], S. 19–32), so werden die testierbaren Daten als Indikatoren für „die Hemmungen und die Chancen" (Mannheim 1928/1964, S. 542), für die „obstacles" oder „soutiens" (Braudel 1958, S. 731) genommen, die die entsprechende Ausgangslage für die als Fall von künstlerischem Handeln (Oevermanns Gegenstand) zu analysierende Lebenspraxis Delacroix' spielen. Wäre nun allerdings die Familie Delacroix diejenige Lebenspraxis, die ich als Fall (etwa als Fall einer Familie der Bourgeoisie des revolutionären und nachrevolutionären Frankreichs) untersuchte, so wären testierbaren Daten – wie etwa die Zeugung und Geburt eines ‚Nachzüglers' (Oevermann 1990 [Delacroix], S. 21) – als Ausdrucksgestalten dieser Lebenspraxis zu analysieren. Die unterschiedliche Rolle der testierbaren Daten können auch an dem Beispiel der Genogrammanalyse (Hildenbrand 1999, 2005, 2018) verdeutlicht werden. Das Datum der Verehelichung von A und B und das Datum der Geburt von C als erstem Kind von A und B kann einerseits – dann nämlich wenn C die Lebenspraxis ist, die ich als Fall meines Gegenstands analysiere (in der Sprache Hildenbrands: wenn C als Ego gilt) – als Indikator für die Ausgangslage der Lebenspraxis die ich als Fall von X (meinem Gegenstand) analysiere, gelten, anhand derer ich „die Hemmungen und die Chancen" bestimme, die dieser Lebenspraxis in die Wiege gelegt wurden und damit eine Konstellation bilden, die in die Bildungsgeschichte der Lebenspraxis eingeht und an der sie sich abarbeitet. Andererseits können die genannten testierbaren Daten als Ausdrucksgestalt der untersuchten ehelichen und

---

[9] Dazu hat sich etwa Boris Zizek verführen lassen (2012).

familialen Lebenspraxis von A und B analysiert werden, da „die hierin objektivierten Lebensumstände auf lebenspraktische Entscheidungen verweisen, die sich zu einer Typik des [ehelichen und familialen] Handelns [von A und B] sukzessive verdichten" (Allert 1993, S. 332).

Erfüllungsbedingungen, pragmatische – John Searle hat in seiner Analyse der Sprechakte (1969/1983) die Bedingungen analysiert, die mit der Äußerung von Sprechakten einhergehen und entsprechend erfüllt sein müssen, um den Sprechakt gelingen zu lassen. Insbesondere hat er das in seiner Analyse des Versprechens (a. a. O.: 57–62) herausgearbeitet. Später fasste er die verschiedenen Bedingungen der verschiedenen Sprechakte in dem Begriff der „conditions of satisfaction" (1983, S. 10–13) zusammen. In der Objektiven Hermeneutik lehnt sich die Rede von Erfüllungsbedingungen von Äußerungen an die Searlsche Sprechakttheorie an. Ebenfalls am Beispiel des Versprechens hat Ulrich Oevermann dies explizit dargelegt (2008/2016 [Abschiedsvorlesung], S. 59–63). Entscheidend ist, dass sich gemäß geltender Regeln „für die pragmatische Erfüllung der Äußerung wesentliche Kontextbedingungen" (Oevermann et al. 1976 [Methodologie], S. 416) explizieren lassen, die eben aus einer Äußerung objektiv eine gelungene machen. Diese Bedingungen gehören gemäß diesen Regeln objektiv zur Wohlgeformtheit einer Äußerung.

Fallrekonstruktion – Fallrekonstruktion heißt Erschließung „einer wiedererkennbaren Fallstruktur, d. h. einer Art Identitätsformel der jeweiligen Lebenspraxis als Ergebnis ihres bisherigen Bildungsprozesses" (Oevermann 2013 [Erfahrungswiss], S. 75).

Fallstruktur – Fallstrukturen sind zu „denken als je eigenlogische, auf individuierende Bildungsprozesse zurückgehende Muster der Lebensführung und Erfahrungsverarbeitung, mehr noch: als je eigene, Anspruch auf Allgemeingültigkeit erhebende Lebens- und Weltentwürfe und Entscheidungszentren. Sie nehmen soziale Einflüsse in sich auf, aber sie werden nicht einfach durch sie programmiert; sie konstituieren sich in einer schon immer vorausgesetzten und gegebenen Sittlichkeit und Sozialität, aber sie eröffnen immer wieder von neuem mit ihrer eigenen Zukunft auch die Zukunft der sozialen Allgemeinheit und der Gesellschaft." (Oevermann 2000 [Fallrek], S. 123).

Fallstrukturgesetzlichkeit – „Diese ist nichts anderes als die Explikation der Systematik und Regelmäßigkeit, mit der die immer wiedererkennbare konkrete Fallstruktur sich sequentiell reproduktiv entfaltet und von der die mögliche Transformation ihren Ausgang nimmt. Es ist die Gesetzlichkeit, die das Zusammenspiel, die Wirkung und den Einfluß des Gesamts der dispositiven Faktoren bestimmt. Diese Faktoren bilden den Parameter II der Auswahlprinzipien [s.: *Parameter*] in der Sequenzanalyse – gewissermaßen die Erzeugungsformel der Fallstruktur analog dem Modell einer Komposition als der Erzeugungsformel eines Werkes in der materialen Formenlehre von Adorno." (Oevermann 2000 [Fallrek], S. 119;[10] Adorno 1960/1986, S. 193 f., 1961/1990, S. 504, 1965/1990, S. 554, 1970/1982, S. 156) „Die ‚Fallstrukturgesetzlichkeit' erfüllt [...] einen Typus von Gesetz, der einerseits [...] singulär gilt, andererseits aber ‚fallintern' – für das ‚Universum' der Ereignisse einer konkreten Praxisform-Geschichte – als allgemeines Gesetz formuliert werden und zur Prämisse von Erklärungen bzw. von Prognosen gemacht werden kann, wie jedes Naturgesetz. Es ist insofern so etwas wie ein ‚Naturgesetz' der je individuierten autonomen Lebenspraxis, deren ‚Lebensgesetz'." (Oevermann 1993 [Subjektivität], S. 182).

Fallstrukturhypothese – Die Fallstrukturhypothese ist die im Laufe der Fallrekonstruktion vorläufig und eben hypothetisch bestimmte Falsstrukturgesetzlichkeit (s. dort; vgl. Oevermann 2000 [Fallrekonstruktion], S. 105 f.). Gemäß der „falsifikationistischen Forschungslogik im Sinne *Karl R. Poppers*" (Oevermann 1979 [Sozialisationstheorie], S. 150; kursiv i. Orig.) hat letztlich auch die als gültig rekonstruierte Fallstrukturgesetzlichkeit hypothetischen Charakter, da eine Verifikation grundsätzlich nicht möglich ist.

Forschungsgespräch – Ein unstrukturiertes, lebendiges Forschungsgespräch ist am ehesten geeignet, unverfälschtes Handeln zu generieren. Dieser Typus eines zu Forschungszwecken durchgeführten Gesprächs[11] zielt darauf, eine *mündliche*

---

[10] Als offenkundiger Druckfehler wurde „wieder erkennbare" zu „wiedererkennbare" korrigiert.

[11] Mit dem von Roland Girtler so bezeichneten ero-epischen Gespräch teilt das hier visierte Forschungsgespräch die folgende Bestimmung: „Die Fragen [...] ergeben sich aus dem Gespräch und der jeweiligen Situation, sie werden nicht von vornherein festgelegt" (Girtler 2001, S. 149); es wird also das ero-epische Gespräch wie das Forschungsgespräch in einem thematischen Rahmen offen geführt, so dass im Gespräch sich ergebende Einsichten für die Vertiefung und Erweiterung genutzt werden können. Allerdings wird der Aspekt der *Forschung*, zu dessen Zweck das Gespräch geführt wird, unterbelichtet, ergeben sich aus diesem Zweck ja durchaus thematische Vorgaben, die u. U. *auch* in bestimmten Fragen vorab festgelegt werden können; erst Recht führt Girtlers Emphase, die er in den Ausdruck legt: es soll sich „um ein echtes Gespräch" handeln, in das sich jeder ‚einbringt' (ebd.), an dem Zweck der Forschung vorbei. Zwar trifft in gewisser Hinsicht zu: „as we treat the other as a human being, we can no longer remain objective, faceless interviewers, but become human beings and must disclose ourselves, learning about ourselves as we try to learn about the other." (Fontana und Frey 1994, S. 373 f.) Aber gleichwohl bleibt ein Forschungsgespräch darauf fokussiert, Daten zur Beantwortung der Forschungsfrage zu elizitieren; alle anderen Aspekte

Ausdrucksgestalt zu evozieren, die besonders dafür geeignet ist, die Deutungsmuster wie auch den Habitus des Gesprächspartners zu rekonstruieren. Dabei
stellt der Forscher Fragen und hört sorgfältig auf das, was sein Gesprächspartner ihm sagt, und versucht schon während des Gesprächs zu verstehen, was der
Gesprächspartner durch seine Äußerungen objektiv zum Ausdruck bringt. Bzgl.
eines biographischen Forschungsgesprächs – dort Interview genannt – wird in
einem frühen Text zur Objektiven Hermeneutik festgehalten, was analog für
jedes Forschungsgespräch gilt: „Aufgabe eines sozialwissenschaftlichen Interview [sic!] ist es, über die Leistungen der Alltagskommunikation hinaus, aber
mit ihren Mitteln, jene Texte zu provozieren, die eine Entscheidung über konkurrierende Interpretationen auch bei tiefergehenden Fallrekonstruktionen erlauben,
d. h. Texte, die aus dem vom Interviewer gesetzten Druck heraus erzeugt worden
sind, ein Höchstmaß an Plausibilität und Ausgearbeitetheit von Rechtfertigungen
für biographische Entscheidungen zu erreichen." (Oevermann et.al. 1980 [Logik
Interpretation], S. 44, erste Fn.) – s. auch: *Gesprächsführung, rekonstruktive*;
Interview.

Gesprächsführung, rekonstruktive – Eine *rekonstruktive Gesprächsführung*
bedeutet, dass der Forscher die Äußerungen des Gesprächspartners bereits
während des Gesprächs in einer abgekürzten Weise analysiert – so wie der Psychoanalytiker die Äußerungen seines Patienten analysiert, indem er ein „Hören
mit dem dritten Ohr" praktiziert (vgl. Theodor Reik 1948/1987); daraufhin kann
er dann weiter nach dem fragen, was er für klärungs- und erläuterungsbedürftig
hält. So erfährt sich der Gesprächspartner als ernstgenommen und ist seinerseits angeregt, die Fragen des Forschers ernsthaft zu beantworten und relevantes
Material zu generieren.

Interview – Da sich der Terminus ‚Interview' als Bezeichnung für mehr oder
weniger standardisierte Gesprächsformen eingebürgert hat,[12] empfiehlt er sich
nicht für die Erhebung von Daten in einem zu Forschungszwecken geführten
Gespräch. Stattdessen sprechen wir von *Forschungsgespräch* (s. dort).

Kontext, äußerer – Der äußere Kontext der jeweils zu analysierenden Textstelle
entstammt einem Wissen, „das außerhalb der Sequenzanalyse gewonnen oder
bezogen worden ist." (Oevermann 2000 [Fallrek], S. 95 f.) – Die „Beiziehung
dieses ‚äußeren Kontextes'" ist „für die objektive Hermeneutik streng verboten

---

sind genau unter dieser Perspektive in der Analyse zu berücksichtigen (s. auch: *Rahmung,*
pragmatische).

[12] Vgl. Duden 2001 [UWB], Lemma ‚Interview', G. 1994 (und die weiteren Eintragungen
zu verschiedenen Interview-Typen dort), Kunz 1969.

[…], weil sonst immunisierende, ‚schlechte' Zirkularitäten zugelassen würden"
(a. a. O.: 96) – s. aber: *Prinzip der Kontextfreiheit.*

Kontext, innerer – Der innere Kontext der jeweils zu analysierenden Textstelle
„wächst mit jeder weiteren Sequenzstelle", die analysiert wird, an. Das Wissen
um diesen inneren Kontext kumuliert im Zuge der Sequenzanalyse (Oevermann
2000 [Fallrek], S. 95). „Der innere Kontext drückt die Selektivität" der Praxis,[13] die „den Fall bildet, aus." (Oevermann et al. 1979 [Methodologie], S. 422).
Die „Individualität des Falles […] erscheint in der Sequenzanalyse als sukzessiv
aufgebauter innerer Kontext." (A. a. O.: 426) Methodisch hat die Beiziehung
des inneren Kontext die Funktion, die Kumulativität der Analyse zu sichern,
würde man doch sonst jede Sequenzstelle wie eine erste analysieren und nur
deren jeweilige objektive Bedeutung bestimmen, ohne die objektive Sinnstruktur
des zu analysierenden Textes herausarbeiten und eine Fallstrukturgesetzlichkeit
rekonstruieren zu können.

Kunstlehre – Die Kunstlehre der Objektiven Hermeneutik versammelt Prinzipien (s. dort), deren Befolgung die forschungspraktische Realisierung des
methodischen Vorgehens erleichtert, indem sie forschungspsychologische Hemmnisse zu überwinden und forschungsökonomische Herausforderungen zu meistern
erlauben.[14] – Zur Kunstlehre gehören:

• die „triviale Forderung, daß nicht Subjekte, deren Sozialisationsprozeß
noch nicht abgeschlossen ist, die Last der Interpretation von Interaktionstexten
übernehmen können" (Oevermann et al. 1979 [Methodologie], S. 392);

• „die Forderung, daß die Interpreten mit der Lebenswelt, aus der das Datenmaterial stammt, möglichst gut vertraut sein sollten" (ebd. – s. dazu: *Naivetät,
künstliche*);

• „die Forderung, dass der Interpretationsprozeß durch einen differenzierten
Einsatz einer Vielzahl von möglichst expliziten theoretischen Ansätzen, die als
Heuristiken fungieren, angeleitet werden sollte" – „diese Theorien" liegen „als

---

[13] Im zitierten Text heißt es an dieser Stelle „Selektivität des Interaktionssystems, das den
Fall bildet"; dieser hier von Oevermann et al. rein deskriptiv verwendete Terminus ist jedoch
missverständlich.

[14] Anschließend an das Verständnis „der vorkritischen Hermeneutik" als „ars interpretandi" (Frank 1977, S. 12) und an Schleiermacher (1838/1977, S. 81, passim; vgl. Szondi
1962/1967, S. 9) findet sich da und dort in der Literatur das Missverständnis, die *Methode*
der Objektiven Hermeneutik *sei* eine *Kunstlehre* (vgl. etwa Wagner 1999, S. 43; Wernet 2021,
S. 37 – mit Verweis auf Oevermann et al. 1979 [Methodologie], S. 391 f.; dort allerdings ist
die Rede von den *„praktischen Verfahren* der objektiven Hermeneutik *als Kunstlehre"* – a.
a. O.: 391; kursiv von mir, TL).

Heuristiken, auf der gleichen Stufe wie Elemente des Alltagswissens" (ebd.; kursiv i. Orig.);
• „die Forderung, die einzelnen, individualspezifischen [z. B. neurotischen] Beschränkungen der Interpreten dadurch auszugleichen, daß die Interpretationen in einer Gruppe ständig kontrolliert werden" durch intensiven argumentativen Streit um die Lesarten (a. a. O.: 393);[15]
• außerdem die Prinzipien (s. *Prinzip der ...*) der extensiven Sinnauslegung, der Sparsamkeit (s. hierzu auch: *Sparsamkeitsregel*), der Totalität.

Lebenspraxis – „Unter Lebenspraxis wird in der objektiven Hermeneutik inhaltlich ein autonomes, selbst-transformatorisches, historisch konkretes Strukturgebilde gefaßt, das sich als widersprüchliche Einheit von Entscheidungszwang und Begründungsverpflichtung konstituiert." (Oevermann 1993 [Subjektivität], S. 178) – Die Lebenspraxis ist also eine Handlungsinstanz mit Entscheidungsmitte, die weder umhin kann, Entscheidungen zu treffen,[16] noch, all ihr Tun zu begründen – im Sinne des Rechtfertigens gegenüber sich selbst.[17] Es wäre insofern angemessener von einer *widersprüchlichen Einheit von Entscheidung und Selbstrechtfertigung* zu sprechen (vgl. zu diesem Komplex: Loer 2007 [Region], S. 32–35, sowie obigen Exkurs hierzu).

Lesart – „Wir betrachten die Verbindung zwischen Äußerung und einer die Äußerung pragmatisch erfüllenden Kontextbedingung als eine Lesart." (Oevermann et al. 1979 [Methodologie], S. 415; s. auch: *Erfüllungsbedingungen,*

---

[15] Wie schwankend die Zuordnung der Regeln und Prinzipien zu Methode und Kunstlehre ist, zeigt sich auch hier: „Daher ist für die Objektivität des Verfahrens die Bearbeitung durch mehrere Interpreten ein wichtiger methodischer Grundsatz." (Oevermann et al. 1976 [Beobachtungen], S. 287). Die „Objektivität des Verfahrens" wird aber durch methodische Regeln der Erkenntnisgewinnung und der Geltungsbegründung gesichert; diese Regeln können auch von einem einzelnen Forscher befolgt werden. Da allerdings die „extensive Sinnauslegung dem Alltagsverfahren der Sinninterpretation entgegen[läuft]" (ebd.), ist „die Bearbeitung durch mehrere Interpreten" hilfreich. Dies ist aber ein Prinzip der Kunstlehre, das die forschungspsychologische Schwierigkeit, möglichst alle passenden Typen von Lesarten zu produzieren, und die forschungspsychologische Schwierigkeit, dann auch noch *zugleich* eine bestimmte, konturierte Deutung zu entwickeln und an ihr festzuhalten, zu überwinden hilft. Die *Geltung* einer Lesart wird durch methodische Überprüfung am Text und nicht durch Konsens oder Mehrheitsentscheid in einer Forschergruppe gesichert.

[16] Die Notwendigkeit der Entscheidung stellt nur aus der Perspektive der – sich ihrer selbst krisenhaft bewusst werdenden – Praxis einen Zwang dar; analytisch betrachtet entscheidet der Handelnde schlicht. Deshalb schlagen wir vor, nur von *Entscheidung*, nicht von Entscheidungs*zwang* zu sprechen.

[17] Von daher ist auch die Rede von Begründungs*verpflichtung* nicht prägnant genug.

pragmatische) Lesarten werden u. a. danach unterschieden, in welchem Verhältnis sie zur zu analysierenden Ausdrucksgestalt stehen. Eine Unterscheidung
bezieht sich darauf, ob eine Lesart mit der Ausdrucksgestalt *kompatibel* oder *nicht
kompatibel* ist. Dabei können die Lesarten, die nicht mit der Ausdrucksgestalt
kompatibel sind, – wenn sie im Zuge der Interpretation überhaupt auftauchen –
relativ rasch ausgeschieden werden. Die zweite Unterscheidung bezieht sich
darauf, ob die Lesart von der Ausdrucksgestalt *indiziert*[18] oder *nicht indiziert*
ist. Dabei sind diejenigen Lesarten, die mit der Ausdrucksgestalt kompatibel,
aber nicht von ihr indiziert sind, für die Analyse problematisch: „Schwieriger ist
demgegenüber der Umgang mit Lesarten, die zwar mit einer zu analysierenden
Ausdrucksgestalt kompatibel sind, aber von dieser nicht im Sinne einer lücken-
losen Ableitung von deren immanenten Markierungen erzwungen sind. Diese
Lesarten, für die gilt, dass sie der ‚Fall sein können, aber nicht sein müssen‘, sind
im Sinne des [...] Wörtlichkeitsprinzips [s. *Prinzip der Wörtlichkeit*] unbedingt
zu vermeiden, denn sie ‚vermüllen‘ die Analyse so wie degenerative Zusatzhypo-
thesen eine Erklärung nur trüben. Diese Unterscheidung von zwar kompatiblen,
aber nicht zwingenden Deutungen von solchen, die sich aus den Eigenschaften
der Ausdrucksgestalt zwingend ableiten lassen, so dass für sie entweder gilt,
dass sie nicht der Fall sein können, oder noch besser: der Fall sein müssen, ist
außerordentlich wichtig und schwieriger zu realisieren als das Urteil über die
Kompatibilität einer Lesart mit der gegebenen Ausdrucksgestalt. Die Beachtung
dieser Unterscheidung ist für die Erklärungskraft der Analysen aber entscheidend
und ermöglicht erst eine strikte Falsifikation." (2013 [Erfahrungswiss], S. 96 f.)

Naivetät, künstliche – s.: *Prinzip der der künstlichen Naivetät.*

Notation – s.: *Verschriftung.*

**Parameter I oder Eröffnungs- bzw. Erzeugungsparameter; Parameter II oder
Auswahl- bzw. Entscheidungsparameter**[19] – Diejenigen Regeln, die für die
Praxis, die unser Fall ist, Handlungsoptionen eröffnen, bezeichnen wir in der
Objektiven Hermeneutik im Hinblick auf die eröffneten Handlungsoptionen als
Eröffnungsparameter, im Hinblick auf die Bedeutung der eröffneten Optionen als

---

[18] Ulrich Oevermann spricht hier von ‚erzwungenen Lesarten‘ (s. folgendes Zitat); dieser
auch bei anderen Autoren der Objektiven Hermeneutik zu findende Terminus ist u. E. irreführend (vgl. Loer 2018 [Lesarten]).

[19] Zur genaueren Bestimmung der Parameter in konstitutionstheoretischer Hinsicht einerseits, in methodologischer Hinsicht andererseits s. Loer 2006 [Streit], S. 362–365.

Erzeugungsparameter;[20] diejenigen Prinzipien, Normen und Dispositionen, die die Auswahl aus den eröffneten Optionen bestimmen, bezeichnen wir als *Auswahlparameter;*[21] im engeren Sinne: wenn es sich, was ja meist zutrifft, um eine Praxis mit Entscheidungsmitte handelt, ist die Bezeichnung ‚*Entscheidungsparameter*' angemessen, da die so bezeichneten Prinzipien, Normen und Dispositionen die Entscheidung der Praxis hervorbringen. Die Unterscheidung ist also abhängig von der Fallbestimmung. Wenn z. B. in einer bestimmten Region, etwa dem Ruhrgebiet, ein bestimmtes Wort, etwa ‚wacker', abweichend von der Hochsprache, hier im Sinne von ‚rasch, schnell', benutzt wird, so liegt es gleichwohl so lange auf der Ebene der Eröffnungs- bzw. Erzeugungsparameter, als wir nicht die Region selbst zum Gegenstand der Untersuchung machen, sondern z. B. einen Fall von Hundehaltung in dieser Region untersuchen. Dem Hundehalter wird durch die regionalen Sprachregeln die Verwendung des Wortes in dem spezifischen Sinne eröffnet und dessen spezifische Bedeutung erzeugt. Wenn wir aber einen Fall von ‚ruhrgebietlichem Handeln' untersuchen, also die Region selbst unser Gegenstand ist, so liegt die Regel ‚wacker bedeutet rasch' auf der Ebene der Entscheidungs- oder Auswahlparameter und gehört zur Struktur dieser Region.[22]

Pathologie/pathologisch – Wenn in objektiv-hermeneutischen Analysen von möglichen Pathologien einer Praxis die Rede ist, so handelt es sich dabei um eine analytische Feststellung[23] und keineswegs um ein Werturteil. „Handlungen sind genau dann pathologisch, wenn deren regelhafte pragmatische Erfüllungsbedingungen in der äußeren Realität nicht vorliegen und ihr Vorhandensein als innere Realität dem Subjekt reflexiv nicht zugänglich und verschlossen bleibt, also den Status der unbewußten, objektiv nachweisbaren, aber subjektiv nicht verfügbaren Realität trägt." (Oevermann 1981 [Strukturgen], S. 14) Ob das in der Wortbedeutung enthaltene Moment des Leidens (πάθος) dabei subjektiv realisiert

---

[20] Ulrich Oevermann spricht von dem „Parameter I von Erzeugungsregeln" (2000 [Fallrek], S. 90, Fn. 18) oder auch vom ‚algorithmischen Erzeugungsparameter' (2003 [Normativität], S. 192).

[21] Ulrich Oevermann spricht von dem „Parameter II von Auswahlprinzipien" (Oevermann 2000 [Fallrek], S. 90, Fn. 18) oder auch vom „Auswahlparameter" (2003 [Normativität], S. 193).

[22] Bzgl. einer Region, die ja selbst keine Entscheidungsmitte hat, sich aber als Kultur im Handeln der ihr Angehörigen manifestiert, spreche ich von Einflussstruktur (s. Loer 2007 [Region], S. 267–274 u. 2006 [Einfluss]).

[23] Im Zusammenhang mit Gesundheit spricht Matthias Kettner hier von einer „objektivierbaren Krankheit (*disease*)" (2021, S. 11; kursiv i. Orig.).

wird[24] oder ob es sich um ein klinisch auffälliges Leiden handelt, das einer expliziten Behandlung bedarf,[25] ist damit keineswegs gesagt. Die Implikationen der reflexiv nicht zugänglichen Abweichung vom regelangemessenen Handeln – so könnte man die analytische Kernbedeutung bezeichnen – rechtfertigt gleichwohl diesen Terminus, muss doch eine Diskrepanz zwischen subjektiv realisierbarer und objektiver Bedeutung der vorliegenden Situation angenommen werden, die objektiv in einem Leiden – eben minimal in dieser Diskrepanz, in einer (im Wortsinne) Verrücktheit der subjektiven Weltsicht – resultiert.

Prinzip des bösen Blicks – Wenn die Fallstruktur prägnant herausgearbeitet und auf den Begriff gebracht worden ist, so stellt diese Fallstrukturbestimmung eine Art Brennglas dar, in dem die Fallgestalt auch bei der bloßen Lektüre von Stellen im Datenmaterial deutlich vor Augen tritt. Sollte man sich dem Datenmaterial auf diese Weise zuwenden, so ist, während man einerseits durch das Brennglas der prägnanten Fallstrukturbestimmung die Fallgestalt wahrnimmt, andererseits gleichzeitig gezielt darauf zu achten, Stellen an dieser Fallgestalt zu entdecken, die die Fallstrukturrekonstruktion erschüttern könnten; man könnte sie als unschöne Stellen bezeichnen und diese auf der Ebene der Kunstlehre liegende Vorkehrung das *Prinzip des bösen Blicks* nennen.[26]

Prinzip der diskursiven Analyse – Durch intensiven argumentativen Streit um die Lesarten in einer Forschergruppe können zum einen „die einzelnen, individualspezifischen [z. B. neurotischen] Beschränkungen der Interpreten" ausgeglichen und „die Interpretationen in einer Gruppe ständig kontrolliert werden" (Oevermann et al. 1979 [Methodologie], S. 393); zum anderen zwingt die Diskussion in der Gruppe dazu, Lesarten und ihre Begründungen deutlich zu explizieren; zur Förderung dieses Effekts kann einer der Teilnehmer fallweise auch die Rolle eines Advocatus Diaboli einnehmen.

Prinzip der exensiven Sinnauslegung – Dieses Prinzip der Kunstlehre „bedeutet, die Alltagspraxis des Motivverstehens [gemäß dem „priciple of charity" (vgl. Wilson 1959, S. 532, Davidson 1974/2001, S. 197)] gegen den Strich zu bürsten, indem gerade nicht möglichst treffsicher und möglichst schnell die Absicht des

---

[24] Matthias Kettner spricht bezüglich der „leidvoll erlebten Beeinträchtigung (*illness*)" allgemeiner von „Misere" (2021, S. 11; kursiv i. Orig.).

[25] Bezüglich der Behandlungsbedürftigkeit spricht Matthias Kettner von „*sickness*" (2021, S. 11; kursiv i. Orig.).

[26] Man könnte sagen: „Wie der Blick des Basilisken Steine sprengt" (Seligmann 1910, S. 227; Sperrung i. Orig.), so sprengt der böse Blick des Forschers seine eigene Rekonstruktion.

Handlungspartners entschlüsselt werden soll, sondern umgekehrt möglichst ausführlich, d. h. unter Einschluß auch der ‚unwahrscheinlichen' und vom Vorwissen über den Fall ausschließbaren Lesarten, und möglichst explizit alle Präsuppositionen des Textes erfaßt werden." (Oevermann et al. 1979 [Methodologie], S. 393) – Auf der methodischen Ebene entspricht diesem Prinzip das *Prinzip der Wörtlichkeit.*

Prinzip der Kontextfreiheit – Dieses Prinzip der Kunstlehre ist bzgl. seiner Bezeichnung cum grano salis zu nehmen. Es besagt, dass das Wissen um den äußeren Kontext (s. dort) nicht herangezogen werden darf um „vom Text gedeckte Rekonstruktionen" seiner objektiven Bedeutungsstruktur[27] „als fallspezifisch unwahrscheinlich vorweg auszuscheiden. Andernfalls würden die Interpretationen von Szenen in einem ‚schlechten' Zirkel tatsächlich nur zum Ergebnis haben, was zuvor an Vorannahmen ‚hineingesteckt' wurde." (Oevermann et al. 1979 [Methodologie], S. 420) „Das Interpretationsverfahren vermeidet genau dadurch die viel beschworene schlechte Zirkularität hermeneutischer Verfahren, daß jenes Fallwissen, das bestimmte Lesarten von vornherein ausscheiden würde, nicht benutzt wird" (a. a. O.: 423). Allerdings muss das Wissen um den äußeren Kontext „berücksichtigt werden, wenn anders bei abweichenden Fällen die besonders unwahrscheinlichen Lesarten forschungspsychologisch nicht realisiert würden." Es geht in beiden Hinsichten also darum, zu „einer möglichst extensiven Auslegung von Lesarten" zu kommen (ebd.). – s. auch: *Prinzip der exensiven Sinnauslegung.*

Prinzip der künstlichen Naivetät – Dieses Prinzip, auch als *Maxime der künstlichen Naivetät* bezeichnet, ist ein Prinzip der Kunstlehre der Objektiven Hermeneutik. Fallspezifisches Kontextwissen ist auszublenden, um uns zu weitestmöglicher Explikation fallspezifischer Aspekte zu zwingen. – „Während der praktische Mensch das Befremdliche möglichst ohne Umwege zu beseitigen, also Naivetät zu vermeiden trachtet, versucht der Forscher so lange wie möglich, sich durch methodische Explikation im Stande der künstlichen Naivetät zu halten, also die Befremdlichkeit des Untersuchungsgegenstandes zu sichern statt zu beseitigen." (Oevermann 2001 [Scheideweg], S. 79) – Vgl. Charles Darwin, der „our long familiarity with the subject" als einen Grund dafür anführt, dass „the observation of Expression is by no means easy" (1899, S. 16) – und Karl Bühler stellt heraus, dass der Phonetiker „bekennt: mich stört bei meiner spezifischen Analyse die Vertrautheit und Geläufigkeit des Untersuchten, das

---

[27] An der zitierten Stelle ist dort von „der latenten Sinnstruktur" die Rede; diese Formulierung ist aber problematisch.

ich aus täglichem Umgang zu genau kenne; ferner: ich darf mich nicht ablen-
ken lassen durch den leicht und auf vielen Wegen erfaßbaren, auch indirekt
durch die Situationsumstände mitbestimmten S i n n, die geläufige Verkehrs-
funktion der zu untersuchenden Phänomene u. dgl. m." (Bühler 1933, S. 98 f.;
gesperrt i. Orig.) – Das Prinzip der künstlichen Naivetät ist zusammenzudenken
mit der „Forderung, daß die Interpreten mit der Lebenswelt, aus der das Datenmaterial stammt, möglichst gut vertraut sein sollten." (Oevermann et al. 1979
[Methodologie], S. 392).

Prinzip der Sparsamkeit – Das Prinzip der Sparsamkeit ist ein Prinzip der
Kunstlehre, das dazu dient, die Sparsamkeitsregel (s. dort), die eine Regel der
Methode darstellt,[28] einzuhalten. Das Prinzip der Sparsamkeit „bedeutet auch, auf
das Wissen über den ‚realen' empirischen Kontext, in der die Äußerung gefallen ist, zu verzichten und Spezifika, etwa ‚Pathologien', nicht ohne vom Text
zu deren Annahme gezwungen zu sein, als gegeben anzunehmen; denn erst auf
der Folie unterstellter Wohlgeformtheit gewinnt das Besondere seine charakte-
ristische Gestalt, die dann als rekonstruktiv nachgewiesen und nicht von außen
herangetragen gelten kann." (Leber 1994, S. 229).[29]

Prinzip der Totalität – Dieses methodische Prinzip ist der „Grundsatz, für
jedes im Protokoll enthaltene Element des Textes eine Motivierung zu explizieren, Textelemente nie als Produkte des Zufalls anzusehen." Ihm zufolge „muß
man den ausgewählten Textausschnitt […] vollständig, in seiner Totalität interpretieren." (Oevermann et al. 1979 [Methodologie], S. 394) „Welches Protokoll
auch immer analysiert wird – für den zur Sequenzanalyse ausgewählten Protokollabschnitt gilt grundsätzlich, daß darin alles, das heißt jede noch so kleine
und unscheinbare Partikel, in die Sequenzanalyse einbezogen und als sinnlogisch motiviert bestimmt werden muß." (Oevermann 2000 [Fallrek], S. 100) Das
Totalitätsprinzip[30] schreibt also vor, „bei einem gegebenen Datum bzw. einer
gegebenen Ausdrucksgestalt lückenlos die Sequentialität zu rekonstruieren, also
nichts Erschließbares auszulassen und gerade nicht, wie in der Subsumtionslogik,
am Leitfaden vorgegebener Kodierungskriterien oder -begriffe im Datenmaterial

---

[28] In den Texten zur Objektiven Hermeneutik – auch in den von uns hier zitierten – ist dieser
begriffliche Unterschied nur implizit enthalten und es wird terminologisch keine Unterscheidung gemacht.

[29] Martina Leber verwendet dort den Terminus ‚Sparsamkeitsregel', obwohl es hier der
Sache nach um das zur Kunstlehre gehörende Prinzip der Sparsamkeit geht (vgl. Fn. 28).

[30] Andreas Wernet nennt dies das Prinzip der „Extensivität" (2000/2009, S. 91; 32–35), was
aber nicht mit dem o. g. Prinzip der exensiven Sinnauslegung zu verwechseln ist.

hin- und herzuspringen. Auf diese Weise wird nicht nur das FalsifizierungsPotenzial [sic!] eines Datenmaterials voll ausgeschöpft, sondern auch die Prägnanz der Ausdrucksgestalt maximal erhalten" (Oevermann 2013 [Erfahrungswiss], S. 78).

Prinzip der Wörtlichkeit – Dieses methodische Prinzip „verpflichtet die Interpretation, den Text ‚auf die Goldwaage zu legen' in einer Weise, die uns in alltäglichen Verstehenskontexten als inadäquat und kleinlich erscheinen würde." (Wernet 2000/2009, S. 24) Es wird also die wörtliche Bedeutung des Gesagten – und nicht des Gemeinten – expliziert, zunächst unabhängig von ihren möglichen Umrahmungen wie etwa Ironie, metaphorische Verwendung o. ä. Das Wörtlichkeitsprinzip schreibt vor, „nichts zu erschließen, was nicht im Material selbst klar nachweisbar markiert ist, also keine noch so ‚gebildeten' Zuschreibungen vorzunehmen, von denen gilt, dass sie der Fall sein können, aber nicht müssen." (Oevermann 2013 [Erfahrungswiss], S. 78) – S. auch: *Prinzip der exensiven Sinnauslegung.*

Protokoll – „Unter dem Gesichtspunkt ihrer ausdrucksmaterialen, überdauernden Objektivierung werden" Ausdrucksgestalten „als *Protokolle* behandelt. Dabei kann es sich um gegenständliche Objektivierungen in Produkten, um hinterlassene Spuren, um Aufzeichnungen vermittels technischer Vorrichtungen, um intendierte Beschreibungen, um institutionelle Protokolle oder um künstlerische oder sonstige bewußte Gestaltungen handeln, und die Ausdrucksmaterialität kann sprachlich oder in irgendeinem anderen Medium der Spurenfixierung oder der Gestaltung vorliegen. Protokolle, als die ausdrucksmateriale Seite von Ausdrucksgestalten, lassen sich selbstverständlich sinnlich wahrnehmen." (Oevermann 1996/2002 [Manifest], S. 3; Kursivier. i. Orig. unterstr.) – s. auch: *Ausdrucksgestalt; Text.*

Rahmung, pragmatische – Der Ausdruck meint „die Erhebungssituation oder generell: die pragmatische Rahmung der Erzeugung der [zu untersuchenden] Ausdrucksgestalt" (Oevermann 2000 [Fallrek], S. 78) „Der Generierung eines jeden Datums liegt ein spezifisches soziales Arrangement zugrunde. […] Dieses soziale Arrangement muß bei einer vom Forscher selbst vorgenommenen Datenerhebung bzw. -generierung genau vorbedacht sein. Bei der Sammlung von Daten, die die untersuchte Wirklichkeit selbst produziert, muß der dabei mitbeteiligte pragmatische Rahmen der Produktion genau rekonstruiert werden." (Oevermann 1996/2002 [Manifest], S. 19) – Vor der Analyse jeglichen Materials ist die Frage

zu beantworten, welche pragmatischen Bedingungen in die Entstehung der Objektivation, anhand derer der Fall rekonstruiert werden soll, eingegangen sind;[31]
diese müssen bei der Analyse des Materials vorab berücksichtigt werden, um
Artefakte zu vermeiden.[32]

Realität, äußere/innere – Bei der Rekonstruktion der Bedeutung von Ausdrucksgestalten werden Lesarten gebildet, indem die pragmatischen Erfüllungsbedingungen der Ausdrucksgestalt expliziert werden. Sind nun diese Erfüllungsbedingungen in der äußeren Realität der Handlungssituation, die sich in der
Ausdrucksgestalt objektiviert hat nicht gegeben, so muss darauf geschlossen werden, dass sie in der inneren Realität der Handelnden vorliegen.[33] Dies bedeutet,
dass der Forscher „die in der *äußeren Realität* nicht feststellbaren pragmatischen
Erfüllungsbedingungen der Äußerung in der *inneren Realität* des Sprechers bzw.
des handelnden Subjekts aufzusuchen" hat (Oevermann 1981 [Strukturgen], S. 14;
Kursivier. i. Orig. unterstr.).

Regel, bedeutungserzeugende – s.: *Bedeutungskonstitution; Parameter.*

Regelkonstitution von Bedeutung – s.: *Bedeutungskonstitution.*

Rekrutierung, kontrastive und sequenzielle – Sequenzielle Rekrutierung findet auf der Grundlage eines dimensionalen Auswahlrahmens statt, demgemäß
der erste Fall ausgewählt wird. Nach dessen Erhebung und der Analyse des
Fallmaterials wird kontrastiv dazu der zweite Fall ausgewählt, erhoben und analysiert. Daraufhin werden auf der Grundlage von überprüften, präzisierten und
erweiterten relevanten Dimensionen kontrastiv zu beiden ersten der nächste Fall
ausgewählt; so weiterverfahrend werden dann schrittweise die nächsten Fälle ausgewählt. Es werden also die Rekrutierungserfordernisse während der laufenden
Forschung, basierend auf den gewonnnen Erkenntnissen stets weiterentwickelt.
Durch die kontrastive Rekrutierung kann das Forschungsfeld mit wenigen Fällen
in seiner Multi-Dimensionalität erschlossen werden.

---

[31] Andreas Wernet nennt dies die Klärung der „Interaktionseinbettung" (2000/2009,
S. 57 ff.).

[32] Die Rahmung eines Gesprächs als Forschungsgespräch etwa setzt spezifische Rederollen,
so dass es ein Artefakt wäre, zu schließen, der eine Gesprächspartner wäre außergewöhnlich neugierig, der andere hingegen vom Drang getrieben, möglichst umfassend Auskunft zu
geben. Diese Selbstverständlichkeit wird bei den meisten Analysen von Forschungsgesprächen zwar implizit, aber eben nicht explizit berücksichtigt; bei anderen Datentypen ist dies
weniger trivial und durchaus folgenreich.

[33] Das schon klassisch zu nennende Beispiel hierfür ist „Mutti, wann krieg ich denn endlich
mal was zu essen. Ich hab so Hunger." (s. o. den Abschn. *Lesarten* in der *Einleitung*).

Sequentialität/Sequenzialität – Sequentialität menschlicher Praxis ist Ausfluss der Regelgeleitetheit von Handeln, was bedeutet, dass dem Handelnden von den sein Handeln bestimmenden Regeln (Erzeugungsparameter) Handlungsmöglichkeiten eröffnet werden, wodurch die Freiheit des Handelnden als Entscheidungsinstanz konstituiert wird. Handeln ist dann Auswahl aus Optionen (Auswahlparameter), ein Antworten auf Optionen eröffnende Handlungen bzw. Konstellationen;[34] genau dies erfasst der Begriff der Sequentialität.[35]

Sequenzanalyse – Die Sequenzanalyse[36] stellt die methodische Inanspruchnahme von Erzeugungsparameter und Auswahlparameter dar. Sequenzanalyse hat die – durch in der zu untersuchenden Praxis geltende Regeln konstituierten – Optionen zu entwerfen und die realisierte Option zu diesen in Relation zu setzen, um die Bedeutung dieser Auswahl bestimmen zu können. Sequenzanalyse ist also konstitutionstheoretisch und methodologisch begründet, und zwar in der Explikation des Gegenstandskonstitutivums der Sequentialität. Die Sequenzanalyse bildet das in der Sequentialität konstituierte Aufeinanderfolgen ab, indem sie auf der Folie der eröffneten Handlungsoptionen die Systematik der von der untersuchten Praxis getroffenen Auswahlen von Optionen: die Fallstrukturgesetzlichkeit, rekonstruiert.

Sinn, manifester – Als manifester Sinn wird derjenige Sinn bezeichnet, den ein beteiligtes handelndes Subjekt aus seiner Perspektive mit dem untersuchten Handeln verbindet; darin geht v. a. die manifeste Bedeutung, also diejenige objektive

---

[34] Dass es sich um ein zeitliches Aufeinanderfolgen handelt, ist demgegenüber sekundär (vgl. Loer 2010 [Videoaufz.], S. 329 f.).

[35] „In dieselben Fluten steigen wir und steigen wir nicht: wir sind es und sind es nicht." (Heraklit 1922: Fragm., S. 49a). Was Adorno für die Musik herausstellt, gilt für Handeln generell: „Als sich entwickelnde negiert Musik die Wiederholung schlechthin, nach dem heraklitischen Gedanken, daß keiner zweimal in denselben Fluß steigt. Aber zur sich Entwickelnden wird sie gleichwohl nur durch Wiederholung. […] Identität in der Nichtidentität ist ihr Lebensnerv." (Adorno 1961/1990, S. 506, Fn. 6) – „Das zeitlich Aufeinanderfolgende, das die Sukzessivität verleugnet, sabotiert die Verpflichtung des Werdens, motiviert nicht länger, warum dies auf jenes folge und nicht beliebig anderes. Nichts Musikalisches aber hat das Recht auf ein anderes zu folgen, was nicht durch die Gestalt des Vorhergehenden als auf dieses Folgendes bestimmt wäre, oder umgekehrt, was nicht das Vorhergehende als seine eigene Bedingung nachträglich enthüllte. Sonst klaffte die zeitliche Konkretion von Musik und ihre abstrakte Zeitform auseinander." (Adorno 1961/1990, S. 518).

[36] Vgl. Loer 2018 [Sqa] – In der interpretativen Sozialforschung ist der Terminus mittlerweile weit verbreitet (vgl. Maiwald 2005); er meint dort allerdings häufig schlicht ein Nacheinander in der Betrachtung von Protokollsegmenten, ohne dass diese in eine entsprechend methodologisch begründete Analyse mündete.

Bedeutung des untersuchten Handelns ein, die dem beteiligten handelnden Subjekt bewusst ist (vgl. Loer 2016 [objektiv/latent]), sowie diejenige Bedeutung, die es zusätzlich (etwa projektiv) mit dem untersuchten Handeln verbindet.

Sinnstruktur, latente – Die objektive Bedeutungsstruktur einer einzelnen Äußerung bzw. die objektive Sinnstruktur eines komplexeren Handlungsablaufs sind latent immer in Relation zu einer praktischen Perspektive; sie sind dann latent für eine Praxis, wenn sie von dieser nicht subjektiv realisiert wurden.[37] Der „Grenzfall der vollständigen subjektiv-intentionalen Realisierung der objektiven Bedeutungsstruktur einer einzelnen Äußerung bzw. der" objektiven[38] „Sinnstruktur eines komplexeren Handlungsablaufs [tritt] empirisch so gut wie nie ein[...]." (Oevermann 1995 [Vorwort], S. X).

Sinnstruktur, objektive – Die objektive Sinnstruktur von Ausdrucksgestalten wird durch Hinzuziehung des inneren Kontexts (s. dort) der Analyse vom Forscher auf der Folie der rekonstruierten, durch geltende Regeln konstituierten objektiven Bedeutungsstruktur der einzelnen Sequenzstellen herausgearbeitet (s. Loer 2016 [objektiv/latent]).

Sparsamkeitsregel – Die *Sparsamkeitsregel* ist eine Regel der Methode, deren forschungspraktische Realisierung durch das *Prinzip der Sparsamkeit* erleichtert

---

[37] Aus der Entstehungsgeschichte der Objektiven Hermeneutik erklärt sich die Verwendung des Ausdrucks ‚latente Sinnstruktur' und ‚latenter Sinn', da hiermit betont wurde, dass die den Gegenstand der Objektiven Hermeneutik bildende Bedeutung des untersuchten Handelns den beteiligten handelnden Subjekten in der Regel nicht vollständig bewusst, für sie also (in Teilen) latent ist (Oevermann et al. 1979 [Methodologie], S. 378–387). „Die objektive Hermeneutik begann also mit der Annahme einer eigenlogischen Realitätsebene von objektiven Bedeutungen, die wir bezogen auf die Bedeutung von Äußerungs- oder Handlungsketten bzw, -sequenzen dann ‚latente Sinnstrukturen' genannt haben, um sie von den manifesten, weil bewußtseinsfähigen Bedeutungen im Sinne jenes ja manifesten subjektiven Sinns der Akteure zu unterscheiden." (Oevermann 1995 [Vorwort], S. X) Seitdem wurde der Ausdruck ‚latente Sinnstruktur' und ‚latenter Sinn' in Texten Ulrich Oevermanns von dem Ausdruck ‚objektive Bedeutungsstruktur' und ‚objektive Bedeutung' nicht methodologisch systematisch unterschieden. Dort wo Oevermann die Unterscheidung thematisiert, benennt er damit im Prinzip lediglich einen forschungspragmatisch relevanten Unterschied, der aber methodologisch irrelevant und methodisch unerheblich ist; er unterscheidet so lediglich den „objektiven Sinn einzelner Äußerungen oder Sätze" vom „objektiven Sinn ganzer Äußerungsketten" (Oevermann 2013 [Erfahrungswiss], S. 79).

[38] Im zitierten Text steht an dieser Stelle „latenten" – dies ist aber irreführend (s. Loer 2016 [objektiv/latent]).

wird.[39] Nach dieser Regel der Methode „ist man angehalten, die Äußerungen solange wie möglich mit der Unterstellung eines vernünftigen, sprachkompetenten […] Subjekts[, das die objektiven Bedeutungen seiner Äußerungen intentional realisiert hat,] zu interpretieren. Es ist für ein nicht zirkulär vorgehendes Verfahren von grundlegender Bedeutung, bei der Generierung von Lesarten nicht Sonderbedingungen als geltend zu unterstellen, sondern – soweit wie möglich – nur solche ‚normalen' Situationen und Kontexte einzuführen, die für das Verständnis des Textes notwendig sind." (Leber 1994, S. 228 f.)[40] Es gilt dabei vor allem, fallspezifische Zusatzannahmen zu vermeiden, so lange es Lesarten gibt, die ohne sie auskommen: „Vermutungen über fallspezifische Besonderheiten, die die Geltungsbedingungen erfüllen, sind als Annahmen über die Motivierung einer Äußerung methodisch erst dann legitim, wenn eine andere, fallunspezifische Motivierungslinie nicht gefunden werden kann." (Oevermann et al. 1979 [Methodologie], S. 419)[41] – „Im Falle von konkurrierenden Interpretationen der Motivierung einer Handlung wählt man immer diejenige, die am wenigsten mit indivdualspezifischen Zusatzbedingungen auskommt. […] Individualspezifische Zusatzbedingungen sollen nur dann eingeführt werden, wenn eine Handlung anders nicht mehr als sinnvoll rekonstruiert werden kann." (Oevermann et al. 1980 [Logik Interpretation], S. 25) – „Eine Sparsamkeitsregel ist einzuhalten, der zufolge die Grundannahme von Vernünftigkeit, Rationalität und Normalität solange aufrechtzuerhalten ist, bis es nicht mehr möglich ist, die andere, übergeordnete Grundannahme der Sinnstrukturiertheit der Ausdrucksgestalt aufrechtzuerhalten, ohne Zusatzannahmen von Gestörtheit einzuführen." (Oevermann 2013 [Erfahrungswiss], S. 78 f.)

---

[39] In den Texten zur Objektiven Hermeneutik – auch in den von uns hier zitierten – ist dieser begriffliche Unterschied nur implizit enthalten und es wird terminologisch keine Unterscheidung gemacht.

[40] Hier wurde eine ein bewusstseinsphilosophisches Missverständnis nicht vermeidende Formulierung ersetzt.

[41] Die Sparsamkeitsregel ist durchaus kein Spezifikum der Objektiven Hermeneutik; im Allgemeinen besagt sie, „daß bei allen Erklärungsprozessen diejenigen Ansätze zu bevorzugen sind, die mit einem Minimum von Faktoren, Hypothesen und Entitäten auskommen." (Cloeren 1995, S. 1300) – Dies geht zurück auf das „Wilhelm von Ockham zugeschriebene Ökonomie- oder Sparsamkeitsprinzip" (Cloeren 1984, S. 1094): „Pluralitas non est ponenda sine necessitate" – „Eine Mehrheit darf nicht ohne Notwendigkeit zugrunde gelegt werden" (Guillelmus de Ockham zit. n.: ebd.). Ockhams Rasiermesser, wie dieses Prinzip genannt wird, hatte seinerseits viele Vorläufer (s. a. a. O.); Charles Sanders Peirce gab ihm die treffende Formulierung, „that not more independent elements are to be supposed than necessary." (Peirce 1891/1998, S. 20; s.: 1891/1976, S. 278).

Strukturgeneralisierung – „Jede abgeschlossene Fallrekonstruktion stellt in sich eine Strukturgeneralisierung dar, insofern sie einen Typus repräsentiert, dessen Allgemeinheit unabhängig davon gilt, wie häufig er in einer Grundgesamtheit als ‚token' vorkommt." (Oevermann 2004 [quanti], S. 469)[42] „Insofern stellt jede rekonstruierte Fallstruktur eine je konkrete Variante einer einbettenden, übergeordneten Fallstrukturgesetzlichkeit dar und liefert über sie eine allgemeine Erkenntnis" (Oevermann 1996/2002 [Manifest], S. 16); dies kann eine Erkenntnis über den Forschungsgegenstand sein – so stellt etwa ein konkreter Hundehalter, der als Fall von Hundehaltung untersucht wird, eine „konkrete Variante" von hundehalterischer Praxis dar und „liefert über sie eine allgemeine Erkenntnis"; es kann aber auch eine nicht im Fokus der jeweiligen Forschung stehende ‚übergeordnete Fallstrukturgesetzlichkeit' sein – also etwa die Pragmatik der Integration von Zugewanderten. Zudem „stellt jede Fallrekonstruktion eine lebenspraktische Problemlösung vor, die in einem Bildungs- und Individuierungsprozeß entwickelt wurde und im Prinzip von anderen Lebenspraxen als Vorbild oder Modell gewählt werden könnte." (Oevermann 2004 [quanti], S. 469) Insofern stellt jede Fallrekonstruktion in all diesen Hinsichten zugleich eine Strukturgeneralisierung dar, die Erkenntnisse über den Gegenstand, als Fall von dem die untersuchte Praxis analysiert wird, und über weiter Ebenen, denen sie angehört, liefert. Die Fälle sind zugleich als Variationen des Themas des Gegenstandes, von dem sie Fälle sind, zu betrachten. In jeder Variation ist das allgemeine Thema in einer Besonderung enthalten. Kontrastive Variationen erlauben dabei, das Thema in seiner Allgemeinheit rascher zu erfassen.

Text – „Unter dem Gesichtspunkt der Strukturierung von Sinn und Bedeutung, also dessen, was sie symbolisieren, werden Ausdrucksgestalten als *Texte* behandelt. Für Texte gilt entsprechend, daß sie – wie die Bedeutungs- und Sinnstrukturen, deren Zusammenhang sie herstellen – als solche der sinnlichen Wahrnehmung verschlossen sind und nur ‚gelesen' werden können. Unter diesen methodologisch erweiterten Textbegriff fallen selbstverständlich nicht nur die schriftsprachlichen Texte der Literaturwissenschaften, sondern alle Ausdrucksgestalten menschlicher Praxis bis hin zu Landschaften, Erinnerungen und Dingen der materialen Alltagskultur." (Oevermann 1996/2002 [Manifest]: 3; unterstr. i. Orig.) Text ist also jede Ausdrucksgestalt im Hinblick auf die Bedeutung,

---

[42] Oevermann unterscheidet an der Stelle „Strukturgeneralisierungen in sechs verschiedenen Dimensionen" (ebd.; vgl. Oevermann 2000 [Fallrek], S. 116–129); diejenigen, die quasi „nebenbei vorgenommen" werden und sich lediglich unvermeidlicherweise mit ergeben (## 2, 3, 4 u. 6) nehmen wir hier nicht auf; vielmehr fokussieren wir diejenige Strukturgeneralisierung, auf die als allgemeine Erkenntnis abgezielt wird.

die sie gemäß geltenden Regeln, Prinzipien und Verfahrensweisen (und diese müssen nicht notgedrungen solche der Ausdrucksmaterialität Sprache, sondern können auch solche der sinnesmodalitätenspezifischen Ausdrucksmaterialien, des ikonischen etwa, sein) konstituiert. Allein die Bedingung der Möglichkeit von Bedeutungskonstitution überhaupt ist erst durch Sprache gegeben. Nicht jede Bedeutung ist also (verbal-) sprachlich konstituiert – im Gegenteil: häufig wird gerade durch nicht (verbal-) sprachliche Ausdrucksgestalten Welt eröffnet (vgl. Loer 1996 [Halbbildung], S. 323 ff., 1997 [Vermittlung], S. 44 f.) –, aber jede einmal konstituierte Bedeutung ist sprachlich ausdrückbar.[43] – s. auch: *Ausdrucksgestalt; Protokoll.*

Totalitätsprinzip – s.: *Prinzip der Totalität.*

Transkription – s.: *Verschriftung.*

Verschriftung – Da wissenschaftliches Verstehen einer Handlung voraussetzt, dass wir uns die Handlung müßig vor Augen führen und festhalten, bedarf es zur Analyse dieser Handlung deren Objektivierung in einer Ausdrucksgestalt; wenn diese Ausdrucksgestalt aber, wie es z. B. für Audioaufzeichnungen gilt, die Flüchtigkeit der Handlung als in der Zeit ablaufendes Ereignis teilen, so müssen wir diese Ausdrucksgestalten aufbereiten, sie gewissermaßen stillstellen. Bei Audiodaten gelingt uns dies durch Verschriftung, d. h. dadurch, dass wir Phoneme und anderes akustisch Wahrnehmbares in Grapheme und andere lesbare Zeichen transformieren und so in eine andauernder Präsenz bringen.[44] Die Verschriftung sollte gemäß einheitlicher Regeln[45] erfolgen und ein der Fragestellung angemessenes Maß an Detailliertheit aufweisen.[46]

---

[43] Vgl. das von J. R. Searle herausgearbeitete „principle of expressibility" (1969/1995, S. 19 ff.): „whatever can be meant can be said" (a. a. O.: 19).

[44] In den meisten Darstellungen von Methoden, die mit verschriftetem Material arbeiten, wird von Transkription und Transkript gesprochen. Ich bevorzuge die Termini ‚Verschriftung' oder ‚Notation', da Transkription wörtlich genommen die Übertragung von einer Schrift in eine andere, nicht aber von Phonemen in Grapheme bezeichnet. – Auch der Terminus ‚Verschriftlichung' wird manchmal anstelle von ‚Verschriftung' verwendet (s. etwa Maiwald i. Vorber.); im Unterschied zu ‚verschriften' bedeutet aber ‚verschriftlichen' nicht, Audiomaterial in Schrift zu überführen, sondern mündliche Ausführungen (also etwa das Ergebnis einer Verhandlung) schriftlich festzuhalten.

[45] Die hier im Anhang wiedergegebenen und von uns verwendeten haben sich weitgehend bewährt.

[46] Vgl. die Bemerkung von Sabine Kowal und Danel C. O'Connell: „Die Auswahl der zu transkribierenden [sc.: zu verschriftenden] Verhaltensmerkmale (verbale, prosodische, parasprachliche und außersprachliche) […] wird immer von der Zielsetzung und Fragestellung eines spezifischen Forschungsprojekts bestimmt." (2000, S. 439).

Wahrscheinlichkeit, strukturelle – Von *struktureller Wahrscheinlichkeit* sprechen wir, wenn das Eintreten eines auf einer Entscheidung beruhenden Ereignisses aufgrund von geltenden Regeln zu erwarten ist. Insofern liegt die strukturelle Wahrscheinlichkeit im Gegenstandsfeld des Handelns der statistischen Wahrscheinlichkeit zugrunde. Etwa ist es strukturell wahrscheinlich, dass Verkehrsteilnehmer vor einer roten Ampel anhalten, was sich in der quantitativen Häufigkeit dieses Ereignisses ausdrückt. Zugleich gilt diese strukturelle Wahrscheinlichkeit für Fußgänger zwar auch in Berlin, nicht aber in Frankfurt, wo offensichtlich weitere den Gesetzen der Straßenverkehrsordnung übergeordnete Regeln gelten; auch dies drückt sich darin aus, dass es statistisch wahrscheinlicher ist, in Frankfurt einen bei einer roten Ampel die Straße überquerenden Fußgänger zu sehen als in Berlin. – Von struktureller Wahrscheinlichkeit lässt sich nun auch auf der Grundlage der Strukturgesetzlichkeit einer Lebenspraxis sprechen. Haben wir die Fallstrukturgesetzlichkeit rekonstruiert, können wir feststellen, dass bestimmte Entscheidungen der Lebenspraxis strukturell wahrscheinlich sind; auch dies drückt sich u. U. in statistischer Häufigkeit – etwa des Kaufs einer bestimmten Zahnpastamarke – aus. Dass wir nicht von struktureller Sicherheit oder Determiniertheit sprechen können, liegt daran, dass es sich beim Handeln stets um Regelbefolgung handelt und die Fallstrukturgesetzlichkeit selbst ebenfalls Regelcharakter hat, womit gesagt ist, dass, anders als bei Wirkung von Naturgesetzen, Abweichungen und zudem Transformationen der Fallstruktur möglich sind.[47]

Wörtlichkeitsprinzip – s. *Prinzip der Wörtlichkeit; s. auch: Prinzip der exensiven Sinnauslegung.*

---

[47] Vgl. zur Unterscheidung von Regeln, Normen, Gesetzen und Naturgesetzen: Loer 2008 [Norm].

Anhang

Verschriftungsregeln[1]

Kennzeichung	Zeitangabe (wird durch f4/f5 automatisch gesetzt) Sprecherkürzel und ggf. Symbol für weibliche oder männliche Stimme – z. B.:

#00:00:00-0# F♀: xxxx
#00:00:14-5# R♂: xxxx
#00:00:56-0# F♀: xxxx

…

sehr kurze Pause	(´)
kurze Pause	(.)
lange Pause (n Sekunden)	(n) (Für n Sekunden, n > 1)
lang gesprochen	füüür, jaaa
non verbal	(lacht), (hüstelt), (räuspert)

---

[1] Bei Verwendung der sogenannten Transkriptionssoftware f4 bzw. f5 (www.audiotranskript ion.de/shop/
software.html). – In den meisten Darstellungen von Methoden, die mit verschriftlichtem Material arbeiten, wird hier von Transkription und Transkript gesprochen. Ich bevorzuge den Terminus ‚Verschriftung‘, da Transkription wörtlich genommen die Übertragung von einer Schrift in eine andere, nicht aber von Phonemen in Grapheme bezeichnet. – Im Unterschied zu ‚verschriften‘, was eben bedeutet, Audiomaterial in Schrift zu überführen, bedeutet ‚verschriftlichen‘, mündliche Ausführungen (also etwa das Ergebnis einer Verhandlung) schriftlich festzuhalten. Gleichwohl wird auch der Terminus ‚Verschriftlichung‘ manchmal anstelle von ‚Verschriftung‘ verwendet (s. etwa Maiwald i. Vorber.).

© Der/die Herausgeber bzw. der/die Autor(en), exklusiv lizenziert durch
Springer Fachmedien Wiesbaden GmbH, ein Teil von Springer Nature 2021
T. Loer, *Interviews analysieren*, Objektive Hermeneutik in Wissenschaft und Praxis,
https://doi.org/10.1007/978-3-658-35433-6

	(Lachen), (Hüsteln), (Räuspern) wenn Person nicht zuzuordnen
Gleichzeitigkeit	die gleichzeitig gesprochenen Worte werden in { } eingeklammert:
	#00:00:00-0# I: xxxxxxx xxx xxxx {xxxxxx
	#00:00:14-5# R: xxxxx} xxxx xxxxx
Unverständliches	[eigene Interpretation] oder [unverständlich]
Betont	xxxxxx
Kommentierung des	*xxxx xxxxx* [laut] (Dies gilt auch für leise gesprochene Passagen und
Gesprochenen	andere Kommentierungen wie schnell gesprochen etc.; keine Fußnoten einfügen)
Ausruf	!
starke Stimmhebung	?
leichte Stimmhebung	,
Stimmsenkung	.
leichte Stimmsenkung	;
schwebend	=

D.h.: Satzzeichen haben keine Interpunktions-, sondern Intonationsfunktion: Sie geben die Satzmelodie wieder.

Bitte alles ausschreiben: nicht „z.b."   sondern „zum Beispiel"
                            nicht „wird´s"   sondern „wirds"
                            alle Zahlen, auch Jahreszahlen müssen ausgeschrieben werden.

Bitte alles wörtlich verschriftlichen; z. B.: Fehler des Sprechers nicht korrigieren, Dialekt beibehalten.

Kurze Zwischenäußerungen in runden Klammern einfügen; z. B.: #00:00:56-0#
I: xxxxxx (R: ja) xxxxxx

Erhebungsbogen[2]

Hundehalter | Erhebung objektiver Daten | Bogen ___
Daten von: _____
Forschungsgespräch geführt am:_____
von:_____
wo:_____ Umstände:_____

Geburtsjahr	
Geburtsort	
Konfession (aktiv/passiv)	
Herkunft	
Vater (Jahrgang, Beruf)	
Mutter (Jahrgang, Beruf)	
Eheschließung	
Geschwister (Jahrgang, Beruf)	
Hunde in der Herkunftsfamilie (Name, Rasse, Geschlecht, Größe, angeschafft wann, wie)	
Schulbildung	
- Einschulung (wann, wo) - Schulwechsel (wann, wo) - Schulabschluß (wann, wo)	
Wehr-/Zivildienst/soziales Jahr	
was, wann, wo	
Ausbildung/Studium	
- Berufsbezeichnung/ Studiengang (von - bis) - weitere Etappen der Ausbildung...	
Erwerbstätigkeit	
- Bezeichnung u. Art der Firma - von - bis - Wechsel und weitere Etappen (Rückseite)	

[2] Wir geben hier nur die Fragen resp. Items in einem angedeuteten Erhebungsbogen-Layout wieder; der benutzte Erhebungsbogen wurde so gestaltet, dass die Eintragungen handschriftlich vorgenommen werden konnten. Hier sie der Hinweis wiederholt, dass die standardisierte Erhebung von testierbaren Daten mittels dieses (oder eines vergleichbaren) Bogens so vorzunehmen ist, dass *der Forscher den Bogen ausfüllt*, dass dies stets *am Ende des Forschungsgesprächs* stattfindet und als Teil desselben anzusehen ist, weshalb das *Aufnahmegerät weiterläuft.*

| **Geburt**sjahr | |
| Geburtsort | |

| **Familienstand** | |
| Verheiratet von – bis (etc.) | |

(Ehe-)Partner	
- Vorname	
- Geburtsjahr	
- Ausbildung	
- Beruf	
- ggfs. Weiteres	

Kinder	
1. – Vorname	
- Geburtsjahr	
- Ausbildung	
- Beruf	
2. usw. (evtl. Rückseite)	

Wohnungen/Umzüge	
- wo	
- von bis	
- weitere	

Hunde	
1. – Name	
- Rasse	
- Geschlecht	
- Größe	
- Angeschafft (wann?)	
- Angeschafft (wie?)	
2. usw. (evtl. Rückseite)	

Literatur

Objektiv-hermeneutische Analysen von Interviews bzw. Forschungsgesprächen[3]

Oevermann, Ulrich; Allert, Tilman; Konau, Elisabeth (1980): Zur Logik der Interpretation von Interviewtexten. Fallanalyse anhand eines Interviews mit einer Fernstudentin. In: Heinze, Th.; Klusemann, Hans-W.; Soeffner, Hans-Georg (ed.), Interpretationen einer Bildungsgeschichte. Überlegungen zu einer sozialwissenschaftlichen Hermeneutik, Bernsheim: päd. extra Buchverlag, 15–69

Oevermann, Ulrich; Roethe, Thomas (o. J. [1981]): Konstanz und Veränderung in der Struktur sozialer Deutungsmuster – eine exemplarische Fallanalyse anhand von zwei in zehnjährigem Abstand durchgeführte[n] Interviews einer Familie. o. O. [Dortmund] (Tpskr., 63 S.)

Helsper, Werner; Müller, Hermann J.; Nölke, Erhard; Combe, Arno (1991): Jugendliche Außenseiter. Zur Rekonstruktion gescheiterter Bildungs- und Ausbildungsverläufe. Wiesbaden: Westdeutscher Verlag

Dersch, Dorothee; Oevermann, Ulrich (1994): Methodisches Verstehen fremder Kulturräume. Bäuerinnen im Wandlungsprozeß in Tunesien. In: Peripherie, Bd. 53: 26–53

---

[3] Die hier, nach Erscheinungsjahr geordnet, aufgeführten objektiv-hermeneutischen Analysen von Forschungsgesprächen sind in der Regel nicht zur Darstellung der Methode, sondern im Rahmen von gegenstandsbezogenen Forschungen entstanden und als solche auch das methodische Vorgehen (selbstredend konnte ich nicht alle der genannten Titel selbst durchsehen, geschweige denn einer sorgfältigen Lektüre unterziehen; folglich ist mir auch eine Kommentierung der einzelnen Arbeiten nicht möglich). Eine Vollständigkeit wird nicht beansprucht; ich danke den Kolleginnen und Kollegen, die mir Literaturhinweise zukommen ließen. – Weitere publizierte wie nicht publizierte Arbeiten finden sich auch in der Literaturdatenbank der *Arbeitsgemeinschaft Objektive Hermeneutik* verzeichnet: https://agoh.de/bibliographie/literaturdatenbank/startseite.html, sowie auf den Seiten des *Instituts für hermeneutische Sozial- und Kulturforschung:* https://www.ihsk.de/publikationen.htm.

© Der/die Herausgeber bzw. der/die Autor(en), exklusiv lizenziert durch Springer Fachmedien Wiesbaden GmbH, ein Teil von Springer Nature 2021
T. Loer, *Interviews analysieren*, Objektive Hermeneutik in Wissenschaft und Praxis, https://doi.org/10.1007/978-3-658-35433-6

Loer, Thomas (1996): Halbbildung und Autonomie. Über Struktureigenschaften der Rezeption bildender Kunst. Opladen: Westdeutscher Verlag (Mit einem Vorwort von Ulrich Oevermann)

Dersch, Dorothee (1997): Transformation und Autonomie im Leben tunesischer Bäuerinnen. Eine struktural-hermeneutische Analyse eines Beratungsprojektes. Weikersheim: Margraf

Wernet, Andreas (1997): Professioneller Habitus im Recht. Untersuchungen zur Professionalisierungsbedürftigkeit der Strafrechtspflege und zum Professionshabitus von Strafverteidigern. Berlin: Edition Sigma (Mit einem Vorwort von Ulrich Oevermann)

Gärtner, Christel (1998): Konversion in der rationalisierten Gesellschaft: Therapie oder religiöse Erweckung? In: Knoblauch, Hubert; Krech, Volkhard; Wohlrab-Sahr, Monika (ed.), Religiöse Konversion. Systematische und fallorientierte Studien in soziologischer Perspektive, Konstanz: Universitätsverlag Konstanz GmbH, 223–245

Loer, Thomas (1999): Nationalsozialismus in der Zwischengeneration. Zum Zusammenhang von Zeitgeschichte, Generation und Biographie – Skizze anläßlich einer Fallstudie. In: Keller, Barbara (ed.), Erinnerungspolitiken, Biographien und kollektive Identitäten, Bonn: APP u DBV, 375–398

Scheid, Claudia (1999): Krankheit als Ausdrucksgestalt. Fallanalysen zur Sinnstrukturiertheit von Psychosomatosen. Konstanz: UVK

Gärtner, Christel (2000): Eugen Drewermann und das gegenwärtige Problem der Sinnstiftung. Eine religionssoziologische Fallanalyse. Frankfurt/M.: Humanities Online (Forschungsbeiträge aus der Objektiven Hermeneutik; 1)

von Harrach, Eva-Marie; Loer, Thomas; Schmidtke, Oliver (2000): Verwaltung des Sozialen. Formen der subjektiven Bewältigung eines Strukturkonflikts. Konstanz: UVK (Mit Beiträgen von Ulrich Oevermann und Thomas Ley; http://www.academia.edu/2960890)

Wernet, Andreas (2000/2009): Einführung in die Interpretationstechnik der Objektiven Hermeneutik. Wiesbaden: VS Verlag für Sozialwissenschaften

Fischer, Ute Luise (2001): Frauenarbeit in Transformationen. Staatliche Regulation – regionale Arbeitsmärkte – geschlechtsbezogene Deutungen. Opladen: Leske + Budrich

Scheid, Claudia; Gildemeister, Regine; Maiwald, Kai-Olaf; Konau, Elisabeth (2001): Latente Differenzkonstruktionen: Eine exemplarische Fallanalyse zu Geschlechterkonzeptionen in der professionellen Praxis. In: Feministische Studien 2: 23–38

Twardella, Johannes (2001/2004): Fundamentalismus als Produkt des Traditionsbruches. Fallrekonstruktion eines Typus islamischer Religiosität in Deutschland. In: ders., Moderner Islam. Fallstudien zur islamischen Religiosität in Deutschland, Hildesheim: Olms, 65–99

Fischer, Ute Luise; Großer, Caroline; Liebermann, Sascha (2002): Die Beharrlichkeit der Deutungsmuster. Handlungsprobleme und erwerbsbezogene Deutungsmuster unter Bedingungen der Transformation in Sachsen. In: Journal für Psychologie 10(3): 249–278

Liebermann, Sascha (2002): Die Krise der Arbeitsgesellschaft im Bewußtsein deutscher Unternehmensführer. Eine Deutungsmusteranalyse. Frankfurt/M.: Humanities Online (Forschungsbeiträge aus der Objektiven Hermeneutik; 4)

Gildemeister, Regine; Maiwald, Kai-Olaf; Scheid, Claudia; Seyfarth-Konau, Elisabeth (2003): Geschlechterdifferenzierungen im Horizont der Gleichheit. Opladen: Westdeutscher Verlag

Liebermann, Sascha (2003): Vergemeinschaftende Loyalität und vergesellschaftendes Wertschöpfungsinteresse. Unternehmerisches Handeln und nationalstaatliche Vergemeinschaftung. In: Franzmann, Andreas; Liebermann, Sascha; Tykwer, Jörg (ed.), Die Macht des Geistes. Soziologische Fallanalysen zum Strukturtyp des Intellektuellen, Frankfurt/M.: Humanities Online (Forschungsbeiträge aus der Objektiven Hermeneutik; 3), 491–565

Schallberger, Peter (2003): Identitätsbildung in Familie und Milieu. Zwei mikrosoziologische Untersuchungen. Frankfurt/M., New York: Campus Verlag

Wernet, Andreas (2003): Pädagogische Permissivität. Schulische Sozialisation und pädagogisches Handeln jenseits der Professionalisierungsfrage. Opladen: Leske + Budrich

Becker-Lenz, Roland (2004): Eigeninteresse und Gemeinwohlbindung im Freiwilligen Sozialen Jahr. Adoleszenzkrisenbewältigung als Motivation der Freiwilligen. Bern, Berlin, Bruxelles, Frankfurt/M., New York, Oxford, Wien: Peter Lang

Fischer, Ute Luise (2004): Konstitution von Geschlecht – Fallanalysen über weibliche Erwerbsbiografien in Sachsen. In: Miethe, Ingrid; Kajatin, Claudia; Pohl, Jana (ed.), Geschlechterkonstruktionen in Ost und West. Biografische Perspektiven, Münster: Lit-Verlag, 201–218

Maiwald, Kai-Olaf (2004): Professionalisierung im modernen Berufssystem. Das Beispiel der Familienmediation. Wiesbaden: VS Verlag für Sozialwissenschaften

Twardella, Johannes (2004): Konversion und Bewährung. Eine Fallstudie zu Funktion und Folgen von Konversion zum Islam. In: ders., Moderner Islam. Fallstudien zur islamischen Religiosität in Deutschland, Hildesheim: Olms, 101–135

Twardella, Johannes (2004): Religion und Vergemeinschaftung. Eine Fallstudie zu der Frage nach der Motivation für das Bekenntnis zum Islam. In: ders., Moderner Islam. Fallstudien zur islamischen Religiosität in Deutschland, Hildesheim: Olms, 43–63

Hoff, Walburga (2005): Schulleitung als Bewährung: Ein fallrekonstruktiver Generationen- und Geschlechtervergleich. Opladen: Verlag Barbara Budrich

Schmidtke, Oliver (2006): Architektur als professionalisierte Praxis. Soziologische Fallrekonstruktionen zur Professionalisierungsbedürftigkeit der Architektur. Frankfurt/M.: Humanities Online (Forschungsbeiträge aus der Objektiven Hermeneutik; 8)

Wernet, Andreas (2006): Hermeneutik – Kasuistik – Fallverstehen. Eine Einführung. Stuttgart: Verlag W. Kohlhammer

Hänzi, Denis (2007): »Wir waren die Swissair«. Piloten schauen zurück. Bern: Institut für Soziologie (Neue Berner Beiträge zur Soziologie; 7)

Kutzner, Stefan (2007): Das Menschenbild in der Schweizer Sozialhilfe: Utilitaristische Deutungen und paternalistische Interventionen im „aktivierenden" Hilfesystem. In: Ludwig-Mayerhofer, Wolfgang; Behrend, Olaf; Sondermann, Ariadne (ed.), Fallverstehen und Deutungsmacht. Akteure in der Sozialverwaltung und ihre Klienten, Opladen, Farmington Hills: Verlag Barbara Budrich, 143–166

Loer, Thomas (2007): Die Region. Eine Begriffsbestimmung am Fall des Ruhrgebiets. Stuttgart: Lucius & Lucius

Münte, Peter; Franzmann, Andreas (2007): ‚Von der Gelehrtenrepublik zum Dienstleistungsunternehmen' – Ausschnitt aus einer Deutungsmusteranalyse zur Erschließung kollektiver Bewußtseinslagen bei Protagonisten der gegenwärtigen Universitätsreform. In: Franzmann, Andreas; Wolbring, Barbara (ed.), Zwischen Idee und Zweckorientierung.

Vorbilder und Motive von Hochschulreformen im 20. Jahrhundert, Berlin: Akademie Verlag, 215–229

Streckeisen, Ursula; Hänzi, Denis; Hungerbühler, Andrea (2007): Fördern und Auslesen. Deutungsmuster von Lehrpersonen zu einem beruflichen Dilemma. Wiesbaden: VS Verlag für Sozialwissenschaften

Wernet, Andreas; Kreuter, Vera (2007): Endlich Praxis? Eine kritische Fallrekonstruktion zum Praxiswunsch in der Lehrerbildung. In: Schubarth, Wilfried; Speck, Karsten; Seidel, Andreas (ed.), Endlich Praxis!: die zweite Phase der Lehrerbildung: Potsdamer Studien zum Referendariat, Frankfurt/M.: Peter Lang, 183–196

Franzmann, Andreas (2008): Biographische Ursprungskonstellationen des Wissenschaftlerberufs. In: sozialer sinn 9(2): 329–355

Franzmann, Manuel; Pawlytta, Christian (2008): Gemeinwohl in der Krise? Fallanalysen zur alltäglichen Solidaritätsbereitschaft. Frankfurt/M.: Humanities Online (Forschungsbeiträge aus der Objektiven Hermeneutik;10)

Maiwald, Kai-Olaf (2008): Die Fallperspektive in der professionellen Praxis und ihrer reflexiven Selbstvergewisserung. Allgemeine Überlegungen und ein empirisches Beispiel aus der Familienmediation. In: FQS 9(1): Art. 3

Becker-Lenz, Roland; Müller, Silke (2009): Der professionelle Habitus in der Sozialen Arbeit. Grundlagen eines Professionsideals. Bern, Berlin, Bruxelles, Frankfurt/M., New York, Oxford, Wien: Peter Lang

Fischer, Ute Luise (2009): Anerkennung, Integration und Geschlecht. Zur Sinnstiftung des modernen Subjekts. Bielefeld: Transcript

Franzmann, Manuel; Pawlytta, Christian (2009): Die Blutspende als Beitrag zum Gemeinwohl. Auswertung von im Rahmen eines städtischen Blutspendetermins im Ruhrgebiet erhobenen offenen Kurzinterviews zur Motivation von Blutspendern. Frankfurt/M.

Jung, Matthias (2009): Katholizismus zwischen Traditionalität und Modernisierung. In: sozialer sinn 10(2): 345–370

Magnin, Chantal (2009): Von Exklusion bedroht. In: sozialer sinn 10(1): 55–72

Maiwald, Kai-Olaf (2009): Paarbildung als Selbst-Institutionalisierung. In: sozialer sinn 10(2): 283–316

Bauer, Franz; Fuchs, Philipp; Franzmann, Manuel; Jung, Mat[t]hias (2010): „Ein explodierendes Instrument." Die Implementation des unbefristeten Beschäftigungszuschusses für die Einstellung von Langzeitarbeitslosen mit mehrfachen Vermittlungshemmnissen (§ 16e SGB II). Auswirkung der deutenden Aneignung des Gesetzes auf den Umsetzungsprozess. In: sozialer sinn 11(2): 243–274

Behrend, Olaf; Ludwig-Mayerhofer, Wolfgang; Sondermann, Ariadne (2010): Kritik der reinen Aktivierung. Analysen zu Praxis und Deutungsmustern professioneller Arbeitsvermittler und Arbeitsloser mitsamt Überlegungen zu sozialpolitischen Folgen eines bedingungslosen Grundeinkommens. In: Franzmann, Manuel (ed.), Bedingungsloses Grundeinkommen als Antwort auf die Krise der Arbeitsgesellschaft, Weilerswist: Velbrück, 197–247

Fischer, Ute Luise (2010): Zur Bedeutung von Geschlecht und Migrationshintergrund im Gründungsgeschehen – Fallrekonstruktionen zum Spannungsverhältnis von Gleichheit und Differenz. In: Bührmann, Andrea D.; Fischer, Ute Luise; Jasper, Gerda (ed.), Migrantinnen gründen Unternehmen. Empirische Analysen des Gründungsgeschehens und innovative Beratungskonzepte, München, Mering: Hampp-Verlag, 93–110

Hoberg, Verena; Scheid, Claudia; Wienke, Ingo (2010): Die Deklaration von Professionalität und die Unsicherheit in der beruflichen Identität im Lehrberuf. In: Soeffner, Hans-Georg (ed.), Unsichere Zeiten. Herausforderungen gesellschaftlicher Transformationen. Verhandlungen des 34. Kongresses der Deutschen Gesellschaft für Soziologie in Jena 2008. CD-ROM, Wiesbaden: VS Verlag für Sozialwissenschaften, 9 S.

Jung, Matthias (2010): „Heimathirsche". Hobbyarchäologen zwischen Hedonismus und Professionalisierung. Münster, New York, München, Berlin: Waxmann

Kirsch, Sandra (2010): Emigration als Herausforderung. Eine Studie zu Einbindungs- und Ablösungsprozessen von aus dem nationalsozialistischen Deutschland emigrierten Kindern und Jugendlichen. Frankfurt/M.: Humanities Online

Münte, Peter (2010): Zur Rolle partizipativer Verfahren im Wandel von Politik: Rekonstruktion einer berufsbiographischen Schlüsselepisode eines Umweltmediators. In: Zeitschrift für Rechtssoziologie 31(1): 81–102

Scheid, Claudia; Wienke, Ingo (2010): Fallerzählung als Zugang zur pädagogischen Praxis. In: Bitter Bättig, Franziska; Tanner, Albert (ed.), Sprachen lernen – Lernen durch Sprache, Zürich: Seismo, 289–297

Silkenbeumer, Mirja; Wernet, Andreas (2012): Die Mühen des Aufstiegs: Von der Realschule zum Gymnasium. Fallrekonstruktionen zur Formierung des Bildungsselbst. Opladen, Berlin, Farmington Hills: Verlag Barbara Budrich

Franzmann, Andreas (2012): Die Disziplin der Neugierde. Der professionalisierte Habitus in den Erfahrungswissenschaften. Bielefeld: Transcript

Franzmann, Manuel; Jung, Matthias (2012): „Nix Isch-AG". Über einen jungen Kurden ohne Schulabschluss aus einer traditionalen türkischen Einwandererfamilie, der sein Leben als „Jackpot" begreift. In: Mansel, Jürgen; Speck, Karsten (ed.), Jugend und Arbeit. Empirische Bestandsaufnahmen und Analysen, Weinheim: Beltz Juventa, 119–133

Gärtner, Christel; Ergi, Zehra (2012): The Relation of Religious Identity and National Heritage among Young Muslims in Germany. In: Anthony, Vincent-Francis; Ziebertz, Hans-Georg (ed.), Religious Identity and National Heritage. Empirical-Theological Perspectives, Leiden: Brill, 73–90

Gärtner, Christel; Gabriel, Karl; Reuter, Hans-Richard (2012): Religion bei Meinungsmachern. Wiesbaden: VS Verlag für Sozialwissenschaften

Silkenbeumer, Mirja; Wernet, Andreas (2012): Die Mühen des Aufstiegs: Von der Realschule zum Gymnasium. Fallrekonstruktionen zur Formierung des Bildungsselbst. Opladen, Berlin, Farmington Hills: Verlag Barbara Budrich

Hänzi, Denis (2013): Die Ordnung des Theaters. Eine Soziologie der Regie. Bielefeld: Transcript

Helsper, Werner; Kramer, Rolf-Torsten; Thiersch, Sven; Ziems, Carolin (2013): Das 7. Schuljahr. Wandlungen des Bildungshabitus in der Schulkarriere?. Wiesbaden: Springer VS

Hungerbühler, Andrea (2013): „Könige der Alpen". Zur Kultur des Bergführerberufs. Bielefeld: Transcript

Maiwald, Kai-Olaf (2013): Der mikroskopische Blick. Rekonstruktion in der objektiven Hermeneutik. In: sozialer sinn 14(2): 185–205

Loer, Thomas (2016): Wirklichkeitsflucht und mögliche Welterweiterung. Hunde als Objekte im Modus des Als-Ob. In: Hitzler, Ronald; Burzan, Nicole (ed.), Auf den Hund gekommen. Interdisziplinäre Annäherung an ein Verhältnis, Wiesbaden: Springer VS, 203–228

Scheid, Claudia (2016): Das Neue zulassen. Die Rekonstruktion des Handlungsproblems des Lehrens an den Grenzen des Datenmaterials. In: Günther, Marga; Kerschgens, Anke (ed.), Forschungssituationen (re-)konstruieren. Reflexivität in Forschungen zu intergenerativen Prozessen, Opladen: Barbara Budrich, 122–145

Bünting, Laura (2017): Beste Freundinnen? Rollenunsicherheiten in der Mutter-Tochter-Beziehung aus adoleszenztheoretischer Perspektive. In: falltiefen 3: Unzeit der Jugend: 9–30

Fertsch-Röver, Jörg (2017): Erfahrung als Transformationsprozess. Eine empirische Untersuchung am Gegenstand des Übergangs zur Vaterschaft. Wiesbaden: Springer VS

Franzmann, Manuel (2017): Säkularisierter Glaube. Fallrekonstruktionen zur fortgeschrittenen Säkularisierung des Subjekts. Weinheim: Beltz Juventa

Gärtner, Christel; Ergi, Zehra (2017): Die Aneignung von Männlichkeit bei Adoleszenten türkischer Herkunft im komplexen Verhältnis von Migration, Herkunftskultur und gesellschaftlichem Kontext. In: Sammet, Kornelia; Benthaus-Apel, Friederike; Gärtner, Christel (ed.), Religion und Geschlechterordnungen, Wiesbaden: Springer VS, 293–324

Kutzner, Stefan (2017): Islamische Religiosität in Deutschland. Normen gottgefälligen Lebens. Zwei Deutungsmusteranalysen. In: Winkel, Heidemarie; Sammet, Kornelia (ed.), Religion soziologisch denken. Reflexionen auf aktuelle Entwicklungen in Theorie und Empirie, Wiesbaden: Springer VS, 243–269

Mayer-Jain, Cara (2017): „Also echt so n paar für n Teenie mhm Horrorszenarien". Eine objektiv-hermeneutische Rekonstruktion der Rückschau auf die eigene Adoleszenz. In: falltiefen 3: Unzeit der Jugend: 31–40

Ummel, Hannes; Scheid, Claudia; Ferrari Schiefer, Valeria (2017): Berufliche Identität zwischen Profession und ‚Nächstersein'? Interdisziplinäre Diskussion zur Palliativpflege anhand eines konkreten Falles. In: Sander, Tobias; Dangendorf, Sarah (ed.), Akademisierung der Pflege. Berufliche Identitäten und Professionalisierungspotentiale im Vergleich der Sozial- und Gesundheitsberufe, Weinheim: Beltz Juventa, 208–235

Gellermann, Jan F.C. (2018): Heiratsmigration als verdichtete Statuspassage. Eine Untersuchung auf der Basis von Fallstudien. Weinheim: Beltz Juventa

Helsper, Werner; Dreier, Lena; Gibson, Anja; Kotzyba, Katrin; Niemann, Mareke (2018): Exklusive Gymnasien und ihre Schüler. Passungsverhältnisse zwischen institutionellem und individuellem Schülerhabitus. Wiesbaden: Springer VS

Böder, Tim (2019): Heilsmythen bilden. Zu einer Strukturvariante der Charismatisierung familialer Lebenspraxis. In: falltiefen 5: Familienangelegenheiten: 93–100

Münte, Peter (2019): Verlaufsformen fallrekonstruktiver Forschung. Methodologische Reflexion einer Untersuchung zum Berufshabitus von Umweltmediatoren. In: Funcke, Dorett; Loer, Thomas (ed.), Vom Fall zur Theorie. Auf dem Pfad der rekonstruktiven Sozialforschung, Wiesbaden: Springer VS, 329–370

Schade, Kai (2019): „und nach Las Vegas fahren". Die Familie als Instanz der Krisenbewältigung in der Adoleszenzphase. In: falltiefen 5: Familienangelegenheiten: 23–40

Schröder, Frank (2019): Die Exzellenzfalle. Zur Übernahme ökonomischer Logiken im wissenschaftlichen Feld. Köln: Herbert von Halem Verlag

Wernet, Andreas (2019): Geschwisterliche Chancenungleichheit: Bildungsentscheidungen als ‚Familienangelegenheit'. In: falltiefen 5: Familienangelegenheiten: 65–69

Behrend, Olaf (2020): Zu Merkmalen der Familie der neuen Mittelschichtkultur. In: Funcke, Dorett (ed.), Rekonstruktive Paar- und Familienforschung, Wiesbaden: Springer VS, 9–42

Fertsch-Röver, Jörg (2020): Zur Aufgabe der Neupositionierung des Vaters beim Übergang zur Elternschaft. In: Funcke, Dorett (ed.), Rekonstruktive Paar- und Familienforschung, Wiesbaden: Springer VS, 83–129

Liebermann, Sascha; Muijsson, Hendrik (2020): Familiale Vergemeinschaftung oder Betreuungsarrangement? Deutungsmuster zu Familie in der öffentlichen Diskussion und bei Eltern eines zweijährigen Kindes. In: Funcke, Dorett (ed.), Rekonstruktive Paar- und Familienforschung, Wiesbaden: Springer VS, 43–81

Maiwald, Kai-Olaf (2020): Das Kind als autarke Persönlichkeit. Zu einem modernen Typus von Erziehungshandeln und einem darauf bezogenen jugendlichen Selbstverhältnis. In: sozialer sinn 21(2): 311–356

Wenzl, Thomas (2020): „Alle haben ein Smartphone, nur ich nicht!": Familiale Erziehung im Spannungsfeld von elterlichem Partikularismus und gesellschaftlichem Universalismus. In: sozialer sinn 2: 357–377

Wernet, Andreas (2020): Der Schüleraustausch als familiale Selbstzumutung. In: Funcke, Dorett (ed.), Rekonstruktive Paar- und Familienforschung, Wiesbaden: Springer VS, 261–290

Hennig, Linda E. (2021): Lebensführung im Spannungsfeld von Islam und Beruf. Berufsbiografien von Musliminnen in Frankreich und Deutschland. Wiesbaden: Springer VS

Hille, Julia; Gdowska, Katarzyna; Kansy, Milena; Borcsa, Maria (2021): „Ja, denn ich lebe generell schon jetzt ein sesshaftes Leben" – Ambiguität(en) in Erzählungen in Familien mit einer Vertreibungsgeschichte. In: Jakob, Peter; Borcsa, Maria; Olthof, Jan; von Schlippe, Arist (ed.), Handbuch Narrative Praxis, Göttingen: Vandenhoeck & Ruprecht,

Müller, Silke (2021): „La Santa Muerte" – Leben mit dem Tod. Eine Soziologie der Verehrung. Bielefeld: transkript

Twardella, Johannes (2021): Pessimistische Liberalität. Das pädagogische Deutungsmuster einer Studentin, die islamischen Religionsunterricht erteilen möchte. In: Hikma 12(1): 37–61

Wegner, Juliane (2021): Der unausweichliche Konflikt einer Unternehmerfamilie. Entstehung und Verlauf von Konflikten in einem besonderen Familientypus. Göttingen: V&R unipress (Mit einem Vorwort von Arist von Schlippe und Sascha Liebermann. Mit 18 Abbildungen)

Maiwald, Kai-Olaf (Buch i. Vorber.): Das Forschungsinterview. In: Franzmann, Andreas; Rychner, Marianne; Scheid, Claudia; Twardella, Johannes (ed.), Handbuch zur Methode der Objektiven Hermeneutik, Wiesbaden: Barbara Budrich (i. Vorber.)

Verwendete Literatur

Abraham, Karl (1922/1982): Über Fehlleistungen mit überkompensierender Tendenz. In: ders., Gesammelte Schriften in zwei Bänden. Band I, Frankfurt/M.: Fischer Taschenbuch Verlag, 118–122

Acham, Karl (ed.) (1978): Methodologische Probleme der Sozialwissenschaften. Darmstadt: Wissenschaftliche Buchgesellschaft

Acham, Karl (2002): Objektivität. In: Endruweit/Trommsdorff 2002, 390 f.

Adler, Patricia A.; Adler, Peter (1994): Observational Techniques. In: Denzin, Norman K.; Lincoln, Yvonna S. (ed.), Handbook of Qualitative Research, Thousand Oaks, London, New Delhi: Sage, 377–392

Adorno, Theodor W. (1957/1979): Soziologie und empirische Forschung. In: ders., Soziologische Schriften I, Frankfurt/M.: Suhrkamp

Adorno, Theodor W. (1960/1986): Mahler. Eine musikalische Physiognomik. In: ders., Die musikalischen Monographien, Frankfurt/M.: Suhrkamp, 149–319

Adorno, Theodor W. (1961/1990): Vers une musique informelle. In: ders., Quasi una fantasia. Musikalische Schriften II, Frankfurt/M.: Suhrkamp, 493–540 [Musikalische Schriften I-III; Gesammelte Schriften, Bd. 16]

Adorno, Theodor W. (1965/1990): Wagners Aktualität. In: ders., Musikalische Schriften III, Frankfurt/M.: Suhrkamp, 543–564 [Musikalische Schriften I-III; Gesammelte Schriften, Bd. 16]

Adorno, Theodor W. (1966/1982): Negative Dialektik. Frankfurt/M.: Suhrkamp (text- und seitenidentisch mit der in Band 6 der Gesammelten Schriften Adornos erschienenen durchgesehenen Ausgabe)

Adorno, Theodor W. (1970/1982): Ästhetische Theorie.Hg. v. Adorno, Gretel; Tiedemann, Rolf. Frankfurt/M.: Suhrkamp

Adorno, Theodor W. (1973/1982): Philosophische Terminologie. Zur Einleitung. Frankfurt/M.: Suhrkamp [Philosophische Terminologie, Bd. 1]

Adorno, Th. W.; von Haselberg, P. (1965): Über die geschichtliche Angemessenheit des Bewußtseins. In: Akzente 12(6): 487–497

Allert, Tilman (1993): Familie und Milieu. Die Wechselwirkung von Binnenstruktur und Außenbeziehung am Beispiel der Familie Albert Einsteins. In: Jung/Müller-Doohm 1993: 329–357

Allert, Tilman (1998): Die Familie. Fallstudien zur Unverwüstlichkeit einer Lebensform. Berlin: Walter de Gruyter

Apel, Karl-Otto (1978): Neue Versuche über Erklären und Verstehen. Frankfurt/M.: Suhrkamp

Apel, Karl-Otto (1979): Die Erklären-Verstehen-Kontroverse in transzendentalpragmatischer Sicht. Frankfurt/M.: Suhrkamp

Apel, K.-O. (2001): Verstehen. In: Ritter, Joachim; Gründer, Karlfried; Gabriel, Gottfried, Historisches Wörterbuch der Philosophie: U–V, Darmstadt: Wissenschaftliche Buchgesellschaft, 918–938 [Historisches Wörterbuch der Philosophie, Bd. 11]

Aristoteles (1984): Metaphysik. Zweiter Halbband: Bücher VII (Z) – XIV (N). Hg. v. Seidl, Horst. Hamburg: Felix Meiner Verlag (In der Übersetzung von Hermann Bonitz. Neu bearbeitet, mit Einleitung und Kommentar herausgegeben von Horst Seidl. Griechischer Text in der Edition von Wilhelm Christ. Griechisch-Deutsch)

Austin, J. L. (1955/1962): How to do Things with Words. Oxford (The William James Lectures delivered at Harvard University in 1955)

Bauer-Lechner, Natalie (1923/1984): Erinnerungen an Gustav Mahler. In: Killian, Herbert (ed.), Gustav Mahler in den Erinnerungen von Natalie Bauer-Lechner, Hamburg: Verlag der Musikalienhandlung Karl Dieter Wagner

Bayer, Klaus (1979): Die Anredepronomina DU und SIE. Thesen zu einem semantischen Konflikt im Hochschulbereich. In: ds 7(3): 212–219

Beck, Ulrich (1983): Jenseits von Stand und Klasse? Soziale Ungleichheiten, gesellschaftliche Individualisierungsprozesse und die Entstehung neuer sozialer Formationen und Identitäten. In: Kreckel, Reinhard (ed.), Soziale Ungleichheiten, Göttingen: Schwartz, 35–74

Becker-Lenz, Roland (2004): Eigeninteresse und Gemeinwohlbindung im Freiwilligen Sozialen Jahr. Adoleszenzkrisenbewältigung als Motivation der Freiwilligen. Bern, Berlin, Bruxelles, Frankfurt/M., New York, Oxford, Wien: Peter Lang

Becker-Lenz, Roland; Franzmann, Andreas; Jansen, Axel; Jung, Matthias (ed.) (2016): Die Methodenschule der Objektiven Hermeneutik. Eine Bestandsaufnahme. Wiesbaden: Springer VS

Bergmann, Jörg R. (1985): Flüchtigkeit und methodische Fixierung sozialer Wirklichkeit. Aufzeichnungen als Daten der interpretativen Soziologie. In: Bonß, Wolfgang; Hartmann, Heinz (ed.), Entzauberte Wissenschaft. Zur Relativität und Geltung soziologischer Forschung, Göttingen: Schwartz, 299–320

Besch, Werner (1996): Duzen, Siezen, Titulieren. Zur Anrede im Deutschen heute und gestern. Göttingen: Vandenhoeck & Ruprecht

Bibel (1980/1985): Neue Jerusalemer Bibel. Freiburg, Basel, Wien: Herder (Einheitsübersetzung mit dem Kommentar der Jerusalemer Bibel. Neu bearbeitete und erweiterte Ausgabe. Deutsch herausgegeben von Alfons Deissler und Anton Vögtle in Verbindung mit Johannes M. Nützel)

Bierwisch, Manfred (2002): Erklären in der Linguistik – Aspekte und Kontroversen. In: Krämer, Sybille; König, Ekkehard (ed.), Gibt es eine Sprache hinter dem Sprechen?, Frankfurt/M.: Suhrkamp, 151–189

Böhler, Rudolf (o.J.): Kinderlieber Hund gesucht. In: Eltern: (http://www.eltern.de/familie-urlaub/familienleben/kinderlieber-hund-gesucht; zuletzt angesehen am 22. Nov. 2021)

Bouchard, Thomas J. (1976): Field Research Methods: Interviewing, Questionnaires, Participant Observation, Systematic Observation, Unobtrusive Measure. In: Dunnette, Marvin D. (ed.), Handbook of Industrial and Organizational Psychology, Chicago: Rand McNally, 363–413

Bourdieu, Pierre (1967): Postface. In: Panofsky, Erwin, Architecture gothique et pensée scolastique. Précédé de L'Abbé Suger de Saint-Denis, Paris: Les Édition de Minuit, 133–167

Bowlby, John (1958): The Nature of the Child's Tie to His Mother. In: Int J Psychoanal 39. Jg.: 350–373

Braudel, Fernand (1958): La longue durée. In: Annales Économies Sociétés Civilisations: 725–753

Brockhaus (19. Aufl. 1997–8): Achter Band FRI – GOTI. Leipzig, Mannheim: F.A. Brockhaus [Brockhaus – Die Enzyklopädie in vierundzwanzig Bänden, Bd. 8]

Brockhaus (Zwanzigste, überarb. u. aktualis. Aufl. 1997–11): Elfter Band IST – KIP. Leipzig, Mannheim: F.A. Brockhaus [Brockhaus – Die Enzyklopädie in vierundzwanzig Bänden]

Brockhaus (2002): Der Brockhaus in Text und Bild. Mannheim: Bibliographisches Institut & F. A. Brockhaus AG (CD-ROM)

Brown, A. R. [Alfred Reginald Radcliffe-Brown] (1914): Das Problem des Totemismus. Eine Diskussion über die Natur des Totemismus und die Methode seiner Erforschung. 4. The Definition of Totemism. In: Anthropos 3/4: 622–652

Brückner, Christine (1994/o. J.): Früher oder später. Roman. Rheda-Wiedenbrück: Bertelsmann Club

Bühler, Karl (1934/1982): Sprachtheorie. Die Darstellungsfunktion der Sprache. Stuttgart, New York: Gustav Fischer Verlag

Bulger, Anthony (2008): Englisch in der Praxis. Nörvenich: Assimil

Burger, Erich (1978): Norwegische Stabkirchen. Geschichte – Bauweise – Schmuck. Köln: DuMont Buchverlag

Burzan, Nicole; Hitzler, Ronald (o. J. [2014]): Auf den Hund gekommen. Dortmund („Call for papers" für eine Tagung am 24./25. April 2015 an der Technischen Universität Dortmund)

Camic, Charles (1986): The matter of habit. In: AJS 91(5): 1039–1087

Chiozzi, Paolo (1984): Visuelle Anthropologie. Funktion und Strategien des ethnographischen Films. In: Müller, Ernst Wilhelm; König, René; Koepping, Klaus-Peter; Drechsel, Paul (ed.), Ethnologie als Sozialwissenschaft, Opladen: Westdeutscher Verlag, 488–512

Chomsky, Noam (1965): Aspects of the Theory of Syntax. Cambridge/MA: The Massachusetts Institute of Technology

Cloeren, H. J. (1984): Ockham's razor. In: Ritter, Joachim; Gründer, Karlfried (ed.), Historisches Wörterbuch der Philosophie: Mo-O, Darmstadt: Wissenschaftliche Buchgesellschaft, 1094 ff. [Historisches Wörterbuch der Philosophie, Bd. 6]

Cloeren, Hermann J. (1995): Sparsamkeitsprinzip. In: Ritter, Joachim, Historisches Wörterbuch der Philosophie: Se–Sp, Darmstadt: Wissenschaftliche Buchgesellschaft, Sp. 1300–1304 [Historisches Wörterbuch der Philosophie, Bd. 9]

Count, Earl Wendel (1970/1973): The Biogenesis of Human Socialitiy. An Essay in Comparative Vertrebrate Sociology. In: ders., Being and Becoming Human. Essays on the Biogram, New York, Cincinatti, Toronto, London, Melbourne: D. Van Nostrand Company, 1–117

Danuser, Hermann (1997): Einleitung. In: ders. (ed.), Musikalische Interpretation, Darmstadt: Wissenschaftliche Buchgesellschaft, 1–72 [Neues Handbuch der Musikwissenschaft, Bd. 11]

Davidson, Donald (1974/2001): On the Very Idea of a Conceptual Scheme [1974]. In: ders., Inquiries into Truth and Interpretation, Oxford: Clarendon Press, 183–198

Davidson, Donald (1984/2001): Inquiries into Truth and Interpretation. Oxford: Clarendon Press

Dierse, Ulrich (1984): Ordnung III. Neuzeit. In: Ritter, Joachim; Gründer, Karlfried (ed.), Historisches Wörterbuch der Philosophie: Mo-O, Darmstadt: Wissenschaftliche Buchgesellschaft, Sp. 1279–1303 [Historisches Wörterbuch der Philosophie, Bd. 6]

dpa [Deutsche Presse-Agentur GmbH] (2021): Abgabewelle bei Corona-Haustieren befürchtet. In: faz.net: 4.6.2021

Droysen, Johann Gustav (1882/1960): Historik. Vorlesungen über Enzyklopädie und Methodologie der Geschichte.Hg. v. Hübner, Rudolf. München, Berlin: Oldenbourg

Duden (2001 [FWB]): Das Fremdwörterbuch. Mannheim: Bibliographisches Institut & F. A. Brockhaus AG (CD-ROM)

Duden (2001 [SVW]): Die sinn- und sachverwandten Wörter. Mannheim: Bibliographisches Institut & F. A. Brockhaus AG (CD-ROM)

Duden (2001 [UWB]): Deutsches Universalwörterbuch. Mannheim: Bibliographisches Institut & F. A. Brockhaus AG (CD-ROM)

Duden (2001 [RGD]): Richtiges und gutes Deutsch. Mannheim: Bibliographisches Institut & F. A. Brockhaus AG

Duden (2003): Das große Vornamenlexikon. Mannheim, Leipzig, Wien, Zürich: Dudenverlag (Bearbeitet von Rosa und Volker Kohlheim)

Eisenberg, Peter (1998): Das Wort. Stuttgart, Weimar: Verlag J.B. Metzler [Grundriß der deutschen Grammatik, Bd. 1]

Eisenberg, Peter (1999/2001): Der Satz. Stuttgart, Weimar: Verlag J.B. Metzler [Grundriß der deutschen Grammatik, Bd. 2]

Encyclopædiea Britannica (2014): Encyclopædia Britannica. London: Encyclopaedia Britannica (Ultimate Reference Suite DVD)

Endruweit, Günter (2002): Kommunikation. In: ders./Trommsdorff 2002: 280 f.

Endruweit, Günter; Trommsdorff, Gisela (ed.) (2., völlig neu bearb. u. erw.. Aufl. 2002): Wörterbuch der Soziologie. Stuttgart: Lucius & Lucius

Esser, Hartmut (1986): Können Befragte lügen? Zum Konzept des „wahren Wertes" im Rahmen der handlungstheoretischen Erklärung von Situationseinflüssen bei der Befragung. In: KZfSS 38(2): 314–336

FCI [Fédération Cynologique Internationale] (2010): FCI-Standard Nr. 166: Deutscher Schäferhund (23.12.2010/DE) (http://www.fci.be/Nomenclature/Standards/166g01-de.pdf; heruntergeladen am 7. Juli 2021)

FCI [Fédération Cynologique Internationale] (2019): FCI-Standard Nr. 148: Dachshund (29.11.2019/ DE) (http://www.fci.be/Nomenclature/Standards/148g04-de.pdf; heruntergeladen am 7. Juli 2021)

Festinger, Leon (1957/1966): A Theory of Cognitive Dissonance. Stanford: Stanford University Press

Fielding, Nigel; Thomas, Hilary (2001): Qualitative Interviewing. In: Gilbert, Nigel (ed.), Researching Social Life, London: Sage, 123–144

Flick, Uwe; von Kardorff, Ernst; Steinke, Ines (ed.) (2000): Qualitative Forschung. Ein Handbuch. Reinbek bei Hamburg: Rowohlt Taschenbuch Verlag

Fontana, Andrea; Frey, James H. (1994): Interviewing. The Art of Science. In: Denzin, Norman K.; Lincoln, Yvonna S. (ed.), Handbook of Qualitative Research, Thousand Oaks, London, New Delhi: Sage, 361–376

Frank, Manfred (1977): Einleitung. In: Schleiermacher 1977: 7–67

Franzmann, Andreas (2008): Biographische Ursprungskonstellationen des Wissenschaftlerberufs. In: sozialer sinn 9(2): 329–355

Franzmann, Andreas (2012): Die Disziplin der Neugierde. Der professionalisierte Habitus in den Erfahrungswissenschaften. Bielefeld: Transcript

Franzmann, Andreas (2016): Entstehungskontexte und Entwicklungsphasen der Objektiven Hermeneutik als einer Methodenschule. Eine Skizze. In: Becker-Lenz et al. 2016: 1–42

Franzmann, Andreas; Rychner, Marianne; Scheid, Claudia; Twardella, Johannes (ed.) (i. Vorber.): Handbuch zur Methode der Objektiven Hermeneutik. Wiesbaden: Barbara Budrich

Frege, Friedrich Ludwig Gottlob (1892): Über Sinn und Bedeutung. In: Zeitschrift für Philosophie und philosophische Kritik: 25–50

Freud, Sigmund (1905/1991): Bruchstück einer Hysterie-Analyse. In: ders., Werke aus den Jahren 1904–1905, Frankfurt/M.: S. Fischer Verlag, 161–286 [Gesammelte Werke. Chronologisch geordnet, Bd. 5]

Freud, Sigmund (1910/1990): Die psychogene Sehstörung in psychoanalytischer Auffassung. In: ders. 1945/1990: 93–102

Freud, Sigmund (1912/1990): Zur Dynamik der Übertragung. In: ders. 1945/1990: 364–374

Freud, Sigmund (1913/1961): Totem und Tabu. Einige Übereinstimmungen im Seelenleben der Wilden und der Neurotiker. Frankfurt/M.: S. Fischer Verlag [Gesammelte Werke. Chronologisch geordnet, Bd. IX]

Freud, Sigmund (1913/1990 a): Das Interesse an der Psychoanalyse. In: ders. 1945/1990: 389–420

Freud, Sigmund (1913/1990 b): Die Disposition zur Zwangsneurose. In: ders. 1945/1990: 441–452

Freud, Sigmund (1914/1981): Zur Geschichte der psychoanalytischen Bewegung. In: ders., Werke aus den Jahren 1913–1917, Frankfurt/M.: S. Fischer [Gesammelte Werke. Chronologisch geordnet, Bd. 10]

Freud, Sigmund (1917/1973): Vorlesungen zur Einführung in die Psychoanalyse. Frankfurt/M.: S. Fischer Verlag [Gesammelte Werke. Chronologisch geordnet, Bd. 11]

Freud, Sigmund (1925/1991): Die Widerstände gegen die Psychoanalyse. In: ders., Werke aus den Jahren 1925–1931, Frankfurt/M.: S. Fischer, 97–110 [Gesammelte Werke. Chronologisch geordnet, Bd. 14]

Freud, Sigm. (1945/1990): Werke aus den Jahren 1909–1913. Frankfurt/M.: S. Fischer Verlag (Unter Mitwirkung von Marie Bonapart, Prinzessin Georg von Griechenland herausgegeben) [Gesammelte Werke. Chronologisch geordnet, Bd. 8]

Funcke, Dorett; Loer, Thomas (ed.) (2019): Vom Fall zur Theorie. Auf dem Pfad der rekonstruktiven Sozialforschung. Wiesbaden: Springer VS

Funcke, Dorett; Loer, Thomas (2019 [Einleitung]): Von der Forschungsfrage über Feld und Fall zur Theorie – Zur Einleitung. In: dies. 2019: 1–56

G., D. [Dieter Grunow] (1994): Interview. In: Fuchs-Heinritz, Werner; Lautmann, Rüdiger; Rammstedt, Otthein; Wienold, Hanns (ed.), Lexikon zur Soziologie, Opladen: Westdeutscher Verlag, 315 f.

Gabriel, G. (1972): Eigenname. In: Ritter, Joachim (ed.), Historisches Wörterbuch der Philosophie: D-F, Darmstadt: Wissenschaftliche Buchgesellschaft, Sp. 333 [Historisches Wörterbuch der Philosophie, Bd. 2]

Garfinkel, Harold (1964/1984): Studies of the routine grounds of everyday activities. In: ders., Studies in Ethnomethodology, Cambridge: Polity, 35–75

Garz, Detlef; Kraimer, Klaus; Riemann, Gerhard (ed.) (2019): Im Gespräch mit Ulrich Oevermann und Fritz Schütze. Einblicke in die biographischen Voraussetzungen, die Entstehungsgeschichte und die Gestalt rekonstruktiver Forschungsansätze. Opladen, Berlin, Toronto: Barbara Budrich

Garz, Detlef; Raven, Uwe (2015): Theorie der Lebenspraxis. Einführung in das Werk Ulrich Oevermanns. Wiesbaden: Springer VS

Gebhardt, Heiko; Haucke, Gert (1990/1996): Die Sache mit dem Hund. 100 Rassen kritisch unters Fell geschaut und viele Tips, wie man sich den Hund zum Freund macht. München: Wilhelm Heyne Verlag

Gehlen, Arnold (1940/1986): Der Mensch. Seine Natur und seine Stellung in der Welt. Wiesbaden: AULA-Verlag [Studienausgabe der Hauptwerke, Bd. 1]

Geiger, Theodor (1931): Das Tier als geselliges Subjekt. In: Legewie, Heiner; Geiger, Theodor Julius; Wasmann, Erich; Schwiedland, Eugen, Arbeiten zur biologischen Grundlegung der Soziologie. 1. Halbband, Leipzig: C. L. Hirschfeld, 283–307

Gemoll, Wilhelm (1954/1979): Griechisch-deutsches Schul- und Handwörterbuch. München, Wien: Freytag, Hölder-Pichler-Tempsky (Durchgesehen und erweitert von Karl Vretska. Mit einer Einführung in die Sprachgeschichte von Heinz Kronasser)

Georges, Karl Ernst (1913–18/2002): Lateinisch – Deutsch. Ausführliches Handwörterbuch. Berlin: Directmedia Publishing (Elektronische Ausgabe der 8. Auflage (1913/1918). Digitale Bibliothek Band 69)

Girtler, Roland (4., völlig neu bearb. Aufl. 2001): Methoden der Feldforschung. Wien, Köln, Weimar: Böhlau

Goffman, Erving (1964): The Neglected Situation. In: Gumperz, John J.; Hymes, Dell Hathaway (ed.), The ethnography of communication, Menasha/Wisconsin: American Anthropological Association, 133–136

Gogol, Nikolai (1942/1989): Der Mantel. In: ders., Der Mantel. Erzählungen, Berlin, Weimar: Aufbau-Verlag, 191–228

Gold, Raymond L. (1958): Roles in Sociological Field Observations. In: Social Forces 36(3): 217–223

Greenson, Ralph R. (1965): The Working Alliance and the Transference Neurosis. In: Psychoanal Q, Jg. 34: 155–181

Greenson, Ralph R. (1965/1966): Das Arbeitsbündnis und die Übertragungsneurose. In: Psyche 20(2): 81–103

Greshoff, Rainer; Kneer, Georg; Schneider, Wolfgang Ludwig (ed.) (2008): Verstehen und Erklären. Sozial- und Kulturwissenschaftliche Perspektiven. München: Wilhelm Fink

Grice, Herbert Paul (1975/1989): Logic and Conversation. In: ders., Studies in the Way of Words, Cambridge, London: Harvard University Press, 22–40

Grimm, Jacob; Grimm, Wilhelm (1854/1984): Erster Band. A – Biermolke. München: Deutscher Taschenbuch Verlag (Nachdruck Leipzig: S. Hirzel 1854) [Deutsches Wörterbuch, Bd. 1]

Grimm, Jacob Ludwig Karl (1960/1991): Vierzehnter Band II. Abteilung. Wilb – Ysop. München: Deutscher Taschenbuch Verlag (Bearbeitet von Ludwig Sütterlin. Leipzig 1960. Reprint als: Deutsches Wörterbuch von Jacob und Wilhelm Grimm. Band 30) [Deutsches Wörterbuch, Bd. 30]

Gubrium, Jaber F.; Holstein, James A. (2002): From individual interview to interview society. In: dies. (ed.), Handbook of Interview Research: Context and Method, Thousand Oaks: Sage, 3–32

Habermas, Jürgen (1974/1984): Überlegungen zur Kommunikationspathologie. In: ders., Vorstudien und Ergänzungen zur Theorie des kommunikativen Handelns, Frankfurt/M.: Suhrkamp Verlag, 226–270

Hamburger, Käte (1957/1987): Die Logik der Dichtung. München: Klett-Cotta im Deutschen Taschenbuch Verlag

Hansert, Andreas (1998): Welcher Prinz wird König? Die Habsburger und das universelle Problem des Generationswechsels. Eine Deutung aus historisch-soziologischer Sicht. Petersberg: Michael Imhof Verlag

Hegel, Georg Friedrich Wilhelm (1821/1970): Grundlinien der Philosophie des Rechts oder Naturrecht und Staatswissenschaft im Grundrisse. Mit Hegels eigenhändigen Notizen und den mündlichen Zusätzen. Frankfurt/M.: Suhrkamp [Werke in 20 Bänden, Bd. 7]

Heger, Anna-Maria (1976): Hunde. Rassen, Erziehung, Pflege. Köln: Buch und Zeit Verlagsgesellschaft mbH

Heyse, Johann Christian August (1838/1972): Theoretisch-praktische deutsche Grammatik oder Lehrbuch der deutschen Sprache. Erster Band. Hildesheim, New York: Georg Olms Verlag

Hildenbrand, Bruno (1999): Fallrekonstruktive Familienforschung. Anleitungen für die Praxis. Opladen: Leske + Budrich

Hildenbrand, Bruno (2005): Einführung in die Genogrammarbeit. Heidelberg: Carl Auer-Systeme Verlag

Hildenbrand, Bruno (2018): Genogrammarbeit für Fortgeschrittene. Vom Vorgegebenen zum Aufgegebenen. Heidelberg: Carl-Auer Verlag GmbH

Hitzler, Ronald; Burzan, Nicole (ed.) (2016): Auf den Hund gekommen. Interdisziplinäre Annäherung an ein Verhältnis. Wiesbaden: Springer VS

Hölldobler, Bert; Wilson, Edward O. (2009): The Superorganism. The Beauty, Elegance, and Strangeness of Insect Societies. New York, London: W. W. Norton & Company

Hopf, Christel (2000): Qualitative Interviews – Ein Überblick. In: Flick/von Kardorff/Steinke 2000: 349–360

Jarvie, Ian C. (1970/1978): Verstehen und Erklären in Soziologie und Sozialanthropologie. In: Acham 1978, 224–252

Julius, Henri; Beetz, Andrea M.; Kotrschal, Kurt; Turner, Dennis C.; Uvnäs-Moberg, Kerstin (2014): Bindung zu Tieren. Psychologische und neurobiologische Grundlagen tiergestützter Interventionen. Göttingen: Hogrefe

Jung, Thomas; Müller-Doohm, Stefan (ed.) (1993): „Wirklichkeit" im Deutungsprozeß. Verstehen und Methoden in den Kultur- und Sozialwissenschaften. Frankfurt/M.: Suhrkamp

Kowal, Sabine; O'Connell, Daniel C. (2000): Zur Transkription von Gesprächen. In: Flick/von Kardorff/Steinke 2000: 437–447

Krug-Richter, Barbara (2006): ›Gassatum gehn‹. Der Spaziergang in der studentischen Kultur der Frühen Neuzeit. In: Jahrbuch für Universitätsgeschichte 9: 35–50

Kunz, G. [Gerhard Kunz] (1969): Interview. In: Bernsdorf, Wilhelm (ed.), Wörterbuch der Soziologie, Stuttgart: Ferdinand Enke Verlag, 498–514

Kunze, Jürgen (1997): Typen der reflexiven Verbverwendung im Deutschen und ihre Herkunft. In: ZS 16(1/2): 83–180

Küpper, Heinz (1997/2000): Wörterbuch der deutschen Umgangssprache. Berlin: Directmedia (CD-ROM)

Lamarque, Peter V.; Asher, R. E. (ed.) (1997): Concise Encyclopedia of Philosophy of Language. Oxford, New York, Tokyo: Pergamon

Laplanche, J.; Pontalis, Jean-Bertrand (1967/1982): Das Vokabular der Psychoanalyse. 2 Bde. Frankfurt/M.: Suhrkamp

Leber, Martina (1994): Objektiv-hermeneutische Analyse einer Sequenz aus der vierzehnten Stunde einer psychoanalytischen Kurztherapie. In: Buchholz, Michael B.; Streeck, Ulrich (ed.), Heilen, Forschen, Interaktion. Psychotherapie und qualitative Sozialforschung, Opladen: Westdeutscher Verlag, 225–259

Leber, Martina; Oevermann, Ulrich (1994): Möglichkeiten der Therapieverlaufs-Analyse in der Objektiven Hermeneutik. Eine exemplarische Analyse der ersten Minuten einer Fokaltherapie aus der Ulmer Textbank (‚Der Student'). In: Garz, Detlef; Kraimer, Klaus (ed.), Die Welt als Text. Theorie, Kritik und Praxis der objektiven Hermeneutik, Frankfurt/M.: Suhrkamp, 383–427

Leutner, Detlev (2002 [G]): Gültigkeit (Validität). In: Endruweit/Trommsdorff 2002, 209 f.

Leutner, Detlev (2002 [Z]): Zuverlässigkeit (Reliabilität). In: Endruweit/Trommsdorff 2002, 720 f.

Loer, Thomas (1996 [Halbbildung]): Halbbildung und Autonomie. Über Struktureigenschaften der Rezeption bildender Kunst. Opladen: Westdeutscher Verlag (Mit einem Vorwort von Ulrich Oevermann)

Loer, Thomas (1997 [Vermittlung]): Die Sache selbst und Vermittlung. Zeitgenössische Kunst, Irritation und Suggestivität. In: Stehr, Werner; Kirschenmann, Johannes (ed.), Materialien zur DOCUMENTA X. Ein Reader für Unterricht und Studium, Stuttgart: Cantz, 42-45

Loer, Thomas (1999 [Zwischengen]): Nationalsozialismus in der Zwischengeneration. Zum Zusammenhang von Zeitgeschichte, Generation und Biographie – Skizze anläßlich einer Fallstudie. In: Keller, Barbara (ed.), Erinnerungspolitiken, Biographien und kollektive Identitäten, Bonn: APP u DBV, 375–398

Loer, Thomas (2006 [Einflussstruktur]): ‚Embeddedness‘ oder Einflussstruktur? Soziologische Reflexionen zur Kulturspezifität von Handeln, diskutiert am Verhältnis von Vergemeinschaftung und Vergesellschaftung in der industriellen Kultur des Ruhrgebiets. In: Sociologia Internationalis 44(2): 217–251

Loer, Thomas (2006 [Streit]): Streit statt Haft und Zwang – objektive Hermeneutik in der Diskussion. Methodologische und konstitutionstheoretische Klärungen, methodische Folgerungen und eine Marginalie zum Thomas-Theorem. In: sozialer sinn 7(2): 345–374

Loer, Thomas (2007 [Region]): Die Region. Eine Begriffsbestimmung am Fall des Ruhrgebiets. Stuttgart: Lucius & Lucius

Loer, Thomas (2008 [Norm]): Normen und Normalität. In: Willems, Herbert (ed.), [Grundlagen der Soziologie und Mikrosoziologie], Wiesbaden: VS Verlag für Sozialwissenschaften, 165–184 [Lehr(er)buch Soziologie. Für die pädagogischen und soziologischen, Bd. 1]

Loer, Thomas (2008 [Urszenen]): Urszenen der Erfahrung qua Urgrund der Erkenntnis. Eine Kindheitsszene Adornos als Modell. In: sozialer sinn 2: 357–369

Loer, Thomas (2010 [Videoaufz]): Videoaufzeichungen in der interpretativen Sozialforschung. Anmerkungen zu Methodologie und Methode. In: sozialer sinn 11(2): 319–352

Loer, Thomas (2013 [Auxilium]): Auxilium auxiliorum. Zu einem professionalisierungstheoretisch fundierten Verständnis von Supervision. In: Supervision 31(2): 8–19

Loer, Thomas (2013 [Dzīvesstāsts]): Dzīvesstāsts, method and praxis – A genre of social science data between scientific advances of knowledge and practical empowerment, and how objective hermeneutics can serve both. In: Garda-Rozenberga, Ieva (ed.), Mutvārdu vēsture: Dialogs ar sabiedrību/Oral History: Dialogue with Society, Riga: Institute of Philosophy and Sociology, University of Latvia, 39–56

Loer, Thomas (2013 [Weber]): [Rez. v.:] Max Weber, Max Webers vollständige Schriften zu wissenschaftlichen und politischen Berufen […]. In: Soziologische Revue 36(4): 483–486

Loer, Thomas (2015 [AG]): Forschungsnotiz zum Begriff der Ausdrucksgestalt. In: sozialer sinn 16(1): 71–84

Loer, Thomas (2015 [Diskurs]): Diskurspraxis – Konstitution und Gestaltung. Testierbare Daten – Methodologie der Rekonstruktion. Objektive Hermeneutik in der Diskussion. In: sozialer sinn 16(2): 291–317

Loer, Thomas (2016 [objektiv/latent]): Objektive Bedeutungsstruktur und latente Sinnstruktur. Eine Forschungsnotiz zu zwei klärungsbedürftigen Termini der Objektiven Hermeneutik. In: sozialer sinn 2: 355–382

Loer, Thomas (2016 [Hunde]): Wirklichkeitsflucht und mögliche Welterweiterung. Hunde als Objekte im Modus des Als-Ob. In: Hitzler, Ronald; Burzan, Nicole (ed.), Auf den Hund gekommen. Interdisziplinäre Annäherung an ein Verhältnis, Wiesbaden: Springer VS, 203–228

Loer, Thomas (2016 [Sander]): Als ob. Fingierte Souveränität im Bilde – Analyse einer Photographie von August Sander. In: Burkart, Günter; Meyer, Nikolaus (ed.), Die Welt anhalten. Von Bildern, Fotografie und Wissenschaft, Weinheim, Basel: Beltz Juventa, 301–325

Loer, Thomas (2016 [Hundehalter]): Die Wirklichkeit der Hundehalter. Exemplarische Darstellung von Ergebnissen einer Forschung zu einem altbekannten sich ausbreitenden Phänomen. Coesfeld (Vortrag bei BürgerUniversität Coesfeld der Fernuniversität Hagen, 3. Febr. 2016; http://www.fernuni-hagen.de/videostreaming/ksw/soz_lng/2016-01.shtml; zuletzt angesehen am 22. Nov. 2021)

Loer, Thomas (2017 [Latenz]): Welten der Latenz in Organisationen – ein Aufriss. In: Supervision 1 (Schwierige Operationen – Psychodynamisch orientierte Beratung in Organisationen; Heftverantwortliche: Ronny Jahn, Andreas Nolten): 15–20

Loer, Thomas (2018 [Lesarten]): Lesarten (Terminologie). In: AGOH Blog: 21.11.2018 (https://blog.agoh.de/2018/11/21/lesarten-terminologie/; zuletzt angesehen am 22. Nov. 2021)

Loer, Thomas (2018 [objDat]): ad „objektive Daten". In: oh-meth.blog: 8.11.2018 (https:// oh-meth.blogspot.com/2018/11/ad-objektive-daten.html; zuletzt angesehen am 22. Nov. 2021)

Loer, Thomas (2018 [Sqa]): Sequenzanalyse. In: oh-meth.blog: 8.11.2018 (https://oh-meth. blogspot.com/2018/11/sequenzanalyse.html; zuletzt angesehen am 22. Nov. 2021)

Loer, Thomas (2019 [testierbar]): Die zwei verschiedenen Rollen testierbarer Daten in der Analyse. In: AGOH Blog: 2.4.2019 (https://blog.agoh.de/2019/04/02/die-zwei-verschied en-en-rollen-testierbarer-daten-in-der-analyse/; zuletzt angesehen am 22. Nov. 2021)

Loer, Thomas (2021 [Reziprozität]): Reziprozität. Annäherungen an eine Grundlegung der Kultur- und Sozialwissenschaften. Wiesbaden: Springer VS

Loer, Thomas (2021 [Zehentreiter]): [Rez. v.] Ferdinand Zehentreiter: Adorno. Spurlinien seines Denkens. […]. In: sozialer sinn 22(2): 427–445

Loer, Thomas (i. Vorber. [Mediengesch]): [Rez. v.] Philomen Schönhagen, Mike Meißner: Kommunikationsund Mediengeschichte. Von Versammlungen bis zu den digitalen Medien. […]. In: sozialer sinn

Loer, Thomas (Buch i. Vorber. [Videoanalyse]): Videoanalyse mit der Objektiven Hermeneutik. In: Franzmann et al. (i. Vorber.)

Lorenz, Konrad (1935/1968): Der Kumpan in der Umwelt des Vogels (1935). In: ders., Über tierisches und menschliches Verhalten. Aus dem Werdegang der Verhaltenslehre, München: R. Piper & Co. Verlag, 115–282 [Gesammelte Abhandlungen, Bd. I]

Lorenz, Konrad (1950/1975): So kam der Mensch auf den Hund. München: Deutscher Taschenbuch Verlag

Maiwald, Kai-Olaf (2003): Stellen Interviews eine geeignete Datenbasis für die Analyse beruflicher Praxis dar? Methodologische Überlegungen und eine exemplarische Analyse aus dem Bereich der Familienmediation. In: sozialer sinn 4(1): 151–180

Maiwald, Kai-Olaf (2005): Competence and Praxis: Sequential Analysis in German Sociology. In: FQS 6(3): Art. 31

Maiwald, Kai-Olaf (Buch i. Vorber.): Das Forschungsinterview. In: Franzmann et al. (i. Vorber.)

Mann, Thomas (1919/1990): Herr und Hund. Ein Idyll. In: ders., Erzählungen. Fiorenza. Dichtungen, Frankfurt/M.: Fischer Taschenbuch Verlag, 526–617 [Gesammelte Werke in dreizehn Bänden, Bd. VIII]

Mannheim, Karl (1928/1964): Das Problem der Generationen. In: ders., Wissenssoziologie. Auswahl aus dem Werk, Berlin, Neuwied: Luchterhand, 509–556

Menge, Hermann (1978): Langenscheidts Taschenwörterbuch der lateinischen und deutschen Sprache. Berlin, München, Wien, Zürich: Langenscheidt

Merton, Robert K. (1936): The Unanticipated Consequences of Purposive Social Action. In: ASR 1(6): 894–904

Merton, Robert K. (1942/1973): The Normative Structure of Science (1942). In: ders., The Sociology of Science. Theoretical and Empirical Investigations, Chicago, London: The University of Chicago Press, 267–278

Miller, Max (1989): Systematisch verzerrte Legitimationsdiskurse. Einige kritische Überlegungen zu Bourdieus Habitustheorie. In: Eder, Klaus (ed.), Klassenlage, Lebensstil und kulurelle Praxis. Beiträge zur Auseinandersetzung mit Pierre Bourdieus Klassentheorie, Frankfurt/M.: Suhrkamp, 191–219

Miller, Robert L. (2000): Researching Life Stories and Family Histories. London: Sage

Miranda, Suárez (1658): Viajes de varones prudentes. Lérida (zit. n. Jorge Luis Borges: Del rigor en la ciencia – http://www.poemas-del-alma.com/blog/especiales/poemas-de-borges-en-su-voz; zuletzt angesehen am 22. Nov. 2021)

Mozart, Wolfgang Amadeus (1787/2004): Il dissoluto punito o sia Il Don Giovanni. Dramma giocoso in due atti (Libretto von Lorenzo da Ponte). In: Hafki, Thomas (ed.), Operntexte von Monteverdi bis Strauss. Originalsprachige Libretti mit deutschen Übersetzungen, Berlin: Directmedia, 14559–14667

Nietzsche, Friedrich (1886/1981): Jenseits von Gut und Böse. Vorspiel einer Philosophie der Zukunft. In: ders. 1981: 9–205

Nietzsche, Friedrich (1887/1981): Zur Genealogie der Moral. Eine Streitschrift. In: ders. 1981: 207–346

Nietzsche, Friedrich (1981): Jenseits von Gut und Böse. Zur Genealogie der Moral. Der Fall Wagner. Götzen-Dämmerung. Nietzsche contra Wagner. Ecce homo. Der Antichrist. Dionysos-Dithyramben. Autobiographisches aus den Jahren 1856–1869. Frühschriften.Hg. v. Schlechta, Karl. Frankfurt/M., Berlin, Wien: Ullstein [Werke, Bd. III]

Nowak, Maike Maja (2011): Die mit dem Hund tanzt. Tierisch menschliche Geschichten. München: mosaik

Nsimba, Gloria (2015): Das ungenaue „genau". In: SN 65: 32 (s.: https://vds-ev.de/sprachnachrichten; zuletzt angesehen am 22. Nov. 2021)

Oeser, Erhard (2004): Hund und Mensch. Die Geschichte einer Beziehung. Darmstadt: WBG

Oevermann, Ulrich (1973/2001 [DM]): Zur Analyse der Struktur von sozialen Deutungsmustern (1973). In: sozialer sinn 1: 3–33

Oevermann, Ulrich (o. J. [1973] [Kompetenz]): Die Architektonik von Kompetenztheorien und ihre Bedeutung für eine Theorie der Bildungsprozesse. o. O. [Berlin] (Unterlage für forschungsstrategische Diskussionen im Max-Planck-Institut für Bildungsforschung anläßlich des 60. Geburtstags von Hellmut Becker; Tpskr., 55 S.)

Oevermann, Ulrich; Allert, Tilman; Gripp, Helga; Konau, Elisabeth; Krambeck, Jürgen; Schröder-Caesar, Erna; Schütze, Yvonne (1976 [Beobachtungen]): Beobachtungen zur Struktur der sozialisatorischen Interaktion. Theoretische und methodologische Fragen der Sozialisationsforschung. In: Lepsius, M. Rainer (ed.), Zwischenbilanz in der Soziologie, Stuttgart, 274–295

Oevermann, Ulrich (1979 [Sozialisationstheorie]): Sozialisationstheorie. Ansätze zu einer soziologischen Sozialisationstheorie und ihre Konsequenzen für die allgemeine soziologische Analyse. In: Lüschen, Günther (ed.), Deutsche Soziologie seit 1945, Opladen: Westdeutscher Verlag, 143–168

Oevermann, Ulrich; Allert, Tilman; Konau, Elisabeth; Krambeck, Jürgen (1979 [Methodologie]): Die Methodologie einer „objektiven Hermeneutik" und ihre allgemeine foschungslogische Bedeutung in den Sozialwissenschaften. In: Soeffner, Hans-Georg (ed.), Interpretative Verfahren in den Sozial- und Textwissenschaften, Stuttgart: J. B. Metzlersche Verlagsbuchhandlung, 352–434

Oevermann, Ulrich; Allert, Tilman; Konau, Elisabeth (1980 [Logik Interpretation]): Zur Logik der Interpretation von Interviewtexten. Fallanalyse anhand eines Interviews mit einer Fernstudentin. In: Heinze, Th.; Klusemann, Hans-W.; Soeffner, Hans-Georg (ed.), Interpretationen einer Bildungsgeschichte. Überlegungen zu einer sozialwissenschaftlichen Hermeneutik, Bernsheim: päd. extra Buchverlag, 15–69

Oevermann, Ulrich (1981 [Strukturgen]): Fallrekonstruktionen und Strukturgeneralisierung als Beitrag der objektiven Hermeneutik zur soziologisch-strukturtheoretischen Analyse. Frankfurt/M. (Tpskr., Ffm. 1981; 56 S.; http://publikationen.ub.uni-frankfurt.de/frontd oor/index/index/docId/4955; zuletzt angesehen am 22. Nov. 2021)

Oevermann, Ulrich (1983 [Sache]): Zur Sache. Die Bedeutung von Adornos methodologischem Selbstverständnis für die Begründung einer materialen soziologischen Strukturanalyse. In: von Friedeburg, Ludwig; Habermas, Jürgen (ed.), Adorno-Konferenz 1983, Frankfurt/M.: Suhrkamp, 234–289

Oevermann, Ulrich; Simm, Andreas (1985 [Perseveranz]): Zum Problem der Perseveranz in Delikttyp und modus operandi. Spurentext-Auslegung, Tätertyp-Rekonstruktion und die Strukturlogik kriminalistischer Ermittlungspraxis. Zugleich eine Umformung der Perseveranzhypothese aus soziologisch-strukturanalytischer Sicht. In: ders.; Schuster, Leo; Simm, Andreas, Zum Problem der Perseveranz in Delikttyp und modus operandi. Spurentext-Auslegung, Tätertyp-Rekonstruktion und die Strukturlogik kriminalistischer Ermittlungspraxis. Zugleich eine Umformung der Perseveranzhypothese aus soziologisch-strukturanalytischer Sicht., Wiesbaden: Bundeskriminalamt, 129–437

Oevermann, Ulrich (1986 [Kontroversen]): Kontroversen über sinnverstehende Soziologie. Einige wiederkehrende Probleme und Mißverständnisse in der Rezeption der „objektiven Hermeneutik". In: Aufenanger, Stefan; Lenssen, Margrit (ed.), Handlung und Sinnstruktur. Bedeutung und Anwendung der objektiven Hermeneutik, München: Kindt, 19–83

Oevermann, Ulrich (1988 [versozialwiss]): Eine exemplarische Fallrekonstruktion zum Typus versozialwissenschaftlichter Identitätsformation. In: Brose, Hanns Georg; Hildenbrand, Bruno (ed.), Vom Ende des Individuums zur Individualität ohne Ende, Opladen: Leske + Budrich, 243–286

Oevermann, Ulrich (1990 [Delacroix]): Eugène Delacroix – biographische Konstellation und künstlerisches Handeln. In: Georg Büchner Jahrbuch 1986/87: 12–58

Oevermann, Ulrich (1990 [strukturale]): Strukturale Hermeneutik als methodologische Grundlage für „Theorien der Subjektivität". Oldenburg (Vortrag zum Symposium „Verstehen und Methoden", in Oldenburg, am 6[.]9[.] 1990; Tpskr.; 78 S. + 12 S. (Zum Begriff der Lebenspraxis in der objektiven Hermeneutik) + 9 S. (Die Verfahren der Sequenzanalyse und die Fallrekonstruktion: Über den inneren Zusammenhang von objektiver Hermeneutik und Theorien der Individuierung und der Geschichte))

Oevermann, Ulrich (1991 [GenetStrukturalism]): Genetischer Strukturalismus und das sozialwissenschaftliche Problem der Erklärung der Entstehung des Neuen. In: Müller-Doohm, Stefan (ed.), Jenseits der Utopie. Theoriekritik der Gegenwart, Frankfurt/M.: Suhrkamp, 267–336

Oevermann, Ulrich (1993 [Subjektivität]): Die objektive Hermeneutik als unverzichtbare methodologische Grundlage für die Analyse von Subjektivität. Zugleich eine Kritik der Tiefenhermeneutik. In: Jung/Müller-Doohm 1993: 106–189

Oevermann, Ulrich (1993 [supervisorPrx]): Struktureigenschaften supervisorischer Praxis. Exemplarische Sequenzanalyse des Sitzungsprotokolls der Supervision eines psychoanalytisch orientierten Therapie-Teams im Methodenmodell der objektiven Hermeneutik. In: Bardé, Benjamin (ed.), Therapeutische Teams. Theorie – Empirie – Klinik, Göttingen: Vandenhoeck & Ruprecht, 141–269

Oevermann, Ulrich (1995 [Vorwort]): Vorwort. In: Burkholz, Roland, Reflexe der Darwinismus-Debatte in der Theorie Freuds, Stuttgart-Bad Canstatt: frommann-holzboog, IX-XXI

Oevermann, Ulrich (1995/96 [Sozialisationstheorie]): Vorlesungen zur Einführung in die soziologische Sozialisationstheorie 1995/96. Frankfurt/M. (unveröffentlichtes Vorlesungstranskript; protokolliert und transkribiert von Roland Burkholz; 241+ S.)

Oevermann, Ulrich (1996 [profess]): Theoretische Skizze einer revidierten Theorie professionalisierten Handelns. In: Combe, Arno; Helsper, Werner (ed.), Pädagogische Professionalität. Untersuchungen zum Typus pädagogischen Handelns, Frankfurt/M.: Suhrkamp, 70–182

Oevermann, Ulrich (1996/2002 [Manifest]): Klinische Soziologie auf der Basis der Methodologie der objektiven Hermeneutik – Manifest der objektiv hermeneutischen Sozialforschung. (Tpskr., März 2002, 35 S.; http://www.ihsk.de/publikationen/Ulrich_Oevermann-Manifest_der_objektiv_hermeneutischen_Sozialforschung.pdf; heruntergeladen am 20. Mai 2015)

Oevermann, Ulrich (1997 [werkimmanent]): Thesen zur Methodik der werkimmanenten Interpretation vom Standpunkt der objektiven Hermeneutik. Frankfurt/M. (Vorgelegt zur 4. Arbeitstagung der Arbeitsgemeinschaft objektive Hermeneutik e.V. "Immanenz oder Kontextabhängigkeit? Zur Methodik der Analyse von Werken und ästhetischen Ereignissen" am 26./27. April 1997 in Frankfurt am Main; Tpskr., April 1997, 32 S.; http://publikationen.ub.uni-frankfurt.de/frontdoor/index/index/docId/4950; zuletzt angesehen am 22. Nov. 2021)

Oevermann, Ulrich (2000 [Fallrek]): Die Methode der Fallrekonstruktion in der Grundla-
genforschung sowie der klinischen und pädagogischen Praxis. In: Kraimer, Klaus (ed.),
Die Fallrekonstruktion. Sinnverstehen in der sozialwissenschaftlichen Forschung, Frank-
furt/M.: Suhrkamp, 58–156

Oevermann, Ulrich (2000 [Gemeinschaft]): The analytical difference between community
(„Gemeinschaft") and society („Gesellschaft") and its consequences for the conceptua-
lization of an education for European citizenship. o. O. [Frankfurt/M.] (Opening lecture
at the Second European Conference of the CiCe (Children's Identity & Citizenship in
Europe) in Athens, University of Athens, School of Philosophy, 3 – 6 May 2000; Tpskr.;
41 S.)

Oevermann, Ulrich (2000 [TheoriePraxis]): Das Verhältnis von Theorie und Praxis im theo-
retischen Denken von Jürgen Habermas – Einheit oder kategoriale Differenz? In: Müller-
Doohm, Stefan (ed.), Das Interesse der Vernunft. Rückblicke auf das Werk von Jürgen
Habermas seit ›Erkenntnis und Interesse‹, Frankfurt/M.: Suhrkamp, 411–464

Oevermann, Ulrich (2001 [Scheideweg]): Das Verstehen des Fremden als Scheideweg hermeneutischer Methoden in den Erfahrungswissenschaften. In: ZBBS 2(1): 67–92

Oevermann, Ulrich (2001 [DM Aktualisierung]): Die Struktur sozialer Deutungsmuster –
Versuch einer Aktualisierung. In: sozialer sinn 1: 35–81

Oevermann, Ulrich (2003 [Normativität]): Regelgeleitetes Handeln, Normativität und
Lebenspraxis. Zur Konstitutionstheorie der Sozialwissenschaften. In: Link, Jürgen;
Loer, Thomas; Neuendorff, Hartmut (ed.), 'Normalität' im Diskursnetz soziologischer
Begriffe, Heidelberg: Synchron Wissenschaftsverlag der Autoren, 183–217

Oevermann, Ulrich (2004 [Adorno]): Adorno als empirischer Sozialforscher im Blickwinkel
der heutigen Methodenlage. In: Gruschka, Andreas; Oevermann, Ulrich (ed.), Die Lebendigkeit der kritischen Gesellschaftstheorie. Dokumentation der Arbeitstagung aus Anlass
des 100. Geburtstages von Theodor W. Adorno. Johann Wolfgang Goethe-Universität
Frankfurt/Main, 4.–6. Juli 2003, Wetzlar: Büchse der Pandora, 189–234

Oevermann, Ulrich (2004 [Objektivität]): Objektivität des Protokolls und Subjektivität als
Forschungsgegenstand. In: ZBBS 2: 311–336

Oevermann, Ulrich (2004 [quanti]): Die elementare Problematik der Datenlage in der quan-
tifizierenden Bildungs- und Sozialforschung. In: sozialer sinn 5(3): 413–476

Oevermann, Ulrich (2008 [Feldforsch]): Zur Differenz von praktischem und methodischem
Verstehen in der ethnologischen Feldforschung — Eine rein textimmanente objektiv
hermeneutische Sequenzanalyse von übersetzten Verbatim-Transkripten von Gruppen-
diskussionen in einer afrikanischen lokalen Kultur. In: Cappai, Gabriele (ed.), Forschen
unter Bedingung kultureller Fremdheit, Wiesbaden: VS Verlag für Sozialwissenschaften,
145–233

Oevermann, Ulrich (2008/2016 [Abschiedsvorlesung]): „Krise und Routine" als analytisches
Paradigma in den Sozialwissenschaften. In: Becker-Lenz et al. 2016: 43–114

Oevermann, Ulrich (2009 [Arbeitsbündnis]): Die Problematik der Strukturlogik des Arbeits-
bündnisses und der Dynamik von Übertragung und Gegenübertragung in einer professionalisierten Praxis von Sozialarbeit. In: Becker-Lenz, Roland; Busse, Stefan; Ehlert,
Gudrun; Müller, Silke (ed.), Professionalität in der Sozialen Arbeit, Wiesbaden: VS Verlag für Sozialwissenschaften, 113–142

Oevermann, Ulrich (2009 [Biographie]): Biographie, Krisenbewältigung und Bewährung. In:
Bartmann, Sylke; Fehlhaber, Axel; Kirsch, Sandra; Lohfeld, Wiebke (ed.), "Natürlich

stört das Leben ständig". Perspektiven auf Entwicklung und Erziehung, Wiesbaden: VS Verlag für Sozialwissenschaften, 35–55

Oevermann, Ulrich; Ilieva, Radostina; Müller, Kai; Steinecker, Julia; Härpfer, Claudius; Herrschaft, Felicia (2010 [Gegenbegriff]): „Der Gegenbegriff zur Natur ist nicht Gesellschaft, sondern Kultur." Gespräch mit Ulrich Oevermann. In: Herrschaft, Felicia; Lichtblau, Klaus (ed.), Soziologie in Frankfurt. Eine Zwischenbilanz, Wiesbaden: VS Verlag für Sozialwissenschaften, 369–406

Oevermann, Ulrich (2013 [Erfahrungswiss]): Objektive Hermeneutik als Methodologie der Erfahrungswissenschaften von der sinnstrukturierten Welt. In: Langer, Phil C.; Kühner, Angela; Schweder, Panja (ed.), Reflexive Wissensproduktion. Anregungen zu einem kritischen Methodenverständnis in qualitativer Forschung, Wiesbaden: Springer Fachmedien, 69–98

Oevermann, Ulrich (2014 [Sozialisationsprozesse]): Sozialisationsprozesse als Dynamik der Strukturgesetzlichkeit der ödipalen Triade und als Prozesse der Erzeugung des Neuen durch Krisenbewältigung. In: Garz, Detlef; Zizek, Boris (ed.), Wie wir zu dem werden, was wir sind. Sozialisations-, biographie- und bildungstheoretische Aspekte, Wiesbaden: Springer VS, 15–69

Parker, Heidi G.; Kim, Lisa V.; Sutter, Nathan B.; Carlson, Scott; Lorentzen, Travis D.; Malek, Tiffany B.; Johnson, Gary S.; DeFrance, Hawkins B.; Ostrander, Elaine A.; Kruglyak, Leonid (2004): Genetic structure of the purebred domestic dog. In: Science 5674: 1160–1164

Pascal [Blaise Pascal] (1897/1976): Pensées. Paris: GF Flammarion

Peirce, Charles S. (1891/1976): Die Architektonik von Theorien. In: ders., Schriften zum Pragmatismus und Pragmatizismus, Frankfurt/M.: Suhrkamp Verlag, 266–287

Peirce, Charles S. (1891/1998): The Architecture of Theories. In: ders., Scientific Metaphysics, Ann Arbor/MI: UmMI Books on Demand, 11–27 [Collected Papers, Bd. 6]

Peirce, Charles S. (1903/1973): Lectures on Pragmatism. Vorlesungen über Pragmatismus. Hamburg: Meiner (Mit einer Einleitung und Anmerkungen herausgegeben von Elisabeth Walther. Englisch – deutsch)

Popper, Karl R. (1972/1984): Objektive Erkenntnis. Ein evolutionärer Entwurf. Hamburg

Popper, Karl R. (1972/1989): Objective Knowledge: An Evolutionary Approach. Oxford

Rapley, Tim (2004): Interviews. In: Seale, Clive; Gobo, Giampietro; Gubrium, Jaber F.; Silverman, David (ed.), Qualitative Research Practice, London, Thousand Oaks, New Delhi: Sage, 15–33

Rech, David (2021): „Da schlägt ein Herz". Schwere Zeiten für Tierheime. In: faz.net: 2.1.2021

Reichertz, Jo (1981/1995): Objektive Hermeneutik. In: Flick, Uwe; von Kardorff, Ernst; Keupp, Heiner; von Rosenstiel, Lutz; Wolff, Stephan (ed.), Handbuch Qualitative Sozialforschung. Grundlagen, Konzepte, Methoden und Anwendungen, Weinheim: Beltz Psychologie Verlags Union, 223–228

Reik, Theodor (1948/1987): Listening with the Third Ear. The Inner Experience of a Psychanalyst. New York: Farrar Straus, and Giroux

Reimann, Horst (1989): Kommunikation. In: Endruweit, Günter (ed.), Ich – Rückkopplung, München/Stuttgart: Deutscher Taschenbuch Verlag/Ferdinand Enke Verlag, 343–348 [Wörterbuch der Soziologie, Bd. 2]

Robert, Paul (1973): A à L. Paris: Dictionnaire Le Robert [Micro Robert. Dictionnaire du français primordial, Bd. I]

Sacks, Harvey; Schegloff, Emanuel Abraham; Jefferson, Gail (1974): A simplest systematics for the organization of turn-taking for conversation. In: Language 50. Jg.: 696–735

Schleidt, Wolfgang M. (1999): Apes, Wolfes and the Treck to Humanity. Did Wolfes Show Us the Way?. In: Discovering Archeology March/Apri: 8–10

Schleiermacher, Friedrich (1838/1977): Hermeneutik und Kritik mit besonderer Beziehung auf das Neue Testament. In: ders. 1977: 79–306

Schleiermacher, F. D. E. (1977): Hermeneutik und Kritik. Mit einem Anhang sprachphilosophischer Texte Schleiermachers. Hg. v. Frank, Manfred. Frankfurt/M.: Suhrkamp (eingeleitet von Manfred Frank)

Schneider, Wolfgang Ludwig (2008): Verstehen und Erklären bei Ulrich Oevermann. In: Greshoff/Kneer/Schneider 2008, 333–363

Schoch, Agnes (1979): Vorarbeiten zu einer pädagogischen Kommunikationstheorie. Frankfurt/M.: Suhrkamp Verlag

Schönhagen, Philomen; Meißner, Mike (2021): Kommunikations- und Mediengeschichte. Von Versammlungen bis zu den digitalen Medien. Köln: Herbert von Halem Verlag

Schröder, Frank; Schmidtke, Oliver (2021): Replik auf den Diskussionsanstoß zu „Gütekriterien qualitativer Forschung" von Jörg Strübing, Stefan Hirschauer, Ruth Ayaß, Uwe Krähnke und Thomas Scheffer. In: sozialer sinn 22(1): 261–286

Schrödinger, Erwin (1922/1997): Was ist ein Naturgesetz? (Antrittsrede an der Universität Zürich, 9. Dezember 1922). In: ders., Was ist ein Naturgesetz? Beiträge zum naturwissenschaftlichen Weltbild, München: R. Oldenbourg Verlag, 9–17

Searle, John R. (1969/1983): Speech Acts. An Essay in the Philosophy of Language. Cambridge, London, New York, New Rochelle, Melbourne, Sydney: Cambridge University Press

Searle, John R. (1979/1999): Expression and Meaning. Studies in the Theory of Speech Acts. Cambridge: Cambridge University Press

Searle, John R. (1983): Intentionality. An essay in the philosophy of mind. Cambridge, London, New York, New Rochelle, Melbourne, Sydney: Cambridge University Press

Seligmann, Siegfried (1910): Der böse Blick und Verwandtes. Ein Beitrag zur Geschichte des Aberglaubens aller Zeiten und Völker. Band 1. Berlin: Barsdorf

Seneca, Lucius Annaeus (1845): Hercules Furens. A Tragedy. Hg. v. Beck, Charles. Boston: James Munroe and Company

Snow, Catherine E. (1986): Conversations with children. In: Fletcher, Paul; Garman, Michael (ed.), Language acquisition. Studies in first language development, Cambridge, London, New York, New Rochell, Melbourne & Sydney: Cambridge University Press, 68–89

Sperber, Dan; Wilson, Deirdre (1986): Relevance. Communication and Cognitioni. Oxford: Blackwell

Steinhart, Eric; Kittay, Eva (1997): Metaphor. In: Lamarque/Asher 1997: 151–156

Stekeler-Weithofer, Pirmin (1992): Satz vom ausgeschlossenen Dritten. In: Ritter, Joachim; Gründer, Karlfried (ed.), Historisches Wörterbuch der Philosophie: R-Sc, Darmstadt: Wissenschaftliche Buchgesellschaft, Sp. 1198–1202 [Historisches Wörterbuch der Philosophie, Bd. 8]

Stetter, Christian (1989): Gibt es ein graphemisches Teilsystem der Sprache? Die Groß-schreibung im Deutschen. In: Eisenberg, Peter; Günther, Hartmut (ed.), Schriftsysteme und Orthographie, Tübingen: Niemeyer, 297–320

Stetter, Christian (1990): Die Groß- und Kleinschreibung im Deutschen. Zur sprachanaly-tischen Begründung einer Theorie der Orthographie. In: ders. (ed.), Zu einer Theorie der Orthographie. interdisziplinäre Aspekte gegenwärtiger Schrift- und Orthographiefor-schung, Tübingen: Niemeyer, 196–220

Strübing, Jörg; Hirschauer, Stefan; Ayaß, Ruth; Krähnke, Uwe; Scheffer, Thomas (2018): Gütekriterien qualitativer Sozialforschung. Ein Diskussionsanstoß. In: Zeitschrift für Soziologie 47(2): 83–100

Sutter, Hansjörg (1997): Bildungsprozesse des Subjekts. Eine Rekonstruktion von Ulrich Oevermanns Theorie- und Forschungsprogramm. Opladen: Westdeutscher Verlag

Szondi, Peter (1962/1967): Über philologische Erkenntnis. In: ders., Hölderlin-Studien. Mit einem Traktat über philologische Erkenntnis, Frankfurt/M.: Insel Verlag, 9–30

Talbot, M. M. (1997): Relevance. In: Lamarque/Asher 1997: 445–447

Thomas, William I.; Thomas, Dorothy (1928): The Child in America. Behavior Problems and Programs. New York: Alfred A. Knopf

Tiger, Lionel (1994): A second look at the notion of biogrammar. In: Social Science Infor-mation. Information sur les sciences sociales 33(4): 579–593

Tiger, Lionel; Fox, Robin Lane (1971/1972): The Imperial Animal. London: Martin Secker & Warburg Ltd.

Twain, Mark (1872): Roughing It. Hartford/Conn.: American Publishing Company (The Project Gutenberg EBook 2006; http://www.gutenberg.org/ebooks/3177; heruntergela-den am 2. Apr. 2015)

Uhland, Ludwig (1815/2002): Der weiße Hirsch. In: ‚Deutsche Lyrik von Luther bis Rilke‘ Berlin: Directmedia, 104583

Vaihinger, Hans (1011/1920): Die Philosophie des Als Ob. System der theoretischen, prakti-schen und religiösen Fiktion der Menschheit auf Grund eines idealistischen Positivismus. Leipzig: Felix Meiner (Mit einem Anhang über Kant und Nietzsche)

VDH [Verband für das deutsche Hundewesen e. V.] (2006 a): Chronik des deutschen Hunde-wesens – Eckdaten zur Geschichten des VDH. Dortmund: VDH (Sonderveröffentlichung anläßlich des 100jährigen Jubiläums des VDH)

VDH [Verband für das deutsche Hundewesen e. V.] (ed.) (2006 b): 12 Regeln für den Umgang mit Hunden. Dortmund: VDH

von Ranke, Leopold (1824/1957): Vorrede der ersten Ausgabe – Oktober 1824. In: ders., Geschichten der romanischen und germanischen Völker von 1494–1514. Die Osmanen und die spanische Monarchie im 16. und 17. Jahrhundert, Hamburg: Standard-Verlag, 3 ff. [Historische Meisterwerke, Bd. 1 Nr. 1]

von Wright, Georg Henrik (1963/1971): Norm and action. A logical enqiry. London: Rout-ledge & Kegan Paul

von Wright, Georg Henrik (1971): Explanation and Understanding. London: Routledge & Kegan Paul

Wagner, Hans-Josef (1999): Rekonstruktive Methodologie. Opladen: Leske + Budrich

Watzlawick, Paul; Beavin, Janet Helmick; Jackson, Don D. (1967): Pragmatics of Human Communication. A Study of Interactional Patterns, Pathologies, and Paradoxes. New York, London: W. W. Norton & Company

Weber, Max (1904/1985): Die „Objektivität" sozialwissenschaftlicher und sozialpolitischer Erkenntnis. In: ders. 1985: 146–214

Weber, Max (1906/1985): Kritische Studien auf dem Gebiet der kulturwissenschaftlichen Logik. 1906. II. Objektive Möglichkeit und adäquate Verursachung in der historischen Kausalbetrachtung. In: ders. 1985: 266–290

Weber, Max (1919/1985): Wissenschaft als Beruf. In: ders. 1985: 582–613

Weber, Max (1922/1985): Wirtschaft und Gesellschaft. Grundriß der verstehenden Soziologie. Tübingen: Mohr (Siebeck) (besorgt v. Johannes Winckelmann. Studienausg. 19. bis 23. Tausend)

Weber, Max (1985): Gesammelte Aufsätze zur Wissenschaftslehre. Tübingen: Mohr (Siebeck) (Herausgegeben von Johannes Winckelmann)

Weber, Max (2010/2012): Max Webers vollständige Schriften zu wissenschaftlichen und politischen Berufen.Hg. v. Dreijmanis, John. Bremen, Oxford: Europäischer Hochschulverlag (mit einer Einleitung von John Dreijmanis. Übersetzung der Einleitung: Dirk Siepmann)

Weinrich, Harald (1993): Textgrammatik der deutschen Sprache. Mannheim, Leipzig, Wien, Zürich: Dudenverlag (unter Mitarbeit von Maria Thurmair, Eva Brendl, Eva-Maria Willkop)

Wenzl, Thomas; Wernet, Andreas (2015): Fallkonstruktion statt Fallrekonstruktion. Zum methodologischen Stellenwert der Analyse objektiver Daten. In: sozialer sinn 1: 85–101

Wernet, Andreas (2000/2006): Einführung in die Interpretationstechnik der Objektiven Hermeneutik. Wiesbaden: VS Verlag für Sozialwissenschaften

Wernet, Andreas (2000/2009): Einführung in die Interpretationstechnik der Objektiven Hermeneutik. Wiesbaden: VS Verlag für Sozialwissenschaften

Wernet, Andreas (2021): Einladung zur Objektiven Hermeneutik. Ein Studienbuch für den Einstieg. Opladen: Barbara Budrich

Wilson, Neil L. (1959): Substances without Substrata. In: The Review of Metaphysics 4: 521–539

Winch, Peter (1970/1978): Replik [auf Ian C. Jarvies Aufsatz]. In: Acham 1978, 253–268

Wolf, Ursula (1993): Einleitung. In: ders. (ed.), Eigennamen. Dokumentation einer Kontroverse, Frankfurt/M.: Suhrkamp, 9–41

Zehentreiter, Ferdinand (2008): Die Ausdrucksgestalt als grundlagentheoretisches Modell in den Sozial- und Kulturwissenschaften. Frankfurt/M.: Humanities Online

Zehentreiter, Ferdinand (2019): Adorno. Spurlinien seines Denkens. Eine Einführung. o. O. [Hofheim/Ts.]: Wolke Verlag

Zifonun, Gisela (2018): Die demokratische Pflicht und das Sprachsystem: Erneute Diskussion um einen geschlechtergerechten Sprachgebrauch. In: IDS Sprachreport 34: 44–56

Zimmermann, Thomas (1984): Name III: Neuzeit. In: Ritter, Joachim; Gründer, Karlfried (ed.), Historisches Wörterbuch der Philosophie: Mo-O, Darmstadt: Wissenschaftliche Buchgesellschaft, Sp. 384–387 [Historisches Wörterbuch der Philosophie, Bd. 6]

Zizek, Boris (2012): Vollzug und Begründung, objektive und subjektive Daten – Eine Parallele?. In: sozialer sinn 13(1): 39–56

Printed in the United States
by Baker & Taylor Publisher Services